長崎と天草の潜伏キリシタン

「禁教社会」の新見地

安高啓明　編

YASUTAKA Hiroaki

The Hidden Christians
in the region Nagasaki and Amakusa
A new Perspective on 「Prohibition Society」

雄山閣

はじめに

　"天草の歴史を島内・郡中の行政や司法、かつ地域社会の検証だけで語り尽くせるのだろうか。"

　本書は、こうした疑問を出発点にし、私のゼミ生のなかで上天草市や天草市の古文書整理に参加した卒業生や修了生、大学院生たちと問題意識を共有し、俯瞰的に天草、そして長崎を"キリシタン史"の枠組みでとらえようと試みたプロジェクトの成果である。「長崎と天草地方の潜伏キリシタン関連遺産」が世界文化遺産に登録されたように、長崎と天草は、紐帯をなした歴史や文化が形成されている。両地域は、日本キリスト教史のなかで、布教期・禁教期・潜伏期・解禁期と、時を同じくして刻んでおり、共通する文化圏にあった。そのため、本著は天草と長崎の接続を意識した構成となっている。

　近世天草は、幕領預所の時期が長く、日田代官（西国筋郡代）や島原藩、長崎代官が交代しながら支配している。天草の風土には、それぞれの影響を受けていることが確認でき、さらに、古来の文化や慣習が併存していた。これが、天草郡中の百姓たちのアイデンティティを醸成する要因となっており、幕領民としての矜持も垣間みられる。体制側からは、島嶼部であるが故の「島柄」が認められる一方、これを巧みに利用して権益を獲得しようとする"強かな百姓"の姿も同居している。

　そこには、中世期に大陸と交易していたこと、そして、キリスト教を介した西洋との接触、また、長崎貿易で来航する唐船の航路にも天草はなっていたことから、対外的な意識が常に潜在していた。鎖国体制下においては、長崎奉行所の統制を受けて西海岸には遠見番所が設置され、異国船への警戒、漂流船への対応をした。さらに、郡中全域で絵踏が実施されるなど、幕府の海防や対外交渉、および禁教政策が天草の地で展開されている。こうした広域の行政的枠組みのなかで郡中社会は営まれている以上、諸条件を加味した検討は必要だろう。これをあらわすように、百姓らを代表する大庄屋たちは、行政庁である富岡役所と郡中との間で"調整弁"として機能していたことがわかっている。

　長崎と天草の関係性は、キリシタン史にとどまるものではない。また、両地

域だけでの検証で完結しうるものでもなく、熊本藩や島原藩、薩摩藩といった周辺域、さらには、幕領日田とのつながりを射程に入れることも不可欠である。これについては、今後、別稿を設ける予定でおり、本書では、長崎と天草のキリシタン史を双方向からみるとともに、長崎奉行所の禁教政策、そして潜伏キリシタンたちをめぐる処遇が、域内外でどのように展開されていたのかを検討していく。また、長崎奉行の意向が天草に及ぼした影響の大きさから、長崎と天草の連動性、九州内における長崎奉行所のキリシタン取り締まり権を分析することを試みている。

　こうした理由から、本プロジェクトは、俯瞰的に天草をとらえるとともに、実際にフィールドワークをした成果も随所に取り入れている。論文に加え、適宜、コラムを織り交ぜているのはそのためで、一般の方にも手に取ってもらえるようにと配慮した。本書に所収した論文には、刊行されている資料に加え、古文書整理作業を通じて新出した資料を多分に用いたことで、新しい知見や世界観を提示できたものと考えている。「長崎と天草地方の潜伏キリシタン関連遺産」が世界文化遺産に登録されて間もなく5年を迎える。コロナ禍も相まって、フィールドワーク・現地実証に重きを置く研究成果が停滞している状況にあって、本書がその一助になるとすれば幸いである。

安高 啓明

Preface

Can it be possible to find a full answer to the history of Amakusa, by researching just on the system of administration and jurisdiction within the Islands of all Districts (administrative autonomous areas), and on the form of local community ?

Starting with this questionable point, sharing the same conscious in common with some of my seminar students being graduates and completed students and graduate students who once took part in organizing old documents in order, have attempted to grasp Amakusa and Nagasaki overviewing within the framework of Christian History, resulted to this book as our project.

From the occasion that 「Hidden Christian Sites in the Nagasaki・Amakusa Region」 is registered as a World Cultural Heritage, it is capable to understand that Nagasaki and Amakusa have been closely associated in terms of history and cultures. Both regions had been in a common cultural sphere throughout the history of Christianity in Japan, having faced concurrently with the same situations, such as missionary work period and prohibition period and hidden period and lifting the prohibition period. Therefore, the book is composed of contents being conscious of regionally connected Amakusa and Nagasaki.

In the Early Modern Times, Amakusa had been under the control of the government system "Baku-Ryo・Azukari-Dokoro" for a long time, and the nominated rulers over the region were taking turns between the Hita-Daikan (Saigoku Suji-Gun Dai), Shimabara Domain, and Nagasaki Daikan. It becomes possible to confirm that a social environment of Amakusa had been affected by the each ruling class, yet, moreover, traditional cultures and customs were existed together. These became the factors that foster identity of the peasants in the Districts (administrative autonomous areas) in Amakusa, we can get a glimpse of their pride as being the people of the Shogunate's Territory.

From the standpoint of the Establishment, for the reason of being Islands Areas, their spirits are recognizable as an Island peculiarity, but on the other hand, the attitudes of tough peasants of which taking advantage of their position to secure rights and interests, are living together. There were always external consciousness as underlying affairs, from these kind of matters as having traded with continent in the Medieval Period, then, getting contacts with the western countries through the Christian Religion, also, Amakusa was having been a sea route for Tosen (Chinese ship) which had arrived to commerce in Nagasaki. Under the national Isolation System, being regulated by the Nagasaki Magistrate Office, a Watchtower was located on the West Coast to handle the warning against foreign ships and drifted ships. Further, enforcing E-fumi in the all Districts, and other measurs, the policies of the Edo Government on the Maritime Defense, Negotiations with Foreign Countries, and the Prohibition on Christianity were coming to be developed in Amakusa.

Since each of the District Societies was being managed under these structures of broader-based regional political frameworks, our considerations will be required to take into account these circumstances. As if expressing these affairs, it is known that the Noble Village Headman representing peasants were functioning as coordinating the difference of intentions between Administrative Office Tomioka and the Districts.

Relationship between Nagasaki and Amakusa does not stop merely at Christian history. More, verification is not sufficient by doing only to the both regions, it is absolutely necessary to be grasped within the range of the surrounding domains of Kumamoto, Shimabara, Satsuma, further, of the connection with Hita Shogunate's Territory.

I am having future plans of preparing papers on these contents, for now in this book, as a first step, while taking the approach of two-way considerations at Christian History of Nagasaki and Amakusa, at the same time, on the anti-Christian Policy and on the treatment of Hidden Christians performed by the Nagasaki Magistrate Office, how did these policies are being developed both inside and outside the region, these themes are to be reviewed. Over again, considering the serious effects having imposed on Amakusa, caused by the intentions of the Nagasaki Magistrate Office, I try to analyze the real fact on the co-movement of Nagasaki-Amakusa and the jurisdictions of the Nagasaki Magistrate Office effectuated within Kyushu to undertake the crackdown on Christians.

From these kinds of reasons, on this project, with perceiving Amakusa like a bird's eye view, the results of fieldworks are actually introduced on almost every page. Add to the thesis, the idea conveniently inserting columns is coming from that reason, also, I have proposed the plan with a consideration for ordinary people to pick up this book.

As for the papers collected in this book, besides already published materials, with using many articles which have been newly discovered through the works of organizing old documents, I think I could have made a presentation of a knowledge and a new world view. It has been almost 5 years since「Hidden Christian Sites in the Nagasaki・Amakusa Region」was registered as a World Cultural Heritage. Coupled with the Corona Crisis, research results focusing on field-oriented and on site proof have been in a stagnant situation, I am happy if this book will help you.

* "Baku-Ryo・Azukari-Dokoro"= governing organization built by the Shogunate
* "Baku-Ryo"= territory under the control of the Shogunate
* "Azukari-Dokoro"= governor (office) appointed by head office/ the Shogunate
* Hita-daikan (Saigoku suji-gun dai) = govern the territory of Shogunate, a province of Kyusyuu (an intendant of Western Province)
* Nagasaki Daikan = Nagasaki governor/ governing organization by the Shogunate
  Daikan = local governor

YASUTAKA Hiroaki

序　論

安 高 啓 明

　本書は、長崎と天草両地域で展開された禁教政策の変遷を、転機・実態・変容の観点から論証するものである。禁教が厳しかった地域である長崎と天草、その周辺域にあたる五島や島原、さらに長崎奉行所に踏絵を借りに来ていた豊後国岡藩も射程にし、幕府の禁教政策の実態と長崎奉行の政治的思惑、そして地域での受けとめ方に迫ることを本旨とする。宗門改などを通じた国内のキリシタンに対する統制の一方で、異国船来航への警戒体制といった、内向き・外向きの禁教政策について、現場視点からも検討を加えていった。

　第Ⅰ部「**禁教と「異宗」への転換点**」では、島原天草一揆の実態を天草の動向から迫るとともに、幕府や長崎奉行所の体制側が一揆以降、キリシタンをどのように認識していったのか、その変遷を取り上げたものである。
　第1章「**長崎と天草におけるキリシタン認識と変容——体制側の視点から**」（安高啓明）では、布教期にもたらされた信心具が禁教期でどのように転化していったのかを時系列的に追うとともに、潜伏キリシタンが仏像などをキリスト教神と同一視することに、彼らのなかで矛盾はないことを指摘した。また、天草崩れや浦上三番崩れなどによって「異宗」・「心得違」の論拠を確定され、「耶蘇」（邪宗）とは一線を画す概念が生まれたことを明らかにする。
　第2章「**大矢野・維和島における島原天草一揆**」（山﨑恭弥）は、天草四郎（益田四郎）と縁があるとされる維和島から一揆の動向を検討したものである。熊本藩との境目に位置する維和島には一揆のリーダー格の人物がいたとともに、益田甚兵衛や四郎も滞在していたと指摘、独自の動きも確認された。地勢的な条件はもとより、一揆構成員の縁故的要因も相まって、一揆最初期において大矢野・維和島での動静が果たした役割は大きいとする。
　第3章「**三宅藤兵衛の動向と天草一揆勢の攻勢**」（山田悠太朗）では、一揆勃発時に富岡番代であった三宅藤兵衛が、一揆勢鎮圧のために転戦した動きに迫った。大嶋子・小嶋子合戦、本渡（本戸）での戦いによる敗戦が一揆勢を勢いづかせる結果になったとし、富岡城まで迫った一揆勢攻勢の要因を分析す

る。また、現存する三宅藤兵衛の墓碑についても取り上げ、供養とともに顕彰的意味合いがあったことを述べている。

第Ⅰ部には３本のコラムを載録した。コラムⅠ-1［**イエズス会の布教活動と天草コレジオ**］（於久智哉・牧野寿美礼）は、豊後と天草の両地域で活動したアルメイダの医療的功績と布教の実態について取り上げたものである。コラムⅠ-2［**天草の歴史の縮図「湯島」**］（安高啓明）は、島原天草一揆の重要拠点である湯島には、キリシタン墓碑や島原大変肥後迷惑の供養塔なども現存し、文化的・観光的価値の高さを論じる。コラムⅠ-3［**富岡吉利支丹供養碑**］（山田悠太朗）は、島原天草一揆で戦死した一揆勢を祀る供養碑の意義について多面的に考察する。

第Ⅱ部「**禁教政策の展延と潜伏キリシタンの動向**」では、幕府の国内における禁教政策ならびに対外的政策の実態を天草をフィールドに取り上げるとともに、長崎奉行所が貸与していた踏絵の意義について論証する。また、禁教政策によって潜伏キリシタンたちがみせた動向について分析する。

第1章「**長崎奉行所による真鍮踏絵貸与の意義―岡藩"踏絵鋳造事件"を通じて―**」（安高啓明・於久智哉）では、長崎奉行所が各藩に踏絵を貸与していたのは、禁教政策の遵守を求める一方で、幕藩体制秩序を構築する目的があったことを述べる。岡藩を事例として取り上げ、借用する藩側と貸与する長崎奉行所との間で認識に齟齬があった実態を、踏絵鋳造事件を通して明らかにしていった。長崎奉行と岡藩との間で政治的駆け引きが展開されていた実態に迫っている。

第2章「**享保期における島原藩の漂着船対応―第1次島原藩預り時代を中心に**」（丸木春香）は、享保5（1720）年から明和5（1768）年まで天草を預所としていた島原藩が、漂流船を長崎へ挽き送るまでどのように対応していたのかを島原藩「日記」をもとに明らかにしたものである。島原藩政機構ならびに天草詰・茂木体制を整理するとともに、漂流船対応にあたっては、富岡役所と長崎奉行所とが緊密な連絡をとっていた実態を述べる。異国との接触を制限していた"包囲網"ともいうべき体制が、長崎・天草・島原の三者間で築かれていたことを論証する。

第3章「**第2次島原藩預りにおける天草遠見番の漂着唐船対応とキリシタン政策―天明3年から文化10年までを中心に**」（安高啓明・牧野寿美礼）では、享保5（1720）年から安政5（1858）年までの間に天草で対応にあたった漂流船数を確

認したうえで、島原藩預所時代における遠見番の職掌を通じて国内へのキリスト教流入を防ぐ手段のあり方を検討する。特に、寛政11（1799）年に長崎奉行所直轄の牛深湊見張番所が設置されたことを転機と位置付け、長崎奉行主導で対外的政策が強化されていったと結論付ける。

　第4章「天草一町田村と高浜村における類族改の実態─上田家新出資料の分析を通じて」（安高啓明）では、禁教社会が形成されていくなかで、天草郡中では類族（キリシタン血縁者）をどのように管理していたのかを取り上げる。高浜村庄屋上田家文書のなかから類族改に関する資料が新たに発見されたことを受けて、新出資料と幕府の類族改の規則とを照らしながら比較検証を行なった。関係村との連絡はもとより、寺請制度が効果的に機能していたことを実証する。また、類族と潜伏キリシタンとの関係にも言及している。

　第5章「天草への公儀流人の差遣と禁教政策」（山田悠太朗）では、公儀流島である天草へ差遣される手続き過程を明らかにするとともに、流人管理の実態を取り上げる。享和元（1801）年を流人差遣の転機とみなし、さらに天草崩れが生じたことによる流罪への影響にも言及する。また、天草で生活していく流人たちに絵踏（影踏）が行なわれており、流人も例外なく天草での禁教政策下に組み込まれていたことを詳らかにした。

　第6章「天草キリシタンと長崎・外海・五島系キリシタンの繋がり」（島由季）は、禁教政策が進められるなかで、天草キリシタンと長崎系キリシタンとに分類・定義し、彼らの間ではどのような関係が形成されていたのかを検討したものである。その素材として「オラショ」に着目し、信仰の共通点と相違点について分析するとともに、五島や外海のキリシタンを射程にして検討を加える。移住したキリシタンによる伝播と各地域で形成された教義的理解にも言及する。

　第Ⅱ部には4本のコラムを掲載した。コラムⅡ-1［長崎くんちの天草への伝播］（安高啓明）では、長崎くんちの演示物が天草に伝わり、島民たちが八幡宮に奉納していたことを紹介する。コラムⅡ-2［異国船対応と荒尾嶽烽火台］（牧野寿美礼）では、異国船来航を知らせる重要な手段であった烽火の確認が、天草・長崎側と双方向から行なわれていた実態を紹介する。コラムⅡ-3［流人となった定舜上人と天草］（山田悠太朗）では、流人となった高僧の定舜の動静を追うとともに、現存する墓碑とそこに刻まれる碑文についても紹介する。コラムⅡ-4［大江教会がつなぐ鉄川與助とガルニエ神父］（山田悠太朗）では、世

界文化遺産に登録された構成資産である教会の建築に携わった鉄川与助、そして天草の大江教会に赴任するガルニエ神父の事績を紹介する。

　第Ⅲ部「**禁教解禁の胎動**」では、安政五ヵ国条約が締結されたことを機に変容する貿易都市長崎が、天草を含めて歴史的にどう評価し得るか。また、江戸幕府のもとに行なわれていた禁教政策が、明治政府下でどのように引き継がれていったのかを検証したものである。

　第1章「**安政五ヵ国条約の締結と居留地の造成―天草郡中の関わりを中心に**」（安高啓明・原田吉子）では、条約締結に基づき造成することになった居留地に関連して、天草がどのように関わっていったのか、人的かつ物的側面から検討したものである。天草の広域にわたる土地を抵当にしながら資金集めが進められるとともに、人夫確保がままならない状況のため、富岡役所が後押ししていた実態を明らかにした。その結果、居留地造成は半官半民的な事業であったと評価する。

　第2章「**絵踏廃止による宗門改と宗門帳の変容―天草大庄屋文書の分析を中心に**」（安高啓明）では、安政五ヵ国条約が締結されたことを受けて絵踏が長崎で廃止されたことが、天草にどのような影響を与えたのかを取り上げる。天草で作成されていた宗門改帳について分析するなかで、これまで役人が行なっていた業務を百姓に直接担わせるようになる変容が見出せた。換言すれば、寺社と個人が証書を交わすことで、絵踏に代わる非キリシタンの証明となしていた実態を明らかにしている。

　第3章「**浦上四番崩れと明治初期の禁教政策**」（山下葵）では、浦上四番崩れが起こった経緯から、各藩に分配預託された状況、浦上村帰村までを取り上げている。分配預託後の対応は各藩で異なるなか、本編では名古屋藩を対象にし、ここでは浄土真宗の僧侶が教誨指導を担当していたこと、そして彼らを罪人として取り扱っていた状況を詳らかにする。また、高札撤去に至る政治判断が、対外交渉を通じて行なわれていたことを論ずる。

　第Ⅲ部には3本のコラムを載録した。コラムⅢ-1［**再布教のはじまり―パリ外国宣教会**］（島由季）では、潜伏キリシタンにとって一画期となった大浦天主堂が日本キリスト教史の新たな展開の舞台となったことを紹介する。コラムⅢ-2［**ド・ロ版画**］（島由季）では、布教で用いられたド・ロ版画の構図や制作、

修復について紹介する。コラムⅢ-3［世界文化遺産の活用と研究体制の強化］（安高啓明）では、世界文化遺産に登録されて以降の長崎・天草の取り組みの現状と課題について述べる。また、大学と自治体との協力体制の実例をもとに今後あるべき姿を提示する。

　以上の通り本書は、長崎と天草を中心に取り上げた論文 12 編とコラム 10 本からなる。現地でのフィールドワークを重視し、新出古文書の分析成果を含めたものとなった。布教期・禁教期と共通して、長崎と天草が紐帯をなした歴史が刻まれていったことを多角的に論じている。禁教政策と鎖国体制が現場レヴェルで着実に連関した動きをしていたことに加え、双方で"温度差"も生じていたことを明らかにした。また、禁教政策が明治政府に継承されると、その規模は両地域の枠を越えて展開されていることが詳らかとなった。近世から近代へという政治体制の変容が、キリシタン政策にも如実に現れている。つまり、ここには長崎、そして天草とが個別単体で対処し得るものではなく、一帯的な事象として表出していたのであった。同じ幕領として、機運をともにした天草と長崎の姿が見出せるのである。

Introduction

This book is intended to produce a proof on the prohibition policies developed in both regions Nagasaki and Amakusa, from the perspective of the turning point, reality, and transformation. Nagasaki and Amakusa, the provinces of having been faced with the strict Forbidden Codes, and, outer lying areas of Goto Islands and Shimabara, and farther, with putting Oka Domain of Bungo Province which came to the Nagasaki Magistrate Office to borrow Fumi-e into the scope of considerations, I have carried out my main ideas with the purpose of getting closer to actual states of prohibition policy by the Shogunate and to the political calculations by the Nagasaki Magistrate, in addition, to the regional perceptions of these matters. Also, setting the starting point in the field, I have practiced further investigations on inward·outward-looking prohibition policy, such as performing the regulations against domestic Christians through the religious census, and so on, on the other hand, building the alert system on the arrival of foreign ships.

> *Fumi-e: a plate with a crucifix or other Christian symbol on it, to be trodden on in order to prove one. was not a Christian.

Part Ⅰ 「A turning point to the Prohibition and " Different Religion"」

With approaching to the reality of Shimabara·Amakusa Uprisings from the movements of Amakusa, after the Uprisings how did the Establishment such as the Edo Shogunate and the Nagasaki Magistrate Office come to recognize the Christians, I take up the transitions.

Chapter 1 「Understanding and its Transformation of Christianity in Nagasaki and Amakusa-from the Perspective of the Establishment」 (by YASUTAKA Hiroaki)

How the devotional tools imported in the missionary period were to be transformed during the Prohibition Period, with following in time series I have indicated no contradiction existed among Hidden Christians who have put Buddha Images and

Christ Religion God in the same category. Besides, I have pointed out the birth of the concepts making a clear distinction from 「Jesus」 (Heresy), based on the incidents of Amakusa Kuzure and Urakami Sanban Kuzure by which the ground of rationale making clear distinction from 「Different Religion」 and 「Misunderstanding」 were to be established.

*Kuzure: breakdown of the Christians Unity.

Chapter 2 「Shimabara・Amakusa Uprisings in Oyano and Iwajima Island」 (by YAMASAKI Kyoya)

The movements of the Uprisings, arisen from Iwajima Island that had connections with AMAKUSA Shiro (MASUDA Shiro), is examined. The following are showed that while there was being a leading figure in the Iwajima Island located on the border with Kumamoto Domain, also, Masuda Jinbei and Shiro were staying in that Island, thus, their unique activities are to be revealed. Also, it is explained that needless to say the geographical conditions, coupled with social relationships between members of the Uprisings, the state of affairs in the early stages of the Uprisings in Oyano and Iwasima Island played an important part.

Chaper 3 「The Movements of MIYAKE Toubei and the Offensive of the Amakusa Uprisings」 (by YAMADA Yutaro)

In this article, investigates the fights for the repression of the Uprisings in various battles acted by MIYAKE Toubei who was being in the duty of the security officer on the Tomioka Castle at the time of outbreak. Stating that the defeats in the battles of Oshimago・Koshimago and of Hondo resulted to encourage the Uprisings Forces, analyzes factors of the attacks to approache the Tomioka Castle. More, taking up the extant Gravestone of Miyake Toubei, explanations are described that with a meaning of religious ceremony, there was a manifestation to the public.

In Part I three columns are entered.

Column I-1 「the Missionary Works by the Society of Jesus and the Amakusa Collegio」 (by OKU Tomoya and MAKINO Sumire)

Here, treats the medical exploits and the reality of the missionary works, engaged in them by Almeida.

Column I-2 「A microcosm of Amakusa History "Yushima"」 (by YASUTAKA Hiroaki)

In Yushima, being an important base of the Shimabara・Amakusa Uprisings, the Christian Gravestones and the Memorial Tower of Shimbara Very Higo Nuisance and the like are still in existence, the social status of cultural and tourism values are discussed.

　*Shimabara Very Higo Nuisance: a tradition once an earthquake occurs in Shimabara, brings Tsunami disaster to Higo domain. Shimabara and Higo are a short distance.

Column I-3「Christian Memorial Tower of Tomioka」(by YAMADA Yutaro)

Considers from many-sides the significance of the Memorial Tower to enshrine the participates killed in the battle of Shimabara・Amakusa Uprisings.

Part II「Sluggishness of the Prohibition Policy and Movement of the Hidden Christians」

With discussing the actual situations of the prohibition policy by the Shogunate within the country and of the external policy, making Amakusa the base for reflections, at the same time, confirm the meanings of Fumi-e which the Nagasaki Magistrate Office lent out. Also, argues the modes of movements taken by the Hidden Christians affected with the Prohibition Policy.

Chapter 1「Meanings of Lending Brass Product Plate Fumi-e afforded by the Office of Nagasaki Magistrate-through the "Fumi-e Casting Case"」(by YASUTAKA Hiroaki and OKU Tomoya)

States that the Nagasaki Magistrate Office, Lending Fumi-e to the Clans was being furnished with the purposes of demanding them to Comply with the Prohibition Policy, additionally, held an intention of building the Order of the Shogunate System. Taking Oka Domain as an example of the case, the Domain on the side of Borrowing and the Magistrate Office on the side of Granting, the true situations existed misunderstandings between them are to become clear. Here, unfolds the actual states being developed into the game of politics between the Nagasaki Office and Oka Domain.

Chapter 2「Dealing with Drifting Ships in the Kyoho Period by the Shimabara Domain」(by MARUKI Haruka)

How the Shimabara Domain, being in a responsible position on managing Amakusa during the period from 1720 (Kyoho 5) to 1768 (Meiwa 5), was capable of dealing with the transfer of the drifting ships to Nagasaki, it is revealed based on Shimabara Clan「Diary」. Along with sorting out the situations of the administrative structures of the Shimabara Domain and the system of working in for Amakusa Tume, duties to Mogi Management System, further, in coping with the drifting ships, the actual conditions of working together closely between the Tomioka Office and the Nagasaki Magistrate Office will be clarified. That the system a sort of encirclements, which were built up among three parties, Nagasaki, Amakusa and Shimabara, to restrict the contacts with the foreign countries, was organized will be demonstrated.

*Azukari-dokoro: a territory of the Shogunate/an office to manage a manor as proxy for its head.

*Tume: Working in to serve Clan/ stationed in residence for a fixed term.

Chapter 3「In The Second Time Depositary Shimabara Domain, Dealing with Drifting Tosen of the Amakusa Maritime Guard Station and the Christian Policy-centric on the period from 1783 (Tenmei 3) to 1813 (Bunka 10)」(by YASUTAKA Hiroaki and MAKINO Sumire)

After having confirmed the number of drifting ships which the guardhouse in Amakusa dealt with from the period 1720 (Kyoho 5) to 1858 (Ansei 5), considers the means of the method through the official duties of the Maritime Guard who carried out to prevent the influx of Christianity in the time of Depositary Shimabara Domain. Especially, regarding the building up of the Ushibuka Port Maritime Guard in 1799 (Kansei 11) as a turning point, here, brings to a conclusion as the foreign policy was strengthened by the Nagasaki Magistrate Office initiative.

*Tosen: Chinese ship/ until the end of Edo period called like this.

Chapter 4「Amakusa-The actual states of Christian Investigation into Family Blood Relations in Amakusa Ichouda Village and Takahama Village-through the Newfound Materials Analysis of the Ueda Family」(by YASUTAKA Hiroaki)

In this article, it is discussed how did the Districts of Amakusa administer Christian Blood Relations in the midst of forming the prohibition society. In response to the new finding materials, included in the documents of the Ueda Family, Takahama Village Headman, which are related sources to the Christian Investigations into Family Blood, by referencing between the New Materials and the Government Rules, I have examined by making comparison. Needless to say the communication between related villages, the temple guarantee system was working effectively, is proved. Also, the connection between close relatives and hidden Christians is mentioned.

Chapter 5 「Sending Kogi-Runin (legalized exile) to Amakusa and the Prohibition Policy」 (by YAMADA Yutaro)

In this article, with making clear the sending procedures to Amakusa, designated Island for the Exiles, raises the actual conditions of supervision over the exiles. Considering the year 1801 (Kyowa, the first) as a turning point for the exiles sending, more, mentions the impact on Exiles as a result of Amakusa Kuzure. Further, in view of E-fumi (Kage-fumi) was being imposed on the exiles living in Amakusa, the exiles were, without exception, incorporated into this rule of Prohibition Policy on Christianity in Amakusa.

　　*Amakusa Kuzure: a crackdown on Christians occurred in Amakusa.

　　*Kogi-Runin: (Kogi): official authority/ the law of the government/ people accepted as
　　　the authority. (Runin): punished to an exile/ state of on exile

Chapter 6 「the Connection between Christians in Amakusa and Christians inherent to Nagasaki・Sotome・Goto Island Group」 (by SHIMA Yuki)

By classifying Christians into those of Amakusa-oriented and Nagasaki-oriented, defining each of them, it is examined how did they build up relationship in the progress of prohibition policy. Here, as a material for that considerations, focusing on 「Orasho」, with analyzing the commonalities and differences in Faith, having in mind the Christians in Goto Island and Sotome, considerations are given to some extent. Also, the propagation performed by the emigrated Christians and the doctrinal understanding established in various regions are mentioned.

　　*Orasho: words of prayer Chanted by hidden Christians.

In Part II four columns are introduced.

Column II-1 「The spread of Nagasaki-Kunchi Festival to Amakusa」 (by YASUTA-KA Hiroaki)

Here shows that by Spreading the Performance Tools of Nagasaki-Kunchi Festival to Amakusa, the Islanders dedicated them to the Hachiman Shrine (Shrine of the God of War).

Column II-2「Dealing with the Foreign Ships and Arao-dake Beacon Tower」(by MAKINO Sumire)

Actual conditions, regarding the confirmations of the Beacon being an important measure of informing the arrival of Foreign Ships, are introduced.

Column II-3「Exiled Saint Tei-Shun and Amakusa」(by YAMADA Yutaro)

With following the movement of High Priest Tei-Shun, being exiled, the extant gravestone and the inscriptions engraved on there are brought up.

Column II-4「TETSUKAWA Yosuke and Father Garnier, Linking by Church」(by YAMADA Yutaro)

TETSUKAWA Yosuke, engaged in the church architecture which becomes one of the registered components of the World Cultural Heritage, and, the achievements performed by Father Garnier arriving at his post of the Oue Church in Amakusa are introduced.

Part III「Stirrings of lifting the Prohibition」

Triggered by the Conclusion of the Treaty Between Five Countries in the Ansei Era, the transforming Trade City Nagasaki, including Amakusa, how can they be evaluated historically. Also, the prohibition policy having performed under the Edo Shogunate, how did they take over the system to the Meiji Government, is proved.

Chapter 1「Conclusion of the Treaty Between Five Countries in the Ansei Era and the Creation of the Foreign Settlement-Centered on to the relationship of the Districts of Amakusa」(by YASUTAKA Hiroaki and HARADA Yoshiko)

Regarding the Foreign Settlements that have become to be created based on the Conclusion of the Treaty, in relation to that occurrence, how Amakusa was to be involved, considers from the human side and the material aspect. Here, while mortgaging the Broader Land of Amakusa the funds were to be raised, at the same time, facing the difficult situations of acquiring workmen, the Tomioka City Office exerted to boost the business, such realities are revealed. As a result, it is valued that creating the Foreign Settlements were the projects of being a Joint Government-Private.

Chapter 2「By the Abolition of Fumi-e, Transformation of the Religious Census and the Register of Religious Faith-Focusing on the Documents of Noble Village Headman in Amakusa」(by YASUTAKA Hiroaki)

Under the Conclusion of the Treaty Between Five Countries in the Ansei Era, what did the abolition of the Fumi-e in Nagasaki have impacts on Amakusa, is considered. With analyzing the Religious Sect Register recorded in Amakusa, we can see the indications of the changes in the kind of works, which the officials had done up to this point, were being taken on the duties directly to the peasants.

In other words, by doing of exchanging the deeds between Temples and Individuals, the deeds become clear to be an alternative certification.

Chapter 3「Urakami the Fourth Crackdown on Christians and the Prohibition Policy in the Early Meiji Period」(by YAMASHITA Aoi)

From the background of the occurrence of the Urakami the Fourth Crackdown, to the situations of allocating Christians to each domain, and to the time of returning to the Urakami Village, these are stated. After dividing and assignment of the Christians to the specified Domains, as for the treatment each Domain took a different response. In the main subject, targeting the Nagoya Domain, here, citing an example of a monk of Jodo Shinshu Sect (Buddhism) who was in charge of the teaching guidance, and that, the Christians were being treated as sinners, such matters are stated to the details. Also, it is discussed that the political judgements on Removal of Notice Boards were being performed through the foreign negotiations.

In Part III three columns are introduced.

Column III-1「Beginning of the Resumed Missionary Work-Paris Foreign Missions Society」(by SHIMA Yuki)

About the Oura Church, growing an epoch-making for the Hidden Christians, will be introduced as becoming a stage of new development of Japan Christian History.

Column III-2「De Rotz prints」(by SHIMA Yuki)

About composition and creation and restoration of De Rotz prints, being used for the missionary work, will be stated.

Column III-3「Utilization of World Cultural Heritage and Building up Research System」(by YASUTAKA Hiroaki)

The current efforts and problems of Nagasaki and Amakusa after being registered as a World Cultural Heritage are described. In addition, based on the actual example of the cooperation system between a University and a Local government, I present what it should be in the future.

As stated above, this book consists of 12 papers and 10 columns, focusing on Nagasaki and Amakusa. Emphasizing the fieldwork at the actual places, comes to include the analysis results of the newly discovered old documents.

We have discussed from various angles as the history was going on to be engraved, which was closely linked between Nagasaki and Amakusa through the Missionary Work Period and Prohibition Period. It will become clear that the Prohibition Policy and the Isolation System were making uniformly coordinated movements at the work site level, besides, different degrees of enthusiasm came to generate between both parties. Also, as the Prohibition Policy was handed over to the Meiji Government, it is clarified that the scale had expanded beyond the boundaries of the both regions. Transformation of the political systems, from the Early Modern Period to the Modern Times, is being appeared remarkably on the Christian Policy. Briefly, it is not something both Nagasaki and Amakusa were able to accomplish independently, fairly, as an Area Events the policy were to be exposed. We can find the shape of Amakusa and Nagasaki, which had been as a same Shogunate's Territory, and had kept the momenta together.

長崎と天草の潜伏キリシタン ❖ 目 次

第 I 部

禁教と「異宗」への転換点

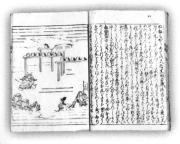

Turning point to the Prohibition on Christianity and the Unfavorable Religion

The Shimabara・Amakusa Uprisings which caused a big step to establish the Prohibition on Christianity by the Edo Shogunate. We will discuss the background to generate the concept, a new 「Unfavorable Religion」 (a religion belonging to Christianity undoubtedly, however, as having been acting in conformity with the Prohibition on Christianity, being regarded different from Christianity.) different from Christianity, resulted from the policy of Prohibition on Christianity.

第 **1** 章

長崎と天草におけるキリシタン認識と変容
── 体制側の視点から ──

安 高 啓 明

はじめに

　長崎と天草は、共通してキリシタンの布教と信仰の拠点となっていたところである。両地域を訪れ、滞在した宣教師によって布教活動が展開されると、キリシタンたちには信心具などが頒布され、これらが心のよすがになるとともに、彼らは信仰組織（コンフラリア）を形成していった。日本へ来航する以前に、南蛮船は東南アジアを経由し、ここで多数配られるため、日本で流通する信心具は少なかった。国内での希少価値も相まって、キリシタンたちは十字架やロザリオ、メダイなどを強く所望している。その結果、国産化の動きも確認されるなど⁽¹⁾、信心具を通じたキリシタンの動静は顕著となった。

　幕府の禁教政策が厳しくなっていくと、キリシタン組織は時勢に応じたものへと転化する。全ての住民を寺院の檀家とする寺請制度に組み込み、さらに絵踏が強要されると、キリシタンたちは信仰を守っていくなかで独自の形態を創出していったのである。また、キリシタンは潜伏形態を余儀なくされると、布教期にもたらされていた信心具に傾倒するようになり、そればかりか南蛮渡来の舶来品に対しても、キリスト教の教義を重ね合わせていった。幕府による貿易体制が強化され、舶来品が統御されていくと、中国製の観音像や仏教所以の国内で流通する像、そして、民芸品や日用品などにさえ、信仰心を寄せていくようになったのである。

　このように、キリスト教が伝播し、受容されていった近世社会であったが、体制側の認識にも変化が確認される。それは、潜伏キリシタンを「異宗」ととらえ、近世秩序のなかに位置付け、属性を検討していったことである。その画期として、浦上一番崩れや天草崩れが挙げられており、民俗信仰との視点を包

摂しながら、その実像が追求されている[2]。ここでは信徒を取り巻く社会状況との関わりを念頭におきながら分析されており、潜伏キリシタンが「異宗」として近世的秩序の周縁的存在に許容されたとも評価する。これは、体制側が認めざるを得ない潜伏キリシタン（異宗信仰者・回信者）を監視対象とするものの、近世社会の構成員に位置付けようとしたともいえよう。

　こうしたキリシタンをめぐる社会状況の変化は、幕府の禁教政策に連動しながら生じている。それは、幕府、ひいては長崎奉行がキリシタン大量露見をどのように裁断していったかによっても異なってくるだろう。体制側がキリシタン関係者を管理、統制下に据えていった過程を追うことで、「異宗」を定義し、ひいては禁教下における「キリシタン社会」の構造を具現化できよう。

　そこで、本稿では、キリシタン信仰の淵源でもある信心具の変容をとらえるなかでキリシタン組織のあり方を検証する。また、近世社会における潜伏キリシタの存在について、長崎と天草地域を対象に、体制側が認識していたキリシタン社会の構造の変遷についてみていきたい。

1　天草と長崎における信心具の広まり

　布教期には、十字架やメダイ、ロザリオなどといったキリスト教の信心具、ミサなどで用いる宗教道具が日本にもたらされている。これらのなかには国産化されたものもあり、大分の府内では鋳造されたメダイ、博多ではメダイと十字架の鋳型がみつかっている。キリシタンたちは信心具を強く望んでいたようで、ルイス・フロイスは、コンタツ（ロザリオ）を尊び崇め立てている日本人キリシタンの様子を伝えている[3]。キリシタンがコンタツやメダイを珍重し、これを尊崇した背景には、日本古来の護符や数珠に代わるものとして受け入れることができたとの指摘をみる[4]。つまり、日本人キリシタンの信仰的土壌には、古来宗教である仏教との枠組みでとらえるべき要素が多分に含まれる。

　キリスト教の霊験については、イエズス会資料で散見される。ルイス・フロイスの「1590年度日本報告」によれば、天草の栖本氏について「彼の妻は異教徒であった時には、悪魔にひどく苦しめられていたが、洗礼を受け、聖遺物入で身を固めてからは、一度も悩まされることがなくなったばかりか、二度と彼女に現れなくなった」という[5]。また、戦乱時にも、武器や鎧を纏うなか、

「コンタツのロザリオや聖遺物を頸に掛けた」ともあり[6]、ここに、聖遺物入やロザリオが天草島内で頒布されていたこと、ならびに、その霊験がキリスト教への入信につながっていることが示される。

　さらに、聖像画も日本に持ち込まれている。天草では、志岐島のこととして「幼いキリストを抱いた聖母マリアの御絵を家の礼拝所に吊り下げていた」とある[7]。また、大矢野島で改宗が進んでいくなかで、栖本の嫡子ジョアン八郎が病気になった際の出来事として次のように記されている[8]。

　　（殿が）病気になった時に用いた主な薬はその屋敷に置いてあった聖水で、それによって病を癒したのであった。彼は病が重かった時に、（苦行用の）鞭を求め、それで（己が身を）鞭打った。時に彼は23歳であった。彼はまた大矢野の司祭たちにデウスに祈るための聖画像を求めた。（そして）聖母の画像が届けられると、じっと見入ったまま拝んでいた。

　苦行の鞭は、「ジシピリナ」であり、キリシタンたちのなかでも特に貧しかった者たちの多数が熱心だったとされる[9]。聖水は、施薬として領主から領民へと広がりをみせていったことがうかがえる。これ以外にも、島内で聖像画を求める動きも確認され、信仰の拠り所とされていた。このような霊験は、キリスト教界拡大のなかで浸透していったのである。

　布教期にもたらされた信心具は、禁教下においてどのように管理されており、潜伏キリシタンの信仰対象物はどのような変化をみせたのか。その手がかりとなるものが、浦上三番崩れや四番崩れ、天草崩れの発生により没収された信心具であり、各々で特質を見出すことができる。これらの崩れには、共通して体制側による調書が残されており、潜伏キリシタンの信心具の状況が示されるのである。

　浦上三番崩れで捕縛された潜伏キリシタンは厳しい尋問を受けていくことになる。そのようななか、浦上村山里中野郷字長与道の百姓吉蔵の供述調書が残されており、『異宗一件』（長崎歴史文化博物館蔵）には次のようにある[10]。

吉蔵

未五十二歳

此吉蔵儀口書不申付以前未七月十九日病死仕候

右之もの吟味仕候処、年暦不相分、先祖共〝中野郷ニ住居高三斗七升八合

所持農業いたし家内八人相暮罷在、浄土宗村内聖徳寺檀家ニ候処、先祖共

ら持伝信仰いたし来候処、- - - タマルヤ与申白焼仏立像壱体・イナツシヨ
ウ与申唐かね仏座像壱体・流金指輪様之品ニ彫付有之候ジゾウス与申仏壱
体・日繰書物与も所持罷在（後略）

　これによれば、吉蔵は先祖より伝来して信仰してきた「ハンタマルヤ」と
いう白磁製の仏立像が一体、「イナツシヨウ」という唐金の仏座像一体、流金
指輪に彫り付けられ「ジゾウス」という仏一体、さらに日繰書まで所持してい
ることがわかる。立像と座像に「ハンタマルヤ」（サンタマリア、聖母マリア）や
「イナツシヨウ」（＝イグナチオ・ロヨラ）と重ね合わせていたのである。また、
指輪にも「ジゾウス」（＝ジェズス、キリスト）と称しており、潜伏キリシタンた
ちの間で、キリスト教神が連綿と継承されていたことがわかる。

　指輪は、江戸時代、日本人の間では一般的なものではなかった。「支倉常長
像」（仙台市博物館蔵）では、指輪をした支倉常長の姿が描かれているが、これ
はキリスト教布教期にもたらされたものと推測されている。指輪を数代にわ
たって引き継いでいくことができたのは小型であるため、発覚を免れたのであ
ろう。なお、吉蔵の所持した観音像は現存しており、東京国立博物館に「マリ
ア観音像」・「観音菩薩坐像」として所蔵されている。また、指輪は、中野郷
のトメが所持していたものが同じく現存しており、浦上村では複数名が当時、
所有していたことがわかる。

　一方、天草をみてみよう。天草崩れの対象地域である高浜村では、寛永通宝
などの貨幣が「丸やさま」や「デイウスさま」などとして信仰され、「丸鏡」
を「丸やさま」「サンタマルヤ」「デイウス」という仏名をあてている[11]。これ
らは高浜村で流通していた日用品の類が信仰物に転化したものであるが、為七
が所持する「丸鏡」は「蛮国物と相見へ候、裏ニ野ざらしの図あり」、又右衛
門が所持する「丸鏡」も「蛮物と見候」として、舶来品が混在していることが
わかる[12]。宣教師が不在となるなか、布教期にもたらされたものが依然として
心の拠り所にされていたことうかがえる。

　また、大黒や弘法大師、西行大師、弁才天（弁財天）、寿老神、木造地蔵、仏
像なども没収されている。これらにも天草の潜伏キリシタンは「サンタ丸やさ
ま」や「ジュワン丸やさま」、「クルギさま」などの仏名を付けている。天草に
散在する日本の仏像の類が信仰の対象となっており、そのなかでも彦七が所持
した仏像には次の特徴があった[13]。

佛名クルス

一仏像　　一面　　　　　　　　　　　　　　　　　　　彦七

但家ニ入

仏像表合掌シタル像有、裏クルスニ懸リタル体ノ像有、大サ空豆位也、四
方ニイボ有、上ノイボニ穴有、地唐金之様見ル、

家身蓋ヤロウフタノ様合セ物蓋ニ天ノ形有、身ノ底ノ裏ニギボウシノ様ナ
ルモノ、其外モヤウ有之モ分兼候、身フタ合セタル頭ニ穴有リ、

　彦七が持っていたのは、家入（厨子入）の合掌した仏像で、裏には「クルス」
に懸けられていた像（磔刑キリストか）があったという。大きさは「空豆」くら
いで四方に「イボ」があり、上部のイボに穴があるという形状から、これは小
型のメダイと思われる。また、友七が持っていた仏像は、「表ニサンタマルヤ、
右手に子を抱候図有、裏ニデイウス磔ニ懸りたる図、尤頭の方欠ヶ候而磔の処
得と相分不申候、蛮国物と相見候」と記されており、南蛮国由来と推定される
キリシタン遺物が高浜村で所有されている。これらは布教期にもたらされたも
のになろうが、禁教期においても村方で引き継がれていたのであった。

　このように、長崎と天草地域では、布教期にもたらされた信心具のほかに、
観音像をキリスト教義に投影した信仰を行なっていたことがわかる。これは禁
教政策が展開されるなかで創出されたものであるが、キリシタンたちにとって
は無理なく転化できたものと推察される。当初、ザビエルは、アンジローの訳
語に従ってデウス（神）を大日に置きかえて説教していたように[14]、キリシタ
ンのなかには仏教一派と認識するものもいるような状態だった。イエズス会は
その修正のために大日如来と置き換えることを否定したが仏教的要素を払拭で
きず理解されていた。幕府も体制宗教に対抗する宗派と位置付けたことで、当
時の日本人はその意識をより強くしていった。

　こうした信仰物の転化は、潜伏キリシタンにとって自然創出されている。前
述したように、ロザリオを数珠ととらえて受け入れていったように、日本人キ
リシタンのなかでは、古来の伝統宗教の延長線上にキリスト教を認識していた
のである。その結果、マリア観音のように、外形的にキリスト教神を投影し、
仏教と同化した信仰対象物を生み出すことにつながった。つまり、潜伏キリシ
タンは"日本型キリスト教"として信仰を維持していったのである[15]。

2　長崎におけるキリシタン認識

　長崎奉行所管轄である内町・外町には、禁教期にはキリシタンが存在しなかった。それは、長崎奉行による厳しいキリシタン取り締まりの成果に他ならない。寛永5（1628）年に長崎奉行水野河内守守信が絵踏を実施[16]、寺請制度を展開していたことが功を奏したといえる。そこには、かつてキリシタンだった町年寄が棄教に転じ、取り締まりにあたったことも影響したと推測される。町人に近い立場の者が直接、捜索にあたることは、キリシタンにとって脅威だった。長崎の町方からキリシタンは一掃されたものの、彼らは長崎郊外の村方に移動していく。行き着いた場所のひとつが、後年に大量露見が四度にわたって起こった浦上村だった。

　浦上村の潜伏キリシタンは寺請制度を受け入れ、絵踏にも応じており、いわゆる"百姓"として生活していた。寛政2（1790）年に浦上一番崩れ、天保13（1842）年に浦上二番崩れが起こっているが、百姓とみなされていた彼らは罰せられることはなかった。それは、長崎奉行所からの要請に応じた禁教政策を受け入れていたからで、これが、彼ら自身を助けることにつながったと評価することができよう。禁教下において、従来のカトリック教義とは異なる独自のキリスト教（日本型キリスト教）に昇華していたことが、先祖伝来の"教え"を継承することができた一因なのである。

　長崎奉行所の文書のなかには、「浦上村異宗一件」やキリシタンたちが所持した「異宗画像」とも記され、長崎奉行は彼らを一貫して「異宗」信仰者と認識していることがわかる。こうしたなか、安政3（1856）年には、浦上三番崩れが起こった[16]。この時、彼らは「異宗信仰致候者」として捕縛されており、結果として、キリシタン（邪宗・邪教）とは認定されなかった。それは、前述したような幕府の禁教政策に従っていたからに他ならない。また、物的証拠としても、後述する天草崩れとは大きく異なり、仏教的範疇でとらえることが可能な信心具だったため、処罰を免れたのである。それだけ、当時の禁教社会に即した信仰形態を創出していたといえ、本来の教義とは一線を画した宗教への転化が見出せる。

　前述した『異宗一件』（長崎歴史文化博物館蔵）のなかで、長崎奉行所による調書をみると、浦上村キリシタンについて次のように受け止めていたことがわかる。

右者御制禁之耶蘇宗門与者別宗ニ而異宗与申伝候旨利五郎密々申残置候儀
　　ニ而、右様宗体申儀申聞受居候ニ付、踏絵者支配役所申付通り年々村内之
　　もの共一同踏来候儀ニ有之

　ここでは、浦上村のキリシタンたちが信仰しているのは、幕府から禁制され
ている耶蘇宗門（キリスト教）とは別の宗教であって、「異宗」と申し伝えられ
ているとある。それは、支配役所が申し付けている通りに毎年、絵踏を行なっ
ており、村内の者たちは一同に踏んできたことが理由として挙げられている。
浦上三番崩れで検挙された際も、絵踏に応じていたことを理由に、「耶蘇宗門」
とはみなされず、「異宗」と認定されているのである。

　浦上四番崩れの処分は、慶応3（1867）年に長崎奉行所が捕縛した物的証拠
や供述調書に基づき、明治政府が行なった。浦上四番崩れでは相応の費用を要
していたようで、長崎奉行所の公事方が作成した『異宗一件書類』（長崎歴史文
化博物館蔵）には、その内実が収められる。「異宗一件探索」に関わったものと
して、「手合之者」や「手先之者」、「役立のもの」などが挙げられ、手合には
1人3両支払われたり、2両のものもいるなど、立場によって様々だったこと
がわかる。そして、この時、捕縛されたものの一部は新設された小島牢に収容
されていたようで、『異宗一件書類』（長崎歴史文化博物館蔵）によれば、次のよ
うに記されている。

　　一異宗一件之もの小島郷牢屋敷二間ニ三間一棟之場所ニ六拾五人
　　一同壱間四方二ヶ所へ女九人、同壱ヶ所へ男四人
　　　右江夫々割合入牢申付置候、尤追々人数相増候ニ付当時建足目論見中ニ
　　　有之候事、

　　　　　　　卯八月

　これは、慶応3（1867）年8月の書付で、異宗一件にあたっての検挙者には
小島郷牢屋敷が用いられており、ここの二間と三間からなる1棟に65人が収
監されている。そして、一間四方の2ヶ所に女9人、1ヶ所に男4人の割合で
入牢することになっている。しかし、今後は検挙する人数も増えることになる
ので、新たに増築する予定でいることも付記されている。

　浦上四番崩れの指揮にあたった長崎奉行能勢大隈守頼之と徳永石見守昌親
の伺書（『異宗一件書類』）をみれば、現地おける浦上村キリシタンの認識が示さ
れる。

浦上村農民共御国禁の宗門致信仰候趣ニ付、右の内魁首の聞有之もの当六
　　月中六十余人召捕、右始末委細申上運候処、右者仏蘭西人江致関係候儀に
　　付、彼国公使江御掛合の上、一件のもの共取計振并公使江の御達案、其外
　　書類御下ヶ御座候に付拝見仕候処、厳禁の宗門ニも不心付致信仰候愚民共
　　の義ニ付、已降心得違不致様等与及理解一同帰村申付、向後の取締厳重相
　　立旨被仰渡付得其意候、（後略）

　ここには、前提として浦上村の「農民」であることが記されたうえ、国禁の
宗門（＝キリスト教）を信仰しているということを察知したため、主要な人物60
余名を捕らえたとある。彼らはフランス人と関係があったほか、公使ともやり
とりをしており、フランスにも確認した結果、「厳禁の宗門」とは思わずに信
仰していた「愚民」と結論付けている。そして、「心得違」の原理を持ち出し、
今後の身の慎み方を仰せ渡したのであった。浦上四番崩れにあたって、フラン
ス人との接触を根拠に、初めて「耶蘇宗門」との関係を一部認めたのである
が、いまだにキリシタンとは確定していない。つまり、「不心付」という酌量
の余地を認めているのである。
　フランス人との関係というのは、信徒発見以降のことを指しており、これ
は、公使との間に起因するものと長崎奉行は判断した。つまり、宗教的結合を
なすものではない、「国禁の宗門」とは離隔したものと結論付けたのである。
その結果、「浦上村民」は、「心得違」をした「愚民」であるとして報告され
たのである。そして、長崎奉行は「国禁」から「厳禁」の宗門と表現を緩め
て、「心得違」（＝異宗）とする合理的説明を果たしていった。ここでも絵踏を
していた実態が、遡及的に「国禁の宗門」ではないとされたのであり、キリシ
タンとは認定できなかった理由である。
　長崎奉行所による浦上四番崩れの初動対応は、前述した「国禁の宗門」の可
能性があったため、キリシタンを想定した探索だった。この時、長崎奉行所
が作成した文書に『邪宗門儀ニ付内密申上候書付』（長崎歴史文化博物館蔵）が残
されている[18]。標題の"邪宗門"の表記からは、キリシタンとしての意識が明
確に反映されており、確定には至っていないものの、容疑が浮上したとして
「内密」に「申上」るに至っているのである。そこで実際に取り調べていった
際に、その表現はどのように変化していったか。「異宗寺ト名付ヶ候場所左之
通」には次のように記される。

一家野郷馬場市三郎宅を則天主堂ト名付

　　此寺を相唱候場所ニて去卯年十月頃歟能勢・徳永両尹在崎中取崩シ焼払

　　ひ候由

　一中野郷弥右衛門方裏手ニ当り右同断

　一中野郷橋口此所ニも又本原郷字辻と申所ニも有之候由

　一異人之教ニ常に魚肉を誡め親に孝行致候様申諭候由

　一不儀徒なる事男女共ニ厳敷誡め無拠訳あらは邪宗寺江参詣いたし懺悔せ

　　よと申諭候由

　一喧嘩口論都而争ひ事、且博奕を誡候由

　一香花を手向候ニ不及花を市中へ売歩行候得者諸仏ニ市中之もの買取手向

　　候、是者此宗門之者却而罪ニ成候故ニ花商売之儀者相止メ候様申諭候由

　　但右花商売を禁し候故歟、是迄浦上村者常に花を沢山植付有之、日々市

　　中江売出し候処、異宗被行候ゟ一切花売払底ニ相成居申候、

　市三郎宅や弥右衛門宅に「天主堂」と呼ぶ寺があったといい、これらは長崎奉行によって破却、焼き払われていることがわかる。そして、異国人の教えに従い、普段から魚肉を忌み嫌い親孝行するように申し諭されている。そして、「天主堂」を「邪宗寺」として、何かあればここに参詣し懺悔せよと言われていた。ここに、「異宗寺」とは別に「邪宗寺」と表記されており、両者が混同して用いられている。一貫して浦上村キリシタンを「異宗」の信仰者としながらも、実質的には「邪宗」と長崎奉行所は認識していたことがここに表出したのである。それは、前述したフランス人との交流に起因した"邪宗"観の芽生えと評価することができ、異宗と混在した意識が醸成された。

　明治政府は、浦上四番崩れで捕縛したものたちを外国諸国との関係を斟酌しながら、各地に追放する「分配預託」という選択をする。これにより、初めて公的にキリシタンと認定されることになったが、何より明治政府の樹立がこれを可能とした。浦上村キリシタンも、近世的秩序のもとで生活する百姓としての属性を放棄し、信仰共同体の枠組みによる自己の救済を求めている[19]。これまでの歴代長崎奉行が認定し得なった存在を、時代の転換（政権交代）により、キリシタンと是認したのである。"百姓として優秀"だった潜伏キリシタンたちを長崎奉行は認めることができず、幕末、そして明治に至ったのである。江戸時代を通じて村請制を前提としたコミュニティーにあったなかで、潜伏

キリシタンたちが自ら創出した信仰形態が連綿と継承されており、その結果、彼らを守ることにつながったのである[20]。

3 天草におけるキリシタン認識と管理

　永禄9 (1566) 年に志岐麟泉の招きに応じてアルメイダが来島したことによって、島内を分割統治していた「天草五人衆」は次々とキリシタンになっていった。その後、天草郡中の百姓たちにも受け入れられていき、多くのキリシタンが誕生する。ガスパル・コエリョによる「1588年度日本報告」によれば、天草と志岐には、全住民がキリシタンという城や村落があるといい、五人衆のうち三人がキリシタン領主となっている実情を綴る。また、残りの2名も早晩、キリシタンに改宗し、「偉大なキリシタン宗団」が誕生することになろうと記すほど[21]、着実にキリスト教の布教・信仰の拠点となっていった様子がうかがえる。

　この一方、従前の仏教徒も存在しており、郡中は二分かつ共存している。両者は共生した社会生活を送っており、特段、対立する動きはみられなかった。領内には、コレジヨが設けられたことからわかるように順調にキリシタンを増やしていったかのようにみえたが、この施設は移転を余儀なくされる。さらに、慶長8 (1603) 年には唐津の寺澤広高が天草領主になると禁教政策が強化され、イエズス会が当初予定していた布教活動は行なえず、そして信者の獲得に苦労していく。

　そのようななかで起こったのが、寛永14 (1637) 年の島原天草一揆である。一揆は、大矢野や上津浦のキリシタンたちが中心であり、これに呼応する形で下島のキリシタンが参加した。なかには、一揆勢による強制改宗も相まって仕方なくキリシタンとなり、富岡城への攻撃に加わったものもいたという[22]。そのため、天草の一揆勢は、島原半島に渡って、原城に籠城した時ほどの強い結束力になかったと解される。つまり、島原天草一揆への参加を巡って、キリスト教界は内部分裂状態となり、一揆に不参加のものたちが後に"潜伏キリシタン"となっていったのである。これは、旧志岐領内に残るキリシタン墓地の存在からも推知でき、立帰りキリシタンが一神教的キリスト教世界の構築にこだわる強硬派である一方で、旧志岐領内のキリシタンは、共生共存の道を志向

したという指摘もある[23]。

　一揆に加わらず、天草に残留したキリシタンたちは、潜伏する道を選択した。しかし、それは、表面的に非キリシタンとして生きていくことを意味し、体制側の認識としては「仏教徒」だった。彼らは幕府の禁教政策を受け入れながら、仏教徒として、地域社会の構成員となることを選択した。その一方、貞享4（1687）年7月付の類族規定によって、新たに「類族」の概念が生まれることになる。これは、キリシタンの子孫を血縁的に管理するもので、服忌令との関連のなかで生まれたものである（第Ⅱ部第4章）。村方において「類族」は統制されていくことになり、一律した宗門改のほか、類族改も行なうことで、個別に"コード"管理された。

　天草で次の転機となったのが、文化2（1805）年の天草崩れである。天草崩れは、高浜村・﨑津村・大江村・今富村の4ヶ村で5,205人が検挙された事件である。彼らの信心具が発覚したほか、洗礼名までも露見するなど、集団的な信仰組織が明らかとなった。しかし、寺請制度に従っていたほか、絵踏（影踏）にも応じていたため、「キリシタン」として認定されなかった。幕府の判断は、「非キリシタン」であり、仏教徒と判断されたのである。そのため、検挙者たちは、先祖伝来の教えを守っていた「心得違」をしていたと結論付けられ、厳刑に処されたものはなく差免となっている。

　天草崩れにあたっては、文化元（1804）年4月、長崎の年行司末次忠助が島原藩用達の長崎商人島原屋早太に対して問い合わせた際、「天草郡之内ニ邪蘇信仰之者有之」と伝えられ、これによって島原藩は長崎奉行の感知する所になったことを知ったという[24]。初動はキリシタン捜索だったものの、取り調べる過程で変化が生じている。天草で地役人の立場から取り調べにあたったのは、富岡詰山方役の江間新五右衛門、年番の郡会所詰で大矢野組大庄屋吉田長平、そして御領組大庄屋長岡五郎左衛門、志岐組大庄屋平井為五郎、久玉組大庄屋中原新吉、大江組大庄屋松浦四郎八、福連木村庄屋尾上文平、都呂々村庄屋酒井兼右衛門、市瀬村庄屋本田諸兵衛、高浜村庄屋上田源作、﨑津村庄屋吉田宇治之介、今富村庄屋上田友三郎だった。彼らは、「宗門心得違之者糺方懸り被仰付、取調方出精相勤候」と、「宗門心得違」のものを取り調べるように命ぜられている[25]。

　取り調べのなかで前述したように、洗礼名を所持していたり、仏名をもった

像を信仰しているものが判明する。その一方で、現実を直視した百姓の動きも確認でき、「大江村越崎三右衛門ゟ伝」として次のようにある[26]。

　　是ハ八ヶ年以前病気ニ付同人頼候へば治申候趣承及頼候処、此仏を信仰仕
　　候得ば病気快気仕候斗りニ茂無之、身上も宜敷相成候段すゝめ候ニ付伝
　　申、二ヶ年仕候得ども却而仕合悪敷止メ申候、

　これによれば、病気であるため同人（潜伏キリシタン）に頼めば治ると聞いたのでお願いしたところ、仏（キリシタン仏）を信仰するように伝えられたという。そして、病気が治るばかりか、身の上にも良いことがあるだろうと勧められている。2年間入信していたようだが、かえって悪くなったとして信仰をやめたと記されている。病気をきっかけにして入信を促していたこと、そして、実際に効果がなかったことを理由にして棄教していた実態がわかる。布教期に医療を受けてキリシタンとなる者がいたが、依然として現世利益を求めて転宗し、それが見込めなければ元に復していた天草の百姓の信仰動機が見出せる。積極的な入信の勧めについては、次のような動きも確認できる。

　　一弟次郎作癩病相煩何方ゟ伝候哉、此法を信候得ば病気快気仕候由、相加
　　り願呉候様再三頼候得ども聞入不申候之処、殊之外恨を申候ニ付無拠同
　　意仕候へとも半年斗り之内ニ相果申候、不宜事を願候故却而早死候者と
　　奉存其後決而改居申候、凡十七・八年ニ相成申候、右ニ付判も名も付不
　　申候、

　弟の次郎作が癩病になったことにより、「此法」を信じれば病気が快気するとして、仲間に加わって願うようにと勧められている。再三頼まれていたものの聞き入れなかったが、特段の恨みごとを申したのでどうしようもなく同意したところ、半年くらいすると死去したという。良くないことを願ったために、早死にしたと思い、その後、これを改めていたという。このように、高浜村内では積極的に「異宗」への勧誘がなされ、時として強制的な働きも看取される。しかし、ここに「邪蘇」（キリシタン）という認識は見出せない。

　そして、村方で天草崩れをどのように認識していたのか。「以書付奉願候事」によれば、次のように記されている[27]。

　　　　以書付奉願候事
　　一肥後国天草郡大江村・崎津村・今富村・高浜村之内ニ年来異法信仰之者
　　有之、当春中御吟味被仰付候処、家々之仕来ヲ以何之勘弁茂無御座、異

法取行候趣不包有体ニ白状仕仏像仏具等茂悉差出、是迄心得違仕居候段
後悔仕候由、尤是先極内密ニ取行候事ニ御座候得者、余人を勧候儀又者
大勢相集巧事ニ而も企候と申様成儀聊茂無御座、至極神妙ニ罷出、御年
貢向ハ無遅滞差出諸公役等茂大切ニ相勤、都而当時之者心底より仕出候
悪事者毛頭無御座、全已然ゟ家々ニ仕来候風儀ヲ親々申教候ニ相随ひ其
通ニ仕候筈之ものと心得居、御大禁ニ差障候行跡ニ落入候趣、何茂及承
候而如何斗歎ヶ敷奉存候、依之乍恐　右之者共格別之　御慈悲ヲ以御裁
許被成下候様奉願度旨、郡中村々不残一統ニ申出候、前書之通之者共ニ
御座候得者何程之　御慈悲を以御裁許被成下候共、外々ニおゐて右之類
例ニ畢竟仕、御制禁之筋を軽々敷相心得候儀者決而無御座候共、御制禁
筋之儀者弥々以厳重ニ相守候様郡中一統堅取締候而、別而宗門之儀入
念相糺候様可仕候間、幾重ニ茂郡中一統願之趣乍恐　御聞請被下格外之
御慈悲被成下候様此段幾重ニ茂奉願上候、以上、

　　文化二丑年十月

　　　　　　　　　　　　　　　富岡町庄屋　荒木市郎右衛門
　　　　　　　　　　　　　　　大矢野組大庄屋　　吉田長平
　　　　　　　　　　　　　　　　　　　　　（他九組大庄屋略）

　　　　富岡御役所

　天草崩れで検挙された四ヶ村内で、「異法信仰之者」がいたと記されている。
これにあたって吟味を仰せ付けられ、各家の仕来りも含めて取り調べられる
ことになった。そこで「異法」な作法なども有体に白状したうえ、「仏像」や
「仏具」なども全て差し出したとある。これにより、村方としては「邪宗」（＝
キリシタン）ではなく、「異法」と認識しており、その範疇で「仏像」と「仏具」
の提出を受けていると捉えているのである。
　また、「異法信仰之者」は「心得違」を後悔しているとし、信仰も「内密」
に行なっており、余人に勧めたり大勢で集まったりはしていないこと。さら
に、年貢を遅滞なく納め、公役にも精勤しているため、御慈悲を求めた。今
後も特段、宗門改を徹底することを一町十組の庄屋・大庄屋が富岡役所に連名
で願書を提出している。百姓の義務である年貢納入と公役負担を果たしていた
こと、「心得違」の後悔が御慈悲を求める理由として挙げられている。そして、
大江村・﨑津村・今富村・高浜村のある大江組だけでなく、富岡町庄屋と他の

九組大庄屋が連署し郡中一統で宗門改の徹底を富岡役所に誓っているのである。検挙された四ヶ村だけでなく、一町十組で事態にあたっており、ここに天草郡中の紐帯をなした行政組織としての姿が浮かび上がる[28]。

「異法信仰之者」については、縁付の状況から把握されている。「他村心得違之家ゟ高濱村異法信仰不仕家江縁付者共口書」によれば、高浜村六平次女房"いろ"たちの供述が記されている[29]。

> 一　私共異法信仰之家ゟ素人江嫁付候者ニ御座候得者、幼年之砌ゟ異法取
>   行、只今迄茂内密ニ信仰仕候儀ニ而可有之、委細有体可申上旨御吟味ニ
>   御座候、
>   此段私共幼年ニ而親之手前ニ罷在候節者、万端親之申付ニ随居候ニ付、
>   異法ニ携候儀茂可有御座候得共、何之勘弁も無御座候得者、聢と相覚候
>   儀茂無御座、嫁付以後者其家之風儀を以旦那寺宗門を信仰罷在候、外怪
>   敷法儀等信仰仕候儀無御座候、
> 一　私共親之手前ニ罷在候節、親共ゟ申教候儀も無御座、唱事等一向存不申
>   嫁付候而者、夫之家風ニ随罷在、異法之儀者夫江も相咄候儀無御座候、

これによれば、「異法信仰之家」から「素人」に嫁いだことがわかる。幼年の時から異法を執り行なっていたが、これまで内密に信仰していたことを認めている。その作法は、幼年時に親元からの申し付けに従っていたまでで、具体的にはよく覚えていないと述べている。嫁いでからは、その家の風儀に従い、檀那寺の宗門を信仰している。そのほか、怪しいところは見られないとあり、さらに、異法については夫へも話したことはないとしている。

このように、「異法信仰」の家系（潜伏キリシタン）から「素人」（百姓・非キリシタン）に嫁ぐなど、隔てなく交流している。また、「異法取行」も親が主導しており、子（娘）には継承されていなかった。そのため嫁ぎ先でも「取行」ことができず、檀那寺の宗門を受け入れることができたのである。なお、夫にも「異法」を話していないとあることから、両者に認識差があった。つまり、ここでは"百姓"としての人的移動（縁付）が行なわれていたのである。

こうして天草崩れによって、検挙された者たちは、従前とは異なる管理をされていくことになる。それは、百姓として登録されている宗門人別改帳とは別帳化され、「異宗回信之者踏絵帳」が作成、ここに登記された。彼らが差免となるにあたって、富岡役所から改心したことが確認されるとともに、これを

誓って絵踏をしている。こうして、彼らは「異宗回信者」（潜伏キリシタン）として、新しく"コード化"されたのであった。あわせて、2回絵踏する「二度踏」が実施されるなど[30]、集落内で個別管理されていったのである。また、彼らが死去した際も、特記事項となっている。文化4（1807）年4月に作成された「急死人書上帳」によれば[31]、高浜村の傳七（57歳）が死去した際、「異宗回信之者」として管理されていたことがわかる。

　異宗回信者（潜伏キリシタン）は、類族とも異なる「百姓」として新たにとらえられ、"非キリシタン"とみなされたのである。寺請制度・絵踏という宗門改を実施しているがゆえ、キリシタンと見なすことができなかったといえよう。つまり、富岡役所としては、天草崩れを経て、彼らを引き続き百姓として管理せざるを得ず、別立てで「素人」とは分けて「異宗回信者」として統御したのである。

おわりに

　天文18（1549）年にザビエルによって伝えられたキリスト教は、日本国内における宗教界再編をもたらしたが、そこでは、既存宗教との対立が生じることになる。国内で布教活動を行なっていた宣教師は、為政者の宗教政策と対峙しながらその方向性を模索する。禁教政策が強化されていくと、外国人宣教師が日本に滞在することができなくなり、国内に残されたコンフラリアがキリスト教を継承していったのである。こうして残された日本人キリシタンたちにより、新たな信仰形態が創出され、その作法などを伝承していった人々が"潜伏キリシタン"である。類族の認定も受けず、寺請制度下に入り、絵踏にも応じていた潜伏キリシタンとしての生き様は、彼らが教えを守っていくための"選択"だった。

　天草と長崎の潜伏キリシタンの一部は、布教期の信心具を保有していた。それは、禁教政策を逃れて伝世したものであり、正統なものといえよう。しかし、潜伏キリシタンの大多数が信仰していたのは慈母観音像などを聖母マリアやキリストに見立てた疑似信仰である。一見、仏神に祈りを捧げることに矛盾を感じるが、そこには、前述したキリスト教が仏教一派と認識されていたとすれば妥当性がある。幕府としても仏神を所持することに、直接、キリシタンと

断定することはできず、結果として彼らは、潜伏キリシタンとして生き存えることができたのである。

　彼らの組織は、布教期に形成されたコンフラリアと江戸時代に築かれた村請制をリンクさせたものだった。さらに、幕府の禁教政策に応じながらも組織を維持することができる道を探る姿は、潜伏キリシタンの強さであり、強かさでもある。幕府の禁教政策の間隙を縫った信仰形態は、結果として幕府はキリシタンと認定することを困難とした。これを実践していくことができたのは、国内に外国人宣教師が存在しなかったためで、日本人キリシタンに柔軟な信仰形態を構築することができる余地を与えたと評価できるのである。そこに、悲観的な潜伏キリシタンの姿は見出せない。

　近世社会に定着していた講がキリスト教信仰組織と結びつくことによって自然な形で宗団化を可能とした。そこには、日本人に通底する「八宗九宗」の宗教観が、潜伏キリシタンのなかにも醸成されていたため、仏教形式をも受け入れることができたのである。キリスト教布教初期に、仏教との接続を意識した教義を伝えていたこともこれを後押している。前述した「デウス＝大日」の構造はこれを象徴するものであり、為政者でさえ、"仏教一派"として認識している。天草に招かれた鈴木正三が記した『破吉利支丹』は幕府からも支持されるように、ここでも仏教的スキームで受け止められている。一般民衆でも同様の概念にあり、それは潜伏キリシタンの信仰形態として表出したのである。

　こうしたなかで起こった浦上崩れと天草崩れであるが、天草崩れ以降、「異宗」信仰の存在を公的に認めることになる。両者はキリシタン認識における分水嶺といえ、幕府の禁教政策の欠陥から生じた出来事である。以上を踏まえて、幕府が認定したキリシタン概念を図表化すれば、次頁のようになる。

　天草では文化2（1805）年の天草崩れ、長崎では安政3（1856）年の浦上三番崩れが一画期である。天草では潜伏キリシタンを「異宗信仰之者」と認定し、天草崩れでは心得違として一応の解決をみた際に「異宗回信者」として新たに管理していくことになったのである。その後、体制側は「百姓」として宗門人別改帳で管理する一方で、「異宗回信者踏絵帳」が作成され新たなキリシタン認識が生まれたのである。これは身分とは異なる属性であり、体制側から統制を受けることになる[32]。彼らを文書で管理するなかで、一般百姓とは別帳化した。その動きは、天草で作成されていた「流人帳」や「流人踏絵

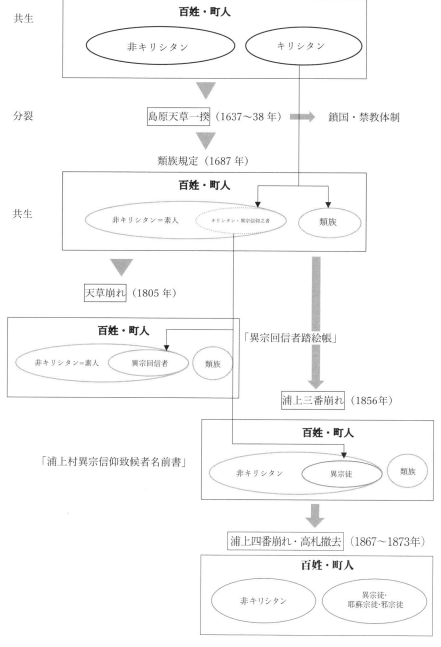

図1　キリシタン認識変容図

帳」に通じるところであり[33]、身分とは一線を画した管理統制（属性）である。天草崩れを通じて、体制側の管理対象者が新たに生まれたのであった。

　また、浦上三番崩れにあたっても天草の潜伏キリシタンと同様に「異宗」として捉え、これを信仰したものを「異宗徒」として把握していった。ここに用いられたのが天草崩れの判例であって、ここに今泉村一件を含めて「異宗」「異法」と認識された[34]。ここでは、天草のように「異宗回信者」として管理されることなく、慶応3（1867）年に浦上四番崩れを迎えることになる。倒幕後、浦上村キリシタンたちは各地に預けられ教誨指導を受けることになり（分預預託）、その際も異宗徒としてリスト化されている。彼らが赦される際には、明治政府からの公文書で「異宗徒」の「帰籍」が申し渡されており、明治政府下でも江戸幕府の概念を引き継いで管理していたのである[35]。これは外国側を意識したものといえ、太政官札でキリシタンと邪宗を別条立てにしたことからも明らかである（第Ⅲ部第3章）。しかし、長崎に戻った後に九州諸県を巡見した者による報告書では、「耶蘇宗徒」として捜索していることも確認でき、確実にキリシタンとして、その動向を追っている[36]。

　幕府の禁教政策を受け入れた潜伏キリシタンを処罰できない長崎奉行所の政治的判断がキリシタンの認識に投影されていた。これは、明治政府にも継承されることになるが、安政の開国による外国交際を意識したものが通底している。そして、明治6（1873）年の高札撤去によって、キリスト教が黙認され、国家神道化を背景に「邪宗徒」としての認識を強くしていった。キリシタンの統制は、近世身分制とは異なる属性により管理されていったのである。

［註］
（1）別府大学文化財研究所編『キリシタン大名の考古学』（思文閣出版、2009年）。
（2）大橋幸泰『近世潜伏宗教論―キリシタンと隠し念仏』（校倉書房、2017年）184
　　～196頁。
（3）五野井隆史『キリシタン信仰史の研究』（吉川弘文館、2017年）130～131頁。
（4）五野井隆史『キリシタン信仰史の研究』前掲書、139頁。
（5）松田毅一監訳『16・7世紀イエズス会日本報告集』第Ⅰ期第1巻（同朋舎出版、
　　1987年）175頁。松田毅一・川崎桃太訳『フロイス　日本史』12巻（中央公論社、
　　1980年）41頁。
（6）松田毅一・川崎桃太訳『フロイス　日本史』12巻、前掲書、25頁。
（7）松田毅一監訳『16・7世紀イエズス会日本報告集』第Ⅰ期第1巻、前掲書、291

頁。

（8）松田毅一・川崎桃太訳『フロイス　日本史』11 巻（中央公論社、1979 年）337 頁。

（9）五野井隆史『キリシタン信仰史の研究』前掲書、143 頁。

（10）資料請求番号 11-24-1。

（11）安高啓明『潜伏キリシタンを知る事典』（柊風舎、2022 年）195 頁。

（12）『天草古切支丹資料（2）』（九州史料刊行会、1959 年）18〜19 頁。

（13）『天草古切支丹資料（2）』前掲書、17 〜 18 頁。

（14）五野井隆史『日本キリスト教史』（吉川弘文館、1990 年）39 頁。

（15）宮崎賢太郎『カクレキリシタンの実像―日本人のキリスト教理解と受容』（吉川弘文館、2014 年）など。

（16）安高啓明『踏絵を踏んだキリシタン』（吉川弘文館、2018 年）80 頁。

（17）安高啓明『浦上四番崩れ―長崎・天草禁教史の新解釈』（長崎文献社、2016 年）177〜126 頁。

（18）資料請求番号 11-22-1。

（19）大橋幸泰『近世潜伏宗教論―キリシタンと隠し念仏』前掲書、138〜139 頁。

（20）安高啓明『浦上四番崩れ―長崎・天草禁教史の新解釈』前掲書、241〜244 頁。

（21）松田毅一監訳『16・7 世紀イエズス会日本報告集』第Ⅰ期第 1 巻、前掲書、40〜41 頁。

（22）鶴田倉造『上天草市史　大矢野町編 3　天草島原の乱とその前後』（上天草市史編纂委員会、2005 年）304 頁。

（23）『天草市文化財調査報告書　第 7 集　キリシタン墓地調査報告書』（天草キリシタン館、2019 年）44 頁。

（24）大橋幸泰『近世潜伏宗教論―キリシタンと隠し念仏』前掲書、206 頁。

（25）平田正範編『天草郡高濱村庄屋　上田宜珍日記　文化 2 年』（天草町教育委員会、1998 年）109 頁。

（26）『天草古切支丹資料（2）』前掲書、30 頁。

（27）『天草古切支丹資料（2）』前掲書、97〜99 頁。

（28）安高啓明『近世天草の支配体制と郡中社会』（上天草市、2022 年）167〜168 頁。

（29）『天草古切支丹資料（3）』（九州史料刊行会、1961 年）147〜152 頁。

（30）安高啓明『踏絵を踏んだキリシタン』前掲書、184〜185 頁。

（31）『天草古切支丹資料（3）』前掲書、141 頁。

（32）深谷克己・須田努編『近世人の事典』（東京堂出版、2013 年）314〜315 頁。それぞれの生業や近世村落に帰属する立場で行動したという。

（33）安高啓明『近世天草の支配体制と郡中社会』前掲書、309〜310 頁。

（34）安高啓明『浦上四番崩れ』前掲書、108〜109 頁、大橋幸泰「16-19 世紀日本におけるキリシタンの受容・禁制・潜伏」（『国文学研究資料館紀要』12 号、2016 年）132 頁。大橋は異端の宗教活動と評価する。

（35）安高啓明『浦上四番崩れ―長崎・天草禁教史の新解釈』前掲書、210〜218 頁。

（36）安高啓明編『耶蘇宗徒群居捜索書』（西南学院大学博物館、2015 年）。

コラム I-1

イエズス会の布教活動と天草コレジオ

於 久 智 哉・牧 野 寿 美 礼

　ルイス・デ・アルメイダはポルトガル・リスボンに生まれ、貿易商人として日本へ渡ってきた人物である。弘治2（1556）年、イエズス会に採用されると、全財産を教会に寄付し、以後はイエズス会の一員としてキリスト教の布教活動に生涯を捧げた。

　アルメイダは、天草にキリスト教を伝えたことで知られている。天草市にある殉教公園には「アルメイダ記念碑」が建てられ、その功績が称えられている。また、天草市河浦町にも「ルイス・デ・アルメイダ上陸地跡」が残っており、今日にその事跡を伝えている。

　同じくアルメイダの事跡が語り継がれている地域に豊後府内がある。府内は現在の大分市にあたり、アルメイダを顕彰して名付けられた「大分市医師会立アルメイダ病院」があるほか、「西洋医術発祥記念像」や「育児院と牛乳の記念碑」という、アルメイダを称えた記念碑が存在する。商人だったアルメイダは、同時に外科医の免許状を持っており、府内において医療に関する成果を残しているのである。

　豊後府内での医療事業、そして天草での布教活動は密接な関わりをもっている。そこで、アルメイダの両地域での功績を通じて、九州におけるキリスト教界の展延を紹介したい。

府内での医療事業

　アルメイダの医療事業のひとつに、育児院の開設がある。その経緯は、1555（弘治元）年9月20日付で、バルタザール・カーゴが国王ジョアン3世に宛てた書簡にある。

　当時、府内では、子供を育てる労苦や貧困のために、出産直後に子供を殺

図1　西洋医術発祥記念像（大分市）

す、いわゆる間引きが行なわれていた。アルメイダは、この惨状に心を痛め、子どものために育児院の開設を決心し、1,000クルザード（ポルトガルの貨幣）を提供するとともに、育児院開設の資金に充てた。さらに、子どもを殺さず、育児院に連れてくることを義務とし、背けば罰するという命令を出すよう、府内の大名である大友義鎮に懇願したのであった。また、育児院には、キリシタンの乳母数人と2頭の雌牛を置き、その他にも、子どもの飢死を未然に防ぐような手立てを整えた。このように、アルメイダは、子どもを間引きから守るために奔走し、「育児院と牛乳の記念碑」には、乳母に抱かれる子供や、牛の乳絞りの様子が再現されている。そして、その碑文には「近世に於ける福祉事業の先駆け」と刻まれる。

　医療事業のもうひとつの成果として、病院の開設がある。1556（弘治2）年、上長のコスメ・デ・トルレス神父は、府内にある旧教会を活用して、病院設立を計画した。病院設立の理由は、府内の市中に、皮膚病、疵傷、ハンセン病を患う者が多かったこと。また、ポルトガル国王の外科医免許を所持していたアルメイダの技量を高く評価していたためである。この病院については、1557（弘治3）年10月29日付の、ガスパル・ヴィレラの書簡に記される。病院の建物には2部屋あり、1室は負傷者や容易に治療し得る患者の病棟、もう1室はレプラ（ハンセン病）患者の病棟となっており、とりわけ、ハンセン病患者は多かったようである。アルメイダは、この病院の外科医として治療にあたっていたのである。

　「西洋医術発祥記念像」では、アルメイダが日本人助手と共に、外科手術をする場面が表現されている。実際に、アルメイダは日本人助手の養成を行なっており、1559（永禄2）年11月の時点では、日本人の医療補助者がすでに5人

はいたという。このようにアルメイダは、外科手術に加え、日本人の助手を養成するなど、医療と教育に尽力したのであった。

天草での布教活動と天草氏・志岐氏の受洗

　アルメイダは九州各地で布教活動を進めるなかで、天草にキリスト教を伝えた。

　当時、天草を治めていたのは天草氏・志岐氏・大矢野氏・栖本氏・上津浦氏の五人の領主（天草五人衆）で、志岐氏の招きに応じてアルメイダは志岐を訪れた。領主の志岐鎮経をはじめ住民たちによる歓待を受け、キリスト教義を乞われて説教をすると、その部屋は人々であふれ、みな熱心に聞き入ったという。アルメイダは志岐での布教にあたり、領主をキリシタンにできるかどうかを重要視していた。それは、豊後での布教形態が背景にある。豊後では貧しい住民を中心に布教活動が行なわれ、領主は布教を認めていたものの自らがキリシタンになることはなかった。結果として、豊後ではキリシタンに対抗する勢力から司祭館の焼き払いが企てられたほか、危害を加えられるなど、修道士たちは厳しい立場に置かれた。天草における布教活動の方針は、この反省によるところが大きい。

　志岐で行なわれた最初の説教の後、鎮経はアルメイダに対し、授洗を望んだが、同時に、家臣たちがキリシタンになるまではそれを秘匿するように求めた。それはキリシタンになった自分に家臣たちが叛起することを懸念し、宣教師たちに不都合が生じるからであると述べている。アルメイダはこれを承諾し、説教後の1566（永禄9）年、鎮経

図2　ルイス・デ・アルメイダ上陸地跡（天草市河浦）

に「ドン・ジョアン」という洗礼名を与えた。鎮経の他にも親類や庶民など、この時に500人ほどが洗礼を受けている。

　志岐の次にキリスト教がもたらされたのは天草氏の領地である。天草氏は志岐で布教が始まる3年前から説教師の派遣をたびたび要請していたが、1569（永禄12）年になってようやく実現した。天草氏は河内浦に居住していたため、アルメイダはそこから近い寺院に迎えられ、こうして天草における布教では河内浦がその拠点となった。アルメイダは天草での布教に際し、領主天草鎮尚に対して以下の5つの条件を出した。

　①　鎮尚や領地内の各城主が書状を出して、天草氏領内でのキリスト教布教を許可すること
　②　鎮尚自身が説教を聞くこと
　③　鎮尚がキリスト教の教えを立派だと思った暁には、息子の1人に洗礼を受けさせキリシタンの代表にすること
　④　鎮尚がいる河内浦に教会を立てさせ、またその土地を提供すること
　⑤　鎮尚がいる河内浦から志岐にいたるまでの沿岸において、キリシタンになりたいと思う人々に対し、キリシタンになるのを明確に許可すること

　鎮尚はこれを聞き入れ、10日間の説教を受けている。同様に鎮尚の家人たちも説教を聞き、キリスト教の教えをよく理解したのちに受洗した。天草で最初に受洗したのは天草の各地に配置された代官と、50人以上にもなるその家人だった。次いで鎮尚の義父や大勢の家臣が続いている。天草での布教活動は順調に進み、「洗礼を望まぬものは誰一人いない」ほどであったという。こうして、アルメイダは5ヶ月ほど天草に滞在して、この間に700人もの人々に洗礼を授けたのであった。

　領主である鎮尚の受洗は、この頃に日本の布教長を務めていた司祭カブラルによって行なわれ、アルメイダも立ち会っている。鎮尚は「ドン・ミゲル」という洗礼名を授けられた。この時は受洗を拒絶した鎮尚の妻も、後に「ドナ・ガラシア」の洗礼名を受けている。周囲の家臣や仏僧などに影響力を持った彼女の受洗は、天草での布教に一層の進展をもたらすことになった。天草では布教が進むにつれて多くの寺院は破壊され、その跡には教会が建てられた。こうして、ドン・ミゲル（鎮尚）の生存中に家臣ら約12,000人がキリシタンとなり、領内には35ヶ所の教会が建てられたという。

この間に、アルメイダは志岐・天草の他にも九州の各地でキリスト教の布教を行なっている。1580（天正8）年にマカオで司祭に叙せられて長崎に帰還すると、翌年に天草区域の院長となって、天草を中心に布教活動に尽力した。以降は、鹿児島を訪れる以外は天草氏の元に身を置き、1583（天正11）年に河内浦で亡くなった。

　この後、志岐・天草に続いて大矢野、栖本、上津浦でもイエズス会による布教が行なわれ、天草郡全体にキリスト教が広まっていく。さらにコレジヨや司祭館が置かれるなど、天草郡はキリスト教布教の拠点として機能することとなった。

　このように、豊後・天草で布教を行なったアルメイダは、自身の経験を活かしながら信者を獲得していった。天草が九州の一大拠点となったのも、豊後時代の経験が大きかった。天草に根差したキリスト教の拠点は、アルメイダの活動によって築かれたのであった。

［参考文献］

松田毅一監訳『16・7世紀イエズス会日本報告集　第Ⅲ期第1巻』（同朋舎、1997年）

五野井隆史「豊後におけるキリシタン文化」（大分県立歴史博物館『研究紀要』第七号、2006年）

玉木　讓『天草河内浦キリシタン史―イエズス会宣教師記録を基に―』（新人物往来社、2013年）

鶴田倉造・平田豊弘「天草五人衆」（『キリシタン大名』宮帯出版社、2017年）

フロイス『日本史』(9)～(12)（中央公論社）

第 **2** 章

大矢野・維和島における島原天草一揆

山崎　恭弥

はじめに

　大坂の陣で豊臣政権を滅ぼして以降、徳川の世が確立しようとしていた最中、江戸から遠く離れた九州の地で島原天草一揆が勃発した。主な原因となったのは、島原を治める松倉氏の苛政はもとより、数年続く天候不順による連年の凶作、さらにこれを起因とする飢饉であった。また、かつて南蛮貿易が盛んに行なわれ、キリスト教布教の拠点として多くのキリシタンが誕生していた島原と天草の両地域で生じた一揆には、多数のキリシタンが参加している。

　このことは、キリシタン取り締まりを展開していた江戸幕府の禁教政策にも影響を与えることになり、鎮圧後はより一層キリシタン禁制を徹底させる方向へ作用したという点で、転機となった一揆として評価される。なにより、一揆勢を率いた惣大将が益田四郎時貞、通称天草四郎という十代の青年であったことは多くの注目を集め、後世にも軍記物などを通じて広く知られることとなり、現在でも小説や演劇、芝居の題材として取り上げられている。しかし、四郎に関しては現存史料に乏しく、謎に包まれている部分が多いが故に、様々な創作物が生み出されている状況にある。

　島原天草一揆や天草四郎に関する研究は、明治時代以降、各方面の人々から取り組まれ、その成果が蓄積されてきた。それは大局的視点に立って騒動全体を扱い、一揆が果たした歴史的意義を考察したもの[1]、天草四郎に焦点を絞り、一揆を統括した人物像に迫ったもの[2]、また、キリスト教という宗教史的視点から一揆をとらえたものに分類される[3]。島原、もしくは天草というように地域史的に見た成果も存在するものの、特に島原を中心に扱った研究が多いように感じられる。一方、天草において、とりわけ大矢野地域については、天草四

郎との関係があるにもかかわらず、未だ不明な点が散見される。

　本稿で取り上げる大矢野という地域は、四郎の姉聟である渡辺小左衛門が当時大庄屋を務めていたところであり、一揆への参加者も天草の中で最も多かった場所として知られている⁽⁴⁾。そして、四郎母の兄とされる小左衛門の父渡辺伝兵衛や、同じく四郎の父益田甚兵衛の兄で伯父にあたる惣右衛門がいたところでもあり、四郎とも縁が深いところである⁽⁵⁾。また、大矢野村はそのほとんどが一揆に参加していること、さらに四郎が一揆勢の惣領となることを受諾した場所でもあり、島原天草一揆や天草四郎を研究するにあたって起点となる看過できない地域である。

　大矢野は湯島をはじめ、いくつかの島嶼部、枝郷を抱えている。島原天草一揆について、大矢野島を中心に論じられている一方で、その周辺小島には触れられていない傾向にある。こうした問題意識に立ちながら、渡辺伝兵衛や惣右衛門が住んでいた大矢野村維和島に着目し、大矢野島と熊本藩領の交流や情報共有の実態を検証していく。また、維和島と島原天草一揆、天草四郎との関わりを通じて、一揆における維和島の歴史的評価を加えていきたい。

1　維和島の地勢と天草四郎の惣領化

　天草の上島にあたる、大矢野島の東に維和島はある。別名を「千束蔵々島」<ruby>千束蔵々<rt>せんぞくぞうぞう</rt></ruby>とも言い、現在は中間にある野牛島を通って大矢野島と二つの橋で繋がっている。維和島は、面積が 6.55 km²、周囲が 17.0 km の小さな島である⁽⁶⁾。「天保国絵図」によれば、大矢野島には、登立村（村高 557 石余）、中村（村高 572 石余）、上村（村高 831 石余）があり⁽⁷⁾、同じく「天保国絵図」に記される「千束嶋」とある維和島の周囲には、「さ、嶋」（笹島）、「かつら瀬」（現在の禿島、兜島周辺）、「梅木嶋」（現在は維和島の梅ノ木地区）がある⁽⁸⁾。「千束嶋」の東方に宇土領「戸馳村」（村高 411 石余）があり、三角浦には船場があった⁽⁹⁾。

　寛永 14（1637）年 10 月頃から島原と天草で一揆の動きが顕著になってくる。そのようななか島原半島で、キリシタンを取り締まっていた代官の林兵左衛門を一揆勢が殺害する事態が生じる。代官殺害が起こった同年 10 月 25 日をもって、島原天草一揆が開始したとする考え方が定着している⁽¹⁰⁾。この 4 ヶ月ほど前から、一揆勢たちが維和島にいた者たちと接触していることを確認できる。

原城落城後の寛永 15 年 3 月 29 日付の「山田右衛門作口上覚書写」には、次のようにある(11)。なお、山田右衛門作とは、一揆勢と行動を共にしながら一揆鎮圧にあたった体制側と通じていて、助命された人物である(12)。

【史料 1】
　　一今度嶋原きりしたんおこり申候次第之儀ハ、杉右衛門・善左衛門^(松)・源右^(右)衛門・宗意・山善左衛門と申者、弐拾六年以前より天草の内、大矢野千束嶋と申所ニ数年山居いたし罷有候所ニ、去年丑ノ六月中時分より彼五人之者共申廻候ハ、天草ノ内上津浦と申所ニ住所仕候伴天連、廿六年以前ニ公儀より御払、異国ヘ被遣候刻、伴天連書物以申置候ハ、当年より弐拾六年目ニて当善人一人可出生、そのおさなき子、不習諸学をきわめ、天ニしるしあらわるへし、木ニまんちうなり、野山ニ白はたを立、諸人之頭ニくるすをたて、東西ニくものやくる事可有、野も山も草も木もやけ、有間敷由^(脱アルカ)、書置候由申候事、
　　一天草ニ大矢野四郎と申者を、右之書物ニ引合かんかゑ候へは、彼書物ニ少もたかわす候間、扨ハ天子ニ而候ハん、少も疑なしと諸人ニ右五人之者共申廻、たツとませ申候^(ママ)、四郎生年拾六歳ニ罷成候事、
　　一きりしたんおこり申時分、丑十月十五日比、天地ノ動キ候程の不思議成事出来すへし、其時皆々驚申間敷由、五人之者共、申聞候事、

　ここには、大矢野の千束嶋に数年隠れ住んでいた松右衛門・善右衛門・源右衛門・宗意・山善左衛門の 5 人が、6 月中旬頃から、「26 年前まで上津浦にいた伴天連が外国に追放される時に残した書物に、一人の善人が生まれ、天地に不思議な現象が起こると書かれている。天草にいる大矢野四郎という者こそ天子に違いない」と言って、「10 月 15 日頃に天地が動くほど不思議なことが起こるので、皆驚かないように」という趣旨の話を触れ回っていたことが述べられている。これにより、一揆の初動にあたって千束島に隠遁していた者たちが関与していたことがわかる。

　ここに記されていた上津浦にいた伴天連というのは、慶長 19（1614）年の追放令で、上津浦から長崎を経てマカオに追放された実在する宣教師マルコス・フェラーロを指し(13)、また、大矢野四郎とは益田四郎のことである。ここで述べられているマルコスが残した書物は現存しないため、慎重に扱うべき史料ではあるが、この時点で、四郎を惣領にすべき話があったことは看過できない。

千束島にいた松右衛門らは、かつて天草にいた宣教師マルコスの"予言"を天草四郎と重ね合わせて、各地へ伝えていったのである。これは、天草四郎を惣領とするための意図的な解釈とも評価できるが、一揆形成期の趣向としてみなすことができる。

　同様の内容は、江戸からの上使松平伊豆守信綱の子で、父に従って一揆の鎮圧に参加した松平輝綱の日記である『嶋原天草日記』や(14)佐賀藩初代藩主鍋島勝茂の年譜である『勝茂公譜考補』でも見受けられるが、なかでも『勝茂公譜考補』には次のようにある(15)。

【史料2】

　（前略）此折節天草ノ内大矢野千束島ニ、小西摂津守行長ノ浪人大矢野松右衛門・千束善右衛門・大江源右衛門・森宗意・山善左衛門ト云者アリ、元来主ノ小西モ邪宗ナリシカハ、此者共モ大耶蘓門徒ノ骨張ニテ異流曼ト号シ、先年郡中ノ邪宗ハ不残転フトイヘトモ、此五人ハ不転シテ彼在所ニ隠レ居ケルカ、頃日ハ島原ノ内深江村へ来リ居住ス、（後略）

ここには、大矢野松右衛門・千束善右衛門・大江源右衛門・森宗意・山善左衛門の5人が、キリスト教は邪宗として禁止された後も転宗せず、千束島に隠れていたとあり、近頃は島原の深江村に居住していると記されている。後略部分には【史料1】と同じ趣旨の記述がみられ、一揆の初動として5人の扇動について述べられている。また、この【史料2】には、5人が小西行長に仕えていた浪人であるとも記されている。千束善右衛門・大江源右衛門・大矢惣右衛門・山崎喜右衛門の4人は、関ヶ原の戦いにあたって大村藩や五島藩などに小西行長の牒状（回章）を持参したともされ(16)、浪人となる以前の動向が知られる。また、四郎の父益田甚兵衛も小西行長の家臣で右筆を務めていたとの指摘もある(17)。

　「山田右衛門作口上覚書写」にある5人が住んでいた千束嶋というのが、現在の維和島にあたる。維和島は史料によって「千束嶋」、或は島内の地名である「蔵々」として表記される。この小西遺臣の浪人らが触れて回ったという伴天連の書物は、彼らが四郎を担ぎ出すためにでっち上げたものだという先行研究もあるが(18)、キリシタン禁制が強化されるなかで、浪人たちは逃れるように維和島に隠れ住んでおり、その彼らが民衆を扇動して蜂起の要因の一つとなっていたことは見逃せない。つまり、一揆が形成されていく初期段階で維和

島にいた5人の存在は、非常に大きかったのである。

2　維和島と島原天草一揆の動静

　維和島と島原天草一揆との関係性を考えるにあたり、維和島の地理的な要因、そして渡辺伝兵衛の存在を無視することはできない。一揆発生時の天草は唐津藩主寺澤広高の所領で、唐津藩の飛び地だった。唐津藩領天草と熊本藩領との境に位置しているのが、大矢野島と維和島であり、その維和島の蔵々には渡辺伝兵衛が居住していた。渡辺伝兵衛の子息である小左衛門は、前述した通り大矢野の大庄屋を勤めた人物である。島原で一揆勢が蜂起したとの知らせを聞いた小左衛門は、大矢野の百姓を連れ、栖本にいる代官石原太郎左衛門にキリシタンに立帰る旨を伝えた後、熊本藩内の宇土郡江部村庄屋次兵衛の脇家にいる四郎の母や姉などを天草に連れて来る企てを立てている。

　そこで、10月29日に郡浦に渡ったが、翌30日に宇土郡奉行に捕らえられてしまう。そして、江部村にいた四郎の親類、そして江部村の庄屋や百姓も含めて熊本の牢屋に入れられることになった。その後、熊本藩は、捕らえた江部村の庄屋次兵衛や大矢野の大庄屋小左衛門、小左衛門の妹婿で同行していた瀬戸小兵衛に、益田甚兵衛とその息子である四郎時貞、渡辺伝兵衛に宛てた書状を認めさせ、これを蔵々にいる伝兵衛の所へ届けさせて、何とか甚兵衛と四郎を捕らえようと試みている。

　伝兵衛の元へ書状を届けることになったのは、11月1日に取り調べを受けた小左衛門が次のように供述したためである[19]。

【史料3】

　　一肥後国宇土郡浦の内ゑべ村の甚兵衛・四郎と申もの親子にて天草にきり
　　　したんひろめ申候哉と御尋被成候、少も左様にては無御座候、四郎ハ今
　　　ほとひせん瘡を煩、天草の内ぞうぞう村と申所ニ居申候、

　ここには、江部村の甚兵衛と四郎の親子が、天草にキリスト教を広めようとしていたことを尋ねられて否定したこと、さらに、「ひせん瘡」（肥前瘡）という病を患った四郎が蔵々村に滞在していることが記されている。また、後掲の【史料8】からは、四郎の引き渡しを求めるにあたり、小左衛門を人質にしようと考えていたことが読み取れ、このことも小左衛門の親である伝兵衛を介し

て書状のやり取りが行なわれた理由である。

書状は、戸馳島の庄屋松浦小左衛門によって伝兵衛に届けられた。戸馳島は当時熊本藩宇土領で、位置的には維和島の北東、維和島と波多浦や郡浦との間に位置する島である。蔵之と戸馳島は、最も近いところでは直線距離で400mもなく[20]、至近にある。書状は2度にわたって遣わされており、1度目は11月3日付で江部村庄屋次兵衛から出されたもの（史料4）と渡辺小左衛門・瀬戸小兵衛からのもの（史料5）で、いずれも益田甚兵衛に宛てている[21]。

【史料4】

態一筆申入候、先度ハ御戻り候様ニと申候て、弥右衛門差遣候ヘハ、四郎ひせんかさ煩申候とてもどり不被申候、然ハ小左衛門・小兵衛其方宿本見廻ニ被参候処ニ、きりしたん御せんさくニ付、其方留守ニ参候者、御郡奉行衆より御不審被成御留置候間、親子共ニ早々御帰可有候、左様ニなく候ヘハ我等共迷惑仕候、尤貴殿親子被戻候得ハ、小左衛門・小兵衛ハ御返被成筈ニ候、同道六人の衆めいわくがり被申候間、少もはやく御もどり可有候、其元きりしたんひとつに成申由承及候間、まきそヘニ成、御もとりなきかと無心元存候、とかくこまくの儀ハ小左衛門・小兵衛かたより可被申候、恐々謹言、

　　　十一月三日　　　　　　　　　　　　　　　　江部村庄屋　　次兵衛

　　　　　益田甚兵衛殿　　参

　　　猶々急ニ此舟ニ御もとり可有候、以上、

【史料5】

態一書令啓上候、然者我等事貴殿へ様子不申理、爰許の取沙汰いかゝ御ふミつふし被成候哉、実正可承と存候而罷越候、其上御宿所の様躰可承と存罷渡候処ニ、貴殿親子其元ニ居候而、我等参候儀ハ不審と思召、郡御奉行衆より留置被成候、今程切支丹宗旨御改ニ候、本国ニて相果候ヘハ一段能仕合ニ御座候間、早々親子共ニ御座可被成候、我等事大分御算用御年貢等埒明不申候間、はやく罷帰加様の様子すまし申度候、兎角貴様御戻無之候てハ、我等儀国へ不被召戻候間申事ニ候、小兵衛方何も参候者無事ニ当時迄罷居候、傳兵衛殿子供達・善右衛門殿・五郎佐殿・玄察老・伊兵衛殿・八郎殿・藤七殿・庄屋衆何も我等親類中ニ以書状可申候つれとも、能様ニ御心得可被成候、恐々謹言、

　　　　十一月三日　　　　　　　　　　　　　　　　渡辺小左衛門

　　　　　　　　　　　　　　　　　　　　　　　　瀬戸小兵衛

　　　　益田甚兵衛様

　　　　　　参人々御中

　次兵衛からの書状（史料4）には、小左衛門と小兵衛が郡浦へ渡るより前に、一度宇土から弥右衛門を遣わし、甚兵衛と四郎に江部村へ帰るように伝えたとある。そして、その時は、四郎が肥前瘡を患っているとして帰らなかったことが記されている。また、2通とも小左衛門たちが捕らえられた理由は、甚兵衛と四郎を訪ねようとしていたにもかかわらず、その2人が天草にいることを不審に思われたためだとして、捕らえられて迷惑しているので甚兵衛と四郎に早く宇土へ戻ってくるよう促している。キリシタンが「ひとつに成」（一揆）という状況にあることを綴った内容となっている。

　その後、伝兵衛方から返事がなかったため、11月9日付で、再び渡辺小左衛門から渡辺伝兵衛に宛てた書状（史料6）、渡辺小左衛門・瀬戸小兵衛から益田甚兵衛と四郎に宛てた書状（史料7）の2通が送られており、その書状は次の通りである[22]。

【史料6】

　　便宜御座候間、一書令啓上候、然ハ其地何も御無事ニ被成御座候哉、我等
　　小兵衛残者共無事ニ罷居候、少も我等母ニも気遣仕不申候様ニ頼申候、切
　　支丹宗旨御改之儀ハ無之、何様ニ参候哉と被仰被召籠候、甚兵衛殿御親子
　　様へも御分別次第ニ可有御座候哉と御申可有候、扱々其許ハ唐津天草の人
　　数ニ而、近日中ニ御ふみつぶし可有之由風聞承り、さりとてハ其元の躰
　　計案申事候、（中略）只我等相果申儀ハ差置我等母之事計案申候、併爰元へ
　　参候者之内、我等も小兵衛にも御きるもの被下、さりとてハ面白処へ参、
　　ケ様成事無申計候、何も幾々ハ我等事も国本へ参筈ニも可有之候間、其御
　　心得可被成候、恐惶謹言、

　　　　十一月九日　　　　　　　　　　　　　　　　渡辺小左衛門

　　　　　渡辺伝兵衛

　　　　　尚々

　　四郎甚兵衛殿両人御戻なく故、江部村次兵衛一門中迷惑ニあひ申候、尤村
　　中百姓迄被召籠候、右親子之衆御戻り候ハ、、彼衆別儀無御座躰ニ被申

候、以上、

追而申候、小兵衛一門中ニ御心得可被下候、別紙ニ小兵衛方へ可申候へ
共、相替儀無之間同前ニ申候、

【史料7】

先度書状遣候処ニ御報無之、又々一書令啓上候、然者我等事被召籠罷居申
候、左様ニ候へハ貴様両人御帰宅なく候ニ付而、我々儀ハ不及申、江部村
次兵衛一門村中、殊ニ貴様御家内不残被召籠候、我々戻不申儀ハ少も不
苦、無科次兵衛一門中ケ様ニ迷惑仕候間、以御分別御戻り待申候、伝兵衛
方江も能様ニ御心得可被成候、別書にも申入候、扨々不思議なる処へ参、
ケ様成事御推量可被成候、何も書状之御報ハ可有之と存事候、兎角貴様御
父子村より出し申ニ付、次兵衛一類迷惑ニ及申候間、四郎様と御談合候而
御戻り可有候、為其又々如此候、恐惶謹言、

　　　　　十一月九日　　　　　　　　　　　　　　渡辺小左衛門
　　　　　　　　　　　　　　　　　　　　　　　　瀬戸　小兵衛

　　　　益田甚兵衛様
　　　　同　　四郎様

尚々、唐津天草之御人数にて、定而御果可被成候、左候へハ貴様御事、い
つかたも同前之様ニ被存候、御分別の前ニ候、何道ニも御返事待申候、
已上、

　小左衛門は父親である伝兵衛に対して、牢屋に入れられたのはキリシタンの
取り締まりのためではなく、領内（熊本藩内）に来たことが原因だとして、一
同の無事を報告している。また、甚兵衛・四郎親子に対して、分別ある行動を
取るように伝えてほしいと頼み、江部村次兵衛一門やその村の百姓たちが迷惑
しているとして、甚兵衛と四郎が熊本へ帰ってくれば、次兵衛や百姓たちは問
題ないと伝えている。

　他方、甚兵衛・四郎父子宛の書状（史料7）では、伝兵衛宛の書状と同様に次
兵衛一門や江部村の百姓たちが捕らえられて、迷惑を蒙っていることを強調し
たうえで、甚兵衛と四郎に対して明確に帰熊を促している。そして、2通とも
唐津本藩が天草郡中の一揆を鎮圧するために兵を出し、天草の兵と合流して、
近日中に一揆勢を討伐することになるだろうと言及している。

　これに対して渡辺伝兵衛は、書状の返事を11月10日付で認め、戸馳村の

松浦小左衛門から熊本へ遣わされた[23]。そこには、自らの無事を伝えるとともに、息子渡辺小左衛門等の留置には自身も気の毒に思っていることが書かれ、さらに甚兵衛と四郎については、「甚兵衛殿御ふし、長崎之様ニ御越候間、頓而御帰宅之由承候間、頓而御越可有候間可御心安候」とあり、甚兵衛と四郎が長崎に行っていることが記されている[24]。

　一揆鎮圧後に郡浦手永惣庄屋の彦左衛門が残した「郡浦彦左衛門覚書」には、渡辺小左衛門や瀬戸小兵衛を郡浦で捕えた際の状況などが詳細に記録されているが、その時の書状のやり取りについて次のような記述がある[25]。

【史料8】

　　一其後安井太右衛門殿御使ニ而、其時之御郡奉行衆江被仰付候ハ、大矢野
　　　一揆之大将小左衛門儀ハ、天草江御返シ可被遣候間、切支丹之大将四郎
　　　儀ハ御国之者ニ而御国江返シ申様ニ談合可仕旨被仰付候ニ付、右之通天
　　　草敵陣江被仰遣候、（中略）戸馳村其時之庄屋小左衛門を右之御使ニ両度
　　　大矢野へ被遣候事、

　これによると、安井太右衛門が熊本からの使者として遣わされていることがわかる。そして、渡辺小左衛門らの解放条件として、キリシタンの大将である四郎は御国者（熊本領民）であるので熊本に引き戻すように要求し、大矢野側と交渉するように指示があったことを読み取れる。この記述は、寛永14年11月4日付の「郡浦彦左衛門・戸馳村庄屋小左衛門起請文」という史料に「天草の内大矢野村小左衛門・小兵衛書状、幷江部村次兵衛書状、大矢野村へ戸馳小左衛門才覚を以届可申旨被仰付奉得其意候、小左衛門小者慥成もの御座候を申付遣申候事」とあり、同日付の「安井・永良・小林三人より熊本藩三家老へ」という史料にも「被仰付候儀爰元ニ而惣談仕り彼地へ書状今日未刻ニ相届申候」とあって、これを裏付ける[26]。

　こうした書状のやり取りは、熊本藩が甚兵衛と四郎を捕えるために企図したものである。江戸へも何とか甚兵衛父子を捕らえられるように様々な工作をしている旨が報告されている。

　さらに、熊本藩三家老と島又左衛門（三角浦在番）や平野弥次右衛門（波多浦在番）とのやり取りから、蔵々の様子が逐一熊本にいる三家老に報告されていたことがわかる。熊本藩三家老から島又左衛門に送られた寛永14年11月2日付の書状をみれば、次のように書かれている[27]。

【史料9】

　　一三角山へ人を上ケ見せ被申候へハ、大矢野よりせんそく島そうそう村へ
　　　船十四五艘参候儀、船寄合候所ハ、一昨日からめ取候小左衛門親の居所
　　　ニて候、此方より郡浦一里半有之候間、郡浦へ取懸申儀可有之哉と被仰
　　　越候、尤ニ存候、（後略）

　これは、島又左衛門の前日の書状に対する熊本藩三家老からの返答で、島又
左衛門は、一昨日捕らえた渡辺小左衛門の親が住んでいる蔵々に船が14、5艘
入港したことを前日の書状で報告し、蔵々から郡浦に攻め込んでくる可能性が
あることを訴えている。熊本藩三家老は、島又左衛門の注進に対して「尤ニ存
候」と理解を示し、後略部分には、浦番の増員として鉄砲頭を遣わしたと記し
ている。翌3日付の熊本藩三家老から平野弥次右衛門・筑紫左近（波多浦在番）・
国友式右衛門（郡浦張番）への書状には、蔵々村の状況について次のように記
されている[28]。

【史料10】

　　一大矢野の内ニざう〳〵と申候村ハ切支丹小左衛門在所にて候由得其意申
　　　候、とばせ島とさう〳〵村、是も海上壱里有之由、得其意申候事、
　　一とばせ島ニうち方村と申ハ、さう〳〵村と指渡見へ申所に候由、其ニ付
　　　自然夜討など仕候ハ〻、此所ニ可有之と御見及候、得其意申候事、
　　一天草より五六端ぽ(帆)の舟にのぼり一本ツ〻立、さう〳〵村江舟五艘入候を
　　　昨日御見届候由、得其意申候事、
　　一其元人数参候をさう〳〵の者承、妻子なと引はらい男迄居申候由、取沙
　　　汰の旨得其意申候事、

　蔵々が小左衛門の在所というのは父親である伝兵衛との間違いであるが、維
和島の蔵々と戸馳島は海上1里しかない近在地で、もし夜討ちがあるとしたら
戸馳島であるということ。そして、蔵々の港へ幟を立てた5、6反の帆船5艘
が入港したことを確認していること。さらに、熊本からの人員が三角の浦々に
来たのを蔵々側が察知して妻子などを退去させ、蔵々には男だけが残っている
という噂があると在番衆は報告している。

　そして、平野弥次右衛門は、三家老への書状の中で、「兎角波多ニ居申候て
ハ戸馳の時の筈ニハ専一も相申事無之所ニて候、然時ハ波多村ニ有之より無専
儀ニ存候間、彼島（戸馳島）へ可罷越ニ相究申候」、「此島（戸馳島）明可申所に

て無之と存候」と述べ、戸馳島への常駐の必要性を何度も訴えている[29]。しかし、島よりも陸の方が重要であるという藩中枢の判断により、結局その要求は却下されている[30]。現地では緊迫した状況の中で、危機意識が芽生えていたことがうかがえる。

　小左衛門等が捕らえられた10月30日には、実際に伝兵衛の下知で夜討ちの計画があったことがわかる。これは、前出の「郡浦彦左衛門覚書」に「右四郎母姉共取返シ可申との工又ハ夜討ニ打立候様子ハ、彼一揆之同類男女七拾三人其時より落人ニ罷成、御国江参候者共之内千束島乙名関戸杢右衛門と申者、夜討之時大矢野江居申候而致同類様子能存候由ニ而、右の通彦左衛門江申聞セ候ニ付、則杢右衛門存候赴書付させ召置候事」とあることからもうかがえ[31]、維和島からの落人である関戸杢右衛門から夜討ちのことを聞いた旨が記されている。

　千束島蔵々乙名「関戸杢右衛門口書」には、「小左衛門親伝兵衛申候ハ、定而小左衛門郡浦彦左衛門所ニ居可申候間、大勢参候而取可申候間、只今嶋中の者共打立可申通下知仕候ニ付、浦々へ召置候船共俄ニおろし申候」と書かれている[32]。毎日、船の往来を見ている現地では、かなり緊迫した状況にあったことが看取される。その後、蔵々の様子に関しては、11月5日付の平野弥次右衛門と芳賀五右衛門（波多浦張番）から熊本藩三家老への書状に記されている。

　蔵々について「昨日悉あけ申候哉」とあるが、一方で「今日申ノ上刻ニ船十五艘、指物をかさりさうゝニ入申候」ともあり[33]、11月12日付の宇土郡奉行から熊本藩三家老への書状では、「さうゝ村之儀、弥昨夜大矢野村へ不残引取申由、使の者申由ニ御座候」と戸馳浦に来た長兵衛から伝えられた内容が報告されている[34]。捕らえられた渡辺小左衛門を取り戻す計画も断念せざるを得ず、三角浦や波多浦、郡浦の対岸防備も日々堅固になっていることもあり、11月に入って段階的に蔵々から大矢野の古城へと移っていったと考えられる。

　以上のことから、維和島は、一揆が起きる前に民衆を扇動した浪人たちが隠れ住んでいたところに加え、地勢的に多くの情報が行き交い、最新の状況にも対峙していた場所だったのである。なかでも蔵々は、熊本藩と唐津藩領天草の境目にあたり、また渡辺小左衛門の父渡辺伝兵衛の在所でもある。さらに、甚兵衛・四郎親子がいる可能性があるとして示唆された場所のため、一揆の最初期において熊本藩側からも非常に重要視されていたのであった。そこで、維和

島を通じて一揆側と交渉するなど、本格的な武力行使の前に様々な情報戦が繰り広げられていたのである。

3 維和島と天草四郎

　これまで論じてきたように、維和島は、一揆関係者とのつながりがあったことがわかったが、次に一揆が勃発して以降の天草四郎との関係についてみていこう。寛永 14（1637）年 11 月 1 日の「渡辺小左衛門口上之覚」には、「四郎ハ今ほとひせん瘡を煩、天草の内ぞうぞう村と申所ニ居申候」とあり[35]、維和島の蔵々に居たことが記されている。また、翌年 1 月 25 日の「渡辺小左衛門口書」には次のようにある[36]。

【史料 11】
　一一揆起候前、四郎天草へ参候儀は十月十日比と覚申候、大矢野之内越浦
　　の太郎助と申候者之所に参候、其時分ハ私ハ宿に不罷居候、島原之儀
　　出来仕候後、越浦より蔵々村私親伝兵衛所へ参候、其子細ハ四郎伯父惣
　　右衛門と申者、蔵々村に罷居申候、其上四郎姉は我等弟左太郎女房に
　　て御座候故右之仕合にて御座候、惣て四郎天草へ前後三度ならてハ不参
　　候事、
　　（中略）
　一私小兵衛被召捕候様子、島原切支丹之起り、十月廿五日、軍御座候て、
　　其様子廿六日に口の津五郎作と申者湯島へ参り、所々同前に我等親伝兵
　　衛蔵々村に居申候、左候得ハ四郎によしみ御座候に付彼蔵々村へ罷居申
　　候者、五郎作湯島之清左衛門六七人参、高来には面白様子出来、四郎殿
　　を取持申候由申候、（後略）

　ここには、四郎が、一揆が起こる前の 10 月 10 日頃に天草へ来て、初めは越浦（大矢野島）にいたが、その後、島原で一揆勢が蜂起してからは蔵々の渡辺伝兵衛の所にいたと書かれている。また、小左衛門は、四郎がこれまで 3 回程しか天草に来ていないとも言及している。さらに、島原で一揆が勃発した直後の様子についても記述があり、10 月 26 日、口ノ津の五郎作や湯島の清左衛門など 6、7 人が、小左衛門がいた蔵々村に来て、四郎を同道させると述べていることが記されている。なお、この史料には、四郎母の口書も収められてお

り、「四郎九月晦日ニ大矢野へ参候て小左衛門弟ノ所ニ罷有候、小左衛門弟ハ四郎姉聟ニテ御座候」と四郎が大矢野に行ったことに加え、小左衛門弟が四郎の姉の婿、換言すれば義兄弟であると述べている。

　また、日付は不明ではあるが、原城攻防戦中のものだと思われる「甚兵衛小左衛門申口」という史料がある。これは甚兵衛が原城に籠城中で直接、接触したはずはないため、甚兵衛の家族を知る者からの聞き書きと想定されるが、甚兵衛申口に、「四郎切支丹名ハふらんしすこと申候、九月廿八日ニうとを罷出候」とある。そして、小左衛門申口には、「十月廿六日天草の内蔵々村の伝兵衛所ニ四郎居申候、湯島より口ノ津の五郎作参候て、小左衛門所へゆしまの庄屋参候由申候」ともあり、四郎の洗礼名が「フランシスコ」であり、9月28日に宇土を出発したこと、蔵々村伝兵衛所に滞留していることなど、その動向が記されている[37]。

　これらの史料から、四郎が宇土から大矢野に移った時期を考えると、小左衛門は10月10日頃と言ってはいるものの、実際には9月末が正しいと思われる。それは、小左衛門が述べる10月10日というのは、四郎の父甚兵衛が大矢野に来た時期のことを指し、前述の四郎母の口書と甚兵衛申口にはそれぞれ10月9日、10月8日に宇土を出立したと書かれている。さらに、小左衛門の供述によると、大矢野に来た四郎は初め越浦の太郎助の所に滞在し、島原の一揆勢が蜂起した後、伯父の惣右衛門や渡辺伝兵衛がいる蔵々に移り、そこに湯島から口ノ津の五郎作が来たとする。その時には、前述の通り小左衛門も蔵々の伝兵衛の所にいたと言っているので、もしそうであれば、島原での一揆勢の蜂起を知って、天草一揆勢の今後の行動について四郎や伝兵衛を交えて談合していたと考えられる。四郎の母が、四郎は大矢野では四郎の姉聟である小左衛門の弟の所にいたと供述するのみで判然としないが、着目すべきは、四郎が蔵々にいたという記述が史料から認められる点である。

　しかし、捕らわれの身となった一揆方の小左衛門の発言とあって、様々な思惑も包含されていると考えられる。四郎の動静に関する記述は、前出の「山田右衛門作口上覚書写」にもあるように、島原城攻めの後に皆で談合して、四郎が宗門を司る「きりしたんの大将」とすることに決め、各村から四郎の元へ使者を遣わしたとあり、その時四郎は700人程の人数で大矢野の宮津にいたと書かれている[38]。島原城攻めは他の史料から10月26日だとわかるので、山田右

衛門作の主張によると、10月26日時点で四郎は天草にいたことになり、これは前述した小左衛門の供述と一致する。

　一方で、島原藩物頭として一揆の初期から討伐にあたった佐野弥七左衛門が、一揆鎮圧後に書いた「佐野弥七左衛門覚書」には、10月26日の島原城攻めを四郎が率いていたとする記述が存在する。「同日（十月二十六日）申の上刻、増田四郎千五百余人を引率し大手筋へ寄来候」と記してはいるものの、四郎の顔を認識していたかどうかは疑問に残る。

　以上を踏まえると、島原の一揆勢が10月25日に蜂起し、翌26日に島原城を攻めた時点で四郎はまだ維和島、もしくは大矢野島にいたことになる。しかし、島原勢の蜂起を受け、四郎が島原に渡って本格的に一揆勢に加わるということになり、急ぎ四郎の家族を宇土に迎えに行った小左衛門が郡浦に渡って捕らえられたのが10月30日、おそらくこの前後に四郎は島原半島に渡ったことになろう。そうだとすると、熊本藩に捕らえられた渡辺小左衛門や瀬戸小兵衛、江部村の庄屋次兵衛からの1通目の書状が届けられた11月4日には、四郎は大矢野ではなく島原半島にいたため、渡辺伝兵衛方からすぐに返事ができなかったものと考えられるのである。

　このように、四郎が蔵々にいたという渡辺小左衛門の主張に加え、先行研究でも指摘されているように四郎の親類が蔵々にいたことを勘案すると、小左衛門の供述通り、四郎が一揆初期に維和島にいた可能性は極めて高い。ただ、島原天草一揆が蜂起した10月末から島子・本渡（史料上は本戸）での戦いの直前に、四郎が島原半島から上津浦に渡海してくるまでの四郎の動静については(39)、不明な点が多い。しかし、騒動の当初から最終戦である原城攻防戦まで一揆勢と行動を共にしていた山田右衛門作の供述と、序盤で体制側に捕まった小左衛門の供述に一致が見られる点を考慮すると、山田右衛門作の発言は一揆鎮圧後のものとなる。また、山田右衛門作自身が内通者として助命された立場にあるということを鑑みても信憑性が高いため、小左衛門の供述もある程度信用できる。よって、四郎が宇土から大矢野に渡り、その後島原の一揆勢に合流するまでの間に、小左衛門の供述通りに、四郎が維和島の蔵々に居たということになるのである。

おわりに

　以上、島原天草一揆における千束嶋、現在の維和島との関わりと、維和島と天草四郎との関わりについて検討してきた。前者について、まず、島原天草一揆という海を越えて広範囲の民衆が一斉に蜂起するという事態が発生したのには、島原と天草のそれぞれで不穏な動きが顕著になり始める10月より前に、かつて維和島に潜伏していた小西遺臣の浪人たちが、益田四郎を担ぎ上げるために、四郎を超人的存在として喧伝して民衆を煽り立てていたという背景があった。当時は、数年間の天候異変が重なり、凶作が続いていた異常な社会情勢にあったため、平穏な時代であれば無視されるはずの噂も、真実のものとして信じるような心理状態になっていたと鶴田氏は述べている[40]。

　そして、本稿で取り上げた維和島は、大矢野島と同じく当時熊本藩との境目に位置していて、そのうえ維和島の蔵々には渡辺伝兵衛というリーダー格の人物が居住し、益田甚兵衛と四郎もそこにいると思われていたため、島原天草一揆の最初期、10月末から11月上旬までの二週間程度の期間、熊本藩側の三角、波多浦、郡浦との間で、臨戦態勢のもと極度の緊張状態が続いていたと考えられる。そして、四郎が島原天草一揆の勃発する直前に宇土から大矢野へ移って来た後、維和島に寄っていたかどうかについて、渡辺小左衛門や山田右衛門作の供述から、その可能性は高いと評価できる。

　今回、島原天草一揆について地勢的かつ、地域、縁故的視点から新たな側面を示すことができた。境目という地理的位置関係、そして渡辺伝兵衛の存在によって、維和島では、一揆の最初期において島原や天草下島の一揆勢とは異なる独自の展開を見せていたことが明らかとなった。また、四郎の動静についても史料による制約は否めないが、維和島との関連で検討し私見を述べた。島原天草一揆での大矢野における動きは未解明な部分も多いが、その一端を示すことができたものと考えている。

　最後に、現在の維和島では、蔵々地区と千束地区を山越えで結ぶルートを「天草四郎が通ったかも知れない道」として看板が設置されている。また、蔵々地区の関戸家に残る「元和八年三月」の刻字がある井戸について、四郎の母の故郷が維和島であり、四郎が島原天草一揆の当時15、6歳である可能性が高いことから四郎が産湯を使ったという言い伝えを記す掲示板があるなど、維和

地区まちづくり委員会によって維和島と天草四郎に関する歴史的伝承を残す取り組みが行われている。

　今回見てきた通り、島原天草一揆は、維和島と深い関係をもった出来事であり、維和島は一揆の初期段階において重要な場所だった。他方、益田四郎という人物については謎も多く、様々な説や伝承が残されていて、維和島にある話もそのひとつといえる。歴史研究は、確かな一次史料に基づいて行なわれなければならないが、伝承の奥に新たな事実が埋もれていることは往々にしてある。こうした地域の歴史や伝承を歴史的見地から正確に伝えていく活動はとても大切であり、本論がその役割の一部を担える成果となれば幸いである。

[註]
(1) 磯田　良「島原亂」(『史学雑誌』第1編13号（史学会、1890年）所収）をはじめ、助野健太郎『島原の乱』（東出版、1967年）、深谷克己「「島原の乱」の歴史的意義」(『歴史評論』201巻（校倉書房、1967年）所収）、鶴田倉造著・上天草市編纂委員会編『上天草市史　大矢野町編3　近世　天草島原の乱とその前後』（熊本県上天草市、平成17年）、鶴田文史『西海の乱』上下巻（西海文化史研究所、平成17、18年）、大橋幸泰『検証　島原天草一揆』（吉川弘文館、2008年）、神田千里『島原の乱』（講談社学術文庫、2018年）などがある。
(2) 岡田章雄「天草四郎の横顔」（増田廉吉『鎖国の窓』（朝日新聞社、昭和18年）所収）、同『天草時貞』（吉川弘文館、1960年）、海老沢有道『天草四郎』（人物往来社、1967年）、鶴田文史「天草四郎の研究」(『天草島原乱史研究会研究報』第4号（天草島原乱史研究会、1969年）所収）、松本寿三郎「天草四郎時貞―島原の乱と藩政の確立」（工藤敬一編『熊本：人とその時代』（三章文庫、1993年）所収）、鶴田倉造「天草四郎の祖母と親族」(『石人』第27巻10月号（熊本史談会、1986年）所収）、同「検証 天草四郎」(『宇土市史研究』第12号（宇土市史研究会：宇土市教育委員会、1991年）所収）、吉村豊雄「天草四郎像の再構成」(『藩政下の傑物と民衆』（熊本日日新聞社、2003年）所収）。
(3) 出崎澄男「「島原の乱」の宗教的性格」(「上智史学」7号（上智大学史学会・史学研究会、1962年）所収）、深谷克己「殉教の論理と蜂起の論理―島原・天草一揆の思想的理解について―」(『思想』565巻（岩波書店、1971年）所収）、「島原・天草一揆とキリスト教」(『歴史手帖』2巻3号（名著出版、1974年）所収）、村井早苗「島原・天草一揆に関する一考察：その影響をめぐって」(『史艸』19巻（日本女子大学史学研究会、1978年）所収）、神田千里「宗教一揆としての島原の乱」(『東洋大学文学部紀要　史学科篇』30巻（東洋大学、2004年）所収）、五野井隆史『島原の乱とキリシタン』（吉川弘文館、2014年）。
(4) 鶴田倉造編・松本寿三郎監修『原史料で綴る天草島原の乱』（本渡市、1994年）

501～503 頁。

(5) 鶴田倉造著・上天草市編纂委員会編『上天草市史　大矢野町編 3　近世　天草島原の乱とその前後』（註 1 前掲書）88～93 頁。鶴田文史『西海の乱と天草四郎』（葦書房有限会社、1990 年）356～357 頁。

(6) 面積は、「令和 3 年全国都道府県市区町村別面積調（1 月 1 日時点）」（GIS HOME PAGE／国土地理院ホーム／GIS・国土の情報／全国都道府県市区町村面積調）を参照（最終閲覧日：2021 年 7 月 20 日）。周囲は、菅田正昭編著『日本の島事典』（株式会社三交社、1995 年）160 頁を参照。『日本の島事典』では、面積は 6.39 ㎢。

(7)「天保国絵図」（国立公文書館デジタルアーカイブ／重要文化財（国絵図等））最終閲覧日：2021 年 7 月 20 日。

(8) 同上。

(9) 同上。

(10) 鶴田倉造著・上天草市編纂委員会編『上天草市史　大矢野町編 3　近世　天草島原の乱とその前後』（註 1 前掲書）81 頁。

(11) 鶴田倉造編・松本寿三郎監修『原史料で綴る天草島原の乱』（註 4 前掲書）1049～1052 頁。

(12) 岡田章雄『天草時貞』（吉川弘文館、1960 年）227～228 頁。

(13) 鶴田倉造著・上天草市編纂委員会編『上天草市史　大矢野町編 3　近世　天草島原の乱とその前後』（註 1 前掲書）73 頁。大橋幸泰『検証 天草一揆』（註 1 前掲書）112 頁。

(14) 鶴田倉造編・松本寿三郎監修『原史料で綴る天草島原の乱』（註 4 前掲書）957～958 頁。

(15)「勝茂公譜考補」（佐賀県立図書館編『佐賀県近世史料』第 1 編第 2 巻、佐賀県立図書館、1994 年）414～415 頁。

(16) 鶴田倉造『Ｑ＆Ａ　天草四郎と島原の乱』（熊本出版文化会館、2008 年）76 頁。

(17) 鶴田文史『西海の乱と天草四郎』（註 5 前掲書）116～118 頁。

(18) 鶴田倉造著・上天草市編纂委員会編『上天草市史　大矢野町編 3　近世　天草島原の乱とその前後』（註 1 前掲書）73 頁。大橋幸泰『検証 天草一揆』（註 1 前掲書）113～114 頁。

(19) 鶴田倉造編・松本寿三郎監修『原史料で綴る天草島原の乱』（註 4 前掲書）84～85 頁。

(20) 国土地理院「地理院地図」（電子国土 Web）にて計測。

(21) 鶴田倉造編・松本寿三郎監修『原史料で綴る天草島原の乱』（註 4 前掲書）109～110 頁。渡辺伝兵衛に書状を遣わすにあたり、戸馳村庄屋の松浦小左衛門も一筆認めている。

(22) 鶴田倉造編・松本寿三郎監修『原史料で綴る天草島原の乱』（註 4 前掲書）176～178 頁。他に、戸馳村庄屋松浦小左衛門から渡辺伝兵衛宛の書状も認められ、一緒に遣わされた。

(23) 江部村庄屋次兵衛宛、戸馳村庄屋松浦小左衛門宛、渡辺小左衛門・瀬戸小兵

衛宛の3通が遣わされた。

(24) 鶴田倉造編・松本寿三郎監修『原史料で綴る天草島原の乱』（註4前掲書）192頁。

(25) 鶴田倉造編・松本寿三郎監修『原史料で綴る天草島原の乱』（註4前掲書）80～84頁。

(26) 鶴田倉造編・松本寿三郎監修『原史料で綴る天草島原の乱』（註4前掲書）116～117頁。

(27) 鶴田倉造編・松本寿三郎監修『原史料で綴る天草島原の乱』（註4前掲書）98～99頁。

(28) 鶴田倉造編・松本寿三郎監修『原史料で綴る天草島原の乱』（註4前掲書）110～111頁。

(29) 鶴田倉造編・松本寿三郎監修『原史料で綴る天草島原の乱』（註4前掲書）、「平野弥次右衛門より熊本藩三家老へ」108頁、117～118頁。

(30) 鶴田倉造編・松本寿三郎監修『原史料で綴る天草島原の乱』（註4前掲書）110～111頁。

(31) 鶴田倉造編・松本寿三郎監修『原史料で綴る天草島原の乱』（註4前掲書）80～84頁。

(32) 鶴田倉造編・松本寿三郎監修『原史料で綴る天草島原の乱』（註4前掲書）1091～1092頁。

(33) 鶴田倉造編・松本寿三郎監修『原史料で綴る天草島原の乱』（註4前掲書）127～128頁。

(34) 鶴田倉造編・松本寿三郎監修『原史料で綴る天草島原の乱』（註4前掲書）214～215頁。

(35) 鶴田倉造編・松本寿三郎監修『原史料で綴る天草島原の乱』（註4前掲書）84～85頁。

(36) 鶴田倉造編・松本寿三郎監修『原史料で綴る天草島原の乱』（註4前掲書）793～795頁。

(37) 鶴田倉造編・松本寿三郎監修『原史料で綴る天草島原の乱』（註4前掲書）795～796頁。

(38) 鶴田倉造編・松本寿三郎料で監修『原史綴る天草島原の乱』（註4前掲書）1049～1052頁。ただ、四郎を大将にすることを談合して決めたのは、「関戸杢右衛門口書」にあるように島原一揆勢が蜂起する前だと思われる。

(39) 安高啓明校訂『四郎乱物語』（天草市・天草市立天草キリシタン館、2016年）117～118頁、「勝茂公譜考補」（佐賀県立図書館編註15前掲書所収）445～446頁、鶴田倉造編・松本寿三郎料で監修『原史綴る天草島原の乱』（註4前掲書）229～230頁。

(40) 鶴田倉造著・上天草市編纂委員会編『上天草市史　大矢野町編3　近世　天草島原の乱とその前後』（註1前掲書）77～79頁。

コラム I-2

天草の歴史の縮図「湯島」

安 高 啓 明

島原半島と天草諸島のほぼ中間に浮かぶ周囲約 6.5km の「湯島」という島がある。江戸時代には大矢野組の上村に所属する小さな島であるが、キリシタン史や災害史を物語る史跡を今なお残している。まさに、江戸時代の生きた歴史を体感できる場所である。

図1 湯島全景 （上天草市おもてなし観光課提供）

図2 峯公園内のキリシタン墓碑 （右側）

まず、キリシタン史に関するものからみてみると、島内には2基のキリシタン墓碑が確認される。ひとつは、島内の高台に位置する峯公園内にあるキリシタン墓碑（上天草市指定文化財）で、全長 64.0cm、小口横幅 45.5cm、背高・中央部 20.0cm の全面整形された板状扁平型伏碑である。安山岩の石質で、17世紀前期につくられたものと思われる。元来は島内の大松墓地にあったが、昭和48（1973）年に現在地に移設したという。碑面には十字も刻まれており、日本人キリシタンを埋葬した墓碑である。

もう1基は集落内にあり、全長70cm、小口横幅47.5cm、背高・中央部18.0cmの板状平形伏碑である。同じく安山岩石質で、17世紀前期につくられたと思われる。正面にはラテン十字架を刻んでおり、これも整形されている。湯島にある2基のキリシタン墓碑は、粗雑な板状伏碑だが、天草の石工による可能性が高いという。

図3　伝高山右近隠棲の跡

　キリシタン大名として著名な人物に高山右近がいる。高山右近は天正15（1587）年に豊臣秀吉から改易され、所領の高槻を追われるが、同16（1588）年に同じキリシタン大名で肥後国の南部を治めた小西行長を頼って、同地に訪れている。この時、天草は小西行長の配下にあった天草五人衆（志岐氏・天草氏・栖本氏・上津浦氏・大矢野氏）が治めており、彼らもまたキリシタンだった。湯島は大矢野氏の所領であり、ここに高山右近が隠棲したと伝えられる場所がある。高山右近は、のちにマニラへ追放となるが、一時、湯島に身を潜めていたという伝承があり、今後さらなる調査が必要である。

　また、湯島は島原天草一揆にあたっても、象徴的な場所に位置付けられている。寛永14（1637）年10月23日の「別当杢左衛門覚書」には、一揆当初から、湯島が特別な島として登場している。その一節を示すと次のようになる。

　　天草と有馬との間に有之湯島と申嶋、海上を歩み渡り見せ申候よし、是を
　　見及聞及、元来切支丹を心底に含申候者は彼湯島に出合、口々勧めを請申
　　候由、其後此嶋を談合嶋と申候、

　これは、天草四郎が起こした奇蹟のひとつで、天草と有馬（島原）の間にある湯島という島まで海上を歩いて渡って見せたとある。この天草四郎の奇蹟は、一揆勢がキリシタンとして紐帯をなしていく過程で創出されたものであるが、湯島がこれにも利用されている。天草と島原のキリシタンたちにとって湯島は特別視されていたことがうかがえる。また、元々キリシタンだったもの

図4 鍛冶水盤

図5 談合嶋之碑

たちが湯島に集合して、勧めを受けたと
して、この島を「談合島」と呼んだとあ
る。なお、四郎の側近である森宗意軒ら
と湯島で戦略をたてたともされ、一揆勢はここで結束を強めていった格別な場
所だった。前述した峯公園には、「談合嶋之碑」と正面に刻んだ石碑が昭和28
(1953) 年に建立されている。この碑文は、熊本出身の歴史家・思想家である徳
富蘇峰が揮毫している。

図6 一ちょ墓供養塔

湯島は一揆勢が武器を製造した場所
としても知られる。その痕跡を残すも
のとして、鍛冶水盤（上天草市指定文化
財）がある。キリシタンたちが戦略会
議を開くにあわせて、武器を製作した
鍛冶職人が使用したものと伝えられ
る。一時、天草郡御領大島の鍛冶職人
が持ち帰り、大島の浄泉寺に寄進され
ていたが、昭和6 (1931) 年頃、湯島に
戻ってきたという。現在は、諏訪神社
の境内に置かれている。幕府軍と比べ
て圧倒的に武力の劣る一揆勢を支えて
いたことを示す貴重なものである。な
お、島唯一の神社である諏訪神社は、

長崎の諏訪神社からの分霊で、両地域の由縁がわかる。

　天草の歴史において忘れてはならない災害に、「島原大変肥後迷惑」がある。
寛政4（1792）年4月1日に、島原の眉山の噴火、そして山体崩落によって、
大津波が発生する。これにより、島原藩、そして対岸の熊本藩には多大な死傷
者、建物が全半壊する被害があった。こうした状況を先の「島原大変肥後迷
惑」と称し、島原、熊本には多くの供養塔が確認される。また、天草島内にも
多くの溺死者が漂着しており、個人や宗教者による建立が各地で確認される。

　湯島にも「島原大変肥後迷惑」の供養塔が1基ある。碑文は確認されないが
「一ちょ墓供養塔」と呼ばれている。湯島にも多くの溺死者が打ち上げられて
おり、湯島の村人が死体を集めて供養したという。

　このように、天草・湯島には、様々な有象無形の資産が残されている。キリ
スト教が布教され、キリシタンが存在していたことを象徴する「キリシタン墓
碑」、また、禁教への転換期を示すキリシタン大名高山右近の隠棲地と伝わる
場所がある。そして、禁教が確立されるきっかけをつくった「談合島」として
の歴史的価値や一揆勢の武器製造地でもあり、布教から禁教までのキリシタン
史の縮図と評価できる。また、「島原大変肥後迷惑」の供養塔は、災害と向き
合わなければならない現代社会に生きる我々にも教訓となるべき石碑である。
決して忘れてはならない、歴史の遺産が湯島には残されているのである。湯島
に現存する史跡からは、我々に訴えかける強い息吹が感じられる。

［参考文献］
大石一久編『日本キリシタン墓碑総覧』（南島原市教育委員会、2012年）
安高啓明「災害の記録と伝承─寛政4年「島原大変肥後迷惑」の分析を通じて」
　（青木豊先生古稀記念発起人会編『21世紀の博物館学・考古学』（雄山閣、2021年）

第 **3** 章

三宅藤兵衛の動向と天草一揆勢の攻勢

山田悠太朗

はじめに

　天草において一揆勢の鎮圧に尽力した人物に三宅藤兵衛重利がいる。藤兵衛は明智光秀の外孫にあたり、当時の熊本藩主細川忠利とは従兄弟の間柄にある[1]。元和7（1621）年に唐津藩主寺澤広高によって富岡番代に取り立てられると、寺澤氏の所領である天草の支配にあたった[2]。

　島原天草一揆といえば、原城で幕府軍と対峙した戦乱が象徴的に捉えられるが、その前段にあたる天草での一揆勢の攻勢は看過できない。三宅藤兵衛をはじめとする唐津軍は苦戦を強いられ、藤兵衛も戦死するなど甚大な被害を出し、一揆勢に富岡城までの侵攻を許している。そこには、百姓一揆の域を超え、統率のとれた一揆勢の軍事的動向をみることができる。また、天草四郎時貞を惣領として勢力を拡大していった一揆勢が有利に進めていた天草での戦況からは、一揆勢に対峙した藤兵衛率いる唐津軍の状況も見出され、唐津藩だけでは封じ込めることのできなかった近世初期の戦闘形態さえ明らかになる。

　そこで本稿では、島原天草一揆の動向について描いた軍記物「四郎乱物語」（天草市指定文化財）を中心に用いて、天草における一揆の展開の様子を時系列にとらえていく。そのなかでみえてくる唐津軍による一揆鎮圧の動向、さらに戦後の顕彰の実態についても論じ、一揆が後世の天草支配に与えた影響を検証していく。

　なお、本稿で取り上げる「四郎乱物語」とは、天草市立天草キリシタン館が所蔵する全七巻の軍記物である。日本へのキリスト教の伝来から原城の総攻撃までを描いているとともに、天草での動向が詳細であることが特徴のひとつである[3]。また、一揆勢を悪として描き、幕府の禁教政策の正当性を強調す

る内容になっているとも評価される[4]。これをふまえて、三宅藤兵衛の動向を「四郎乱物語」から取り上げるとともに、適宜、藤兵衛に関連する一次史料を用いながら唐津軍の動向を辿り、天草での合戦の意義を見出していく。

1　唐津への援軍要請と布陣

　島原において一揆勢が蜂起し、その勢いが徐々に増していくなか、藤兵衛は天草での年貢の取り立てとキリシタン穿鑿をより厳しく行なうようになっていた[5]。それは、かつてキリシタン大名であった唐津藩主の寺澤広高が、一転して禁教政策を徹底し始めたことが大きいだろう[6]。そのようななか、熊本藩主細川忠利は、藤兵衛に宛てた書状で次のように述べている[7]。

【資料1】

　　御状令披見候、兵庫殿天草へ御越候而、貴殿へも懇ニ候て御帰候由、近比目出度候、貴理師旦之儀も堅御申付候由、尤候、何共難知者ニ而、此方にても気遣申事候、強々謹言、

　　　　　九月廿三日

　　　　　　三宅藤兵衛殿　　御返報

　「貴理師旦（＝キリシタン）」の取り締まりを厳重に申し付けていることは理にかなったことであるとして、藤兵衛のキリシタン統制を評価している。また、キリシタンについては不明な部分も多いため、熊本でも留意していると述べており、忠利がキリシタンに対する警戒を強めていることが読み取れる。

　そうしたなか、天草でも島原のようなキリシタンの蜂起が現実味を帯び始める。藤兵衛の家来山本五郎兵衛・亀井六右衛門は「大矢野にこそきりしたん起りたる」との風聞を聞きつけ、キリシタンの活動が活発化している場所があると富岡へ注進している[8]。

　そして、一揆勢の蜂起が現実のもとにさらされ、島原での一揆勢の動きに呼応した者たちによって天草の各所で火の手があがった[9]。本渡代官の九里六左衛門の家来大原与兵衛・菅半右衛門は対応を協議し、「異見を加へ仏神の□□□礼拝」（前にて）をさせることで宗旨を確認し、これを拒否すれば「ことごとく打果さるべし」と決定する[10]。これは、教諭による改宗を期待したもので、その証拠として仏神に誓わせる行為を求めたものであった。一揆勢の急進的な動き

に対して説得を試みて解決を図ろうとしており、これを拒否すれば死罪に処すことをほのめかしながらも、この時点ではまだ一揆勢との武力衝突を思わせるような緊迫感は感じられない。

寛永14（1637）年10月28日には、九里六左衛門の子息吉右衛門の本陣前を「きりしたんのとなへ」をしながら横切ったとして、キリシタン3人が打擲を受ける事態が発生する[11]。次第に勢力を拡大する一揆勢に対し、藤兵衛らは取り締まりを厳しくするようになっていたことがわかる。

10月29日、鎮まることのない一揆勢を前に、藤兵衛は唐津本藩に援軍を要請する[12]。さらに、同日付で藤兵衛は熊本藩の家老長岡監物・有吉頼母佐・長岡佐渡守の3名に宛て、次のような書状を出している[13]。

【史料2】

　　早々預御使札、昨廿八日の御連状致拝見候、如仰、今度島原表在々百姓共
　　切支丹ニ立帰リ、宮寺を焼、自由仕候ニ付而、島原衆専被相鎮候由申候、
　　天草の内大矢野と申在所其外小村二三ヶ所切支丹ニ立帰候由、一昨日より
　　承付候間、即刻ニ可申付候、御用候ハ、可申入由忝奉存候、相替儀も候
　　ハ、可申入候、恐惶謹言、

　　　　十月廿九日　　　　　　　　　　　　　　　　　三宅藤兵衛　重利

　　　　　　長岡監物様

　　　　　　有吉頼母佐様

　　　　　　長岡佐渡守様　　御報

島原では、キリシタンに立ち帰った百姓たちが神社や仏閣を焼くなど自由な振る舞いをしており、「島原衆」（＝島原藩）が鎮圧にあたっている。天草でも、大矢野とその周辺の2、3ヶ所の者たちがキリシタンに立ち帰っていると聞いたので、もし異変があればすぐに申し入れると伝えている。

この書状からは、天草では大矢野を中心にキリシタンに立ち帰った者たちが続出し、藤兵衛も警戒を強めていることがわかる。藤兵衛は、大矢野の一揆勢の鎮圧に向けて唐津本藩に援軍を要請するとともに、非常事態に備えて熊本藩とも情報を共有していたのである。前述した【史料1】と同様に、ここでも、天草と熊本藩との連携した動きがみられる。こうして、天草では一揆鎮圧に向けた動きが徐々に本格化していくのである。

藤兵衛から要請を受けた唐津本藩は、原田伊予・並河九兵衛を大将とした援

軍を派遣した。11月8日に唐津を出立、同月11日に富岡に着陣し、その翌日には藤兵衛と合流して一揆鎮圧に向けた軍議を開いている[14]。同日には、細川忠利が自身の家老に対し、天草への加勢に関する指示を与えた書状を発給しており、その一節には藤兵衛に関して次のように記している[15]。

【史料3】

　一天草の事藤兵衛手前あぶなく候ハ、、又も上使へ成とも又ハ豊後へ成とも加勢の事可申候、同事ニ候ハ、同前ニ候、更共此飛脚ハはや跡ニ成可申候、謹言、

　藤兵衛の勢力が危うくなれば、幕府から島原に派遣されている上使であろうと豊後目付衆であろうと加勢のことを申し上げるべきだと指示している。従兄弟にあたる藤兵衛を慮ってのこととも推測されるが、忠利が隣国で生じている異変に迅速に対応し、自国の軍事力をもって解決を図ろうとしている意向を汲みとることができる。これは、忠利が一揆鎮圧に終始積極的であったことにも通じる[16]。

　一方で、忠利は幕府の上使や目付に上申して、幕府の判断を仰いでから加勢することを考えている。このときから幕藩体制が意識されつつあったのである。11月初旬には藤兵衛に危機が迫っていることを想定させるほどに一揆の勢いが強まっていた。そのため、天草と海を隔てて接している熊本藩でも、一揆に対する緊張感が高まっていたのである。

　藤兵衛が唐津からの援軍と合流している間に、島原と天草の一揆勢も合流し、上津浦に集結した。この時の総勢は、一万ほどにも上ったといわれる[17]。唐津軍と一揆勢は、それぞれが戦力を整え、天草にて交戦することになった。

2　小嶋子合戦と大嶋子合戦

　11月13日、本渡にて軍議を開いていた唐津軍に、天草四郎が島原から上津浦へ渡海し、周辺の村々の者たちが出陣の準備をしているとの報告が入る[18]。これを受け、唐津軍は陣を展開し、唐津からの援軍を二手に分け、栖本には岡嶋七郎左衛門、河内浦には関大膳が布陣、残った援軍四百と天草の軍勢二百は亀川に布陣、並河九兵衛が率いる八百は大嶋子に陣をはった。そして、藤兵衛は五百の兵を率いて本渡の警固に入っている[19]。

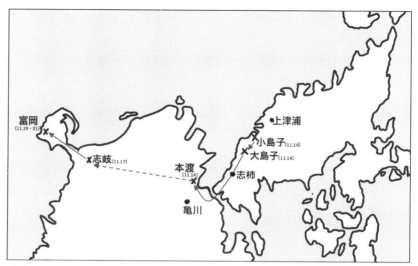

「四郎乱物語」、「原史料で綴る天草島原の乱」より作成。交戦した日付は（　）で示した。また、行軍の
詳細が不明な経路は点線で示した。

図1　天草における一揆主戦場図

　翌14日の明け方、小嶋子に布陣していた唐津藩の軍勢に一揆勢が危襲をし
かけた。この時の一揆勢の様子は、「五百よき切支丹のつとめを同音に唱へ、
閧^{トキノフエ}を作りかけ鉄炮を打かくる」と記されており、キリシタンとして徒党をな
し、鉄炮を手にして戦う姿がうかがえる[20]。「四郎乱物語」では、この戦乱を
「小嶋子合戦」と表記している[21]。一揆勢の攻撃に唐津軍も応戦し、しばらく

島原天草一揆初戦の地（大島子諏訪神社）

は「鉄炮いくさ」の状況が
続いた[22]。お互いに手負人
が数多く出たが、次第に一
揆勢が優勢となり、押し込
まれる形となった唐津の軍
勢は撤退し、後方の大嶋子
に布陣していた軍勢と合流
する[23]。

　大嶋子に布陣していた並
河九兵衛らは、「四郎今日
ハよも来らじ」と一揆勢の

攻撃はないものと油断していたという⁽²⁴⁾。すると、銃声が聞こえ、小嶋子での敗戦を知るところとなった。小嶋子の軍勢が敗走中、「立帰る家々のあるじ子共、今迄ハ味方のふりにてやわらかにあいさつせしか、忽にけしき替りてことへく敵なり」という事態に転じている⁽²⁵⁾。開戦前は一揆勢に味方しなかった村々も、一揆勢の勢いと唐津軍の敗走を目の当たりにすると、続々と一揆勢に加わっていった。天草島内の百姓たちも戦況を見極め、優勢な方につこうとしていた不安定な情勢が浮かび上がる。こうした戦況のなか、一揆勢の勢力は加速度的に強まり、唐津軍はますます劣勢を強いられることになったのである。

　小嶋子での敗戦を受け、大嶋子の軍勢も慌てて戦闘準備を整え、並河九兵衛の下知のもと応戦する⁽²⁶⁾。ここでの戦いは「大嶋子合戦」と名付けられている⁽²⁷⁾。小嶋子で敗走してきた者達も「先非を悔ミ」戦闘に加わり、陣形を整えて一揆勢と激しく衝突した⁽²⁸⁾。唐津軍は次々と犠牲を出しながら、両軍は入り乱れ、乱戦状態となる。やがて、「両陣互に入乱れ、息をも不入相戦、されとも敵ハ大勢なり、味方小勢のことなれハ引色に成にけり」と、大勢の一揆勢に押され、唐津軍は徐々に劣勢を強いられていった⁽²⁹⁾。

　この大嶋子合戦の様子は、唐津藩から援軍で参戦していた野藤助之進の注進書からも明らかである⁽³⁰⁾。

【史料4】

　　一十三日の晩ニ三宅藤右衛組大嶋子へはり出し申候、大嶋子ニ在之せい
　　　　其夜小嶋子江はりいたし候、
　　　　同日之夜岡嶋七郎左衛門組一くミすもとへかせいニ被参候、
　　一十四日ニかうつらと嶋原のきりしたん小嶋子ニ被詰候所、大嶋子江引取
　　　　一所ニふせき被申候衆の内、打死林又右衛門・同小十郎・小川儀左衛
　　　　門、手負並河九兵衛・石川吉左衛門・同理左衛門・国枝清左衛門せつか
　　　　くふせき被申候へとも、右の打死手おい在之ゆへ引取被申候、

　　13日の晩に、藤兵衛の子息藤右衛門が率いる軍勢が大嶋子まで前進し、大嶋子の軍勢は小嶋子まで進んだ。14日になって、かうつら（上津浦）と島原のキリシタンが小嶋子に攻め入ったため、大嶋子まで退いて防戦したが、林又右衛門や小十郎ら主要な武将の討死や手負人が続出したため、退却したと記されている。なお、一揆の鎮圧後、林又右衛門や小十郎らの墓が建立されており、これらは現在、天草市指定文化財となっている。

この劣勢を受けて、藤右衛門らも鑓で懸命に応戦するものの、「雑兵共我先にと敗北すれハ、三宅兄弟其外の侍もことごとく引退く」として、雑兵たちの相次ぐ敗走のあおりを受け、諸将も劣勢を強いられていく[31]。大嶋子の軍勢を率いていた並河九兵衛までもが深手を負う事態となり、なんとか敵中を脱出するほどであった[32]。唐津軍は大嶋子合戦でも敗走し、藤兵衛が布陣する本渡まで後退することになった。こうして、藤兵衛は連勝に勢いづく一揆勢と対峙することになったのである。

3　本渡合戦と三宅藤兵衛の討死

　本渡に布陣していた藤兵衛は諸方からの戦況報告を待っていた。すると、「四郎上津浦より多勢打出、大嶋子の合戦黒煙を立、海上にハ数百の舟共透間なく相見へ、味方難得勝利旨」の報告が届き[33]、藤兵衛は大嶋子での敗北、そして一揆勢が戦況を優位に保ったまま本渡へ迫っていることを知った。

　まもなく、大嶋子から敗走してきた軍勢も加わり、500だった藤兵衛の軍勢は総勢 2,500 ほどになると、本渡とその周辺を徹底的に警固し、臨戦態勢をとった[34]。その後、唐津軍は一揆勢と次のように対峙している[35]。

【史料5】

　　きりしたんの勢共ハ勝に乗て在家に火をつけ、敗北の跡を追、先手瀬戸の礒に出れハ、後□（陣）ハいまた志柿村に充満す、四郎暫く瀬戸の浜辺に居て総勢を待揃へ、潮ももはや干落けれハ、時分ハよきぞ、かゝれやもの共と下知をなす、きりしたんともいさみすゝんで一度にどつとおり立、おのが宗旨の唱を時の声に作りかけ、しづ／＼と相近、味方も一度に潟中にをり立て、同じく時をあわせけり、

　一揆勢は、小嶋子・大嶋子での勝利に乗じて、在家に火をつけながら、敗走する唐津軍の後を追って、先陣は「瀬戸の礒」という所まで前進し、後陣は志柿村に留まっていた。四郎はしばらく浜辺に待機して軍勢を整え、干潮となったところで出陣の下知を出すと、一揆勢はキリスト教の唱えを勝鬨の声としながら一気に唐津軍に接近した。対する唐津軍も干潟に下り、一揆勢に対峙している。ここには、一揆勢を統率する天草四郎の猛々しさと、キリシタンが一揆化している様相が示されている。そして、藤兵衛が「ざいをふり鉄炮うて」と

采をふって鉄炮隊に指示を
出したことを合図に、いわ
ゆる「本渡合戦」が開戦し
たのである[36]。

　本渡合戦でも激しい鉄炮
の撃ち合いとなり、双方と
もに多くの犠牲者を出し
た[37]。合戦が本格化してく
ると、唐津軍の武将が次々
と戦死していく。この時の

祇園橋（島原天草一揆激戦地）

戦況について、「四郎乱物語」では一揆勢の軍装を指摘しながら次のように述
べられている[38]。

【史料6】

　　敵ハ皆すはだ歩立にて、面もふらずたゝかふといへとも、竹やり交りの道
　　具なれハ、馬上武者にかけ立られ、少引色に見へける処に、敵方の鉄炮の
　　上手数多、亀川より本道へ廻り、大田口十五社山の森下よりはた〳〵と打
　　懸る、此矢にあたりて死るもの多く、馬にもあたり、銘々に疵を蒙りけれ
　　ハ、敵に前後を切られてハあしかるべきと味方の陣にさつとひけハ、雑兵
　　共是を見て我先にと敗北す

　一揆勢は「すはだ歩立」という不十分な装備で、武器は「竹やり交り」とい
う即席のものであったため、馬上で戦う唐津軍の武将にとっては圧倒的に有利
な状況であった。しかし、一揆勢には鉄炮に長けた者が多数おり、唐津軍の多
くはその銃撃で命を落としていた。また、銃弾が馬に当たって負傷し、自陣を
前後に分断されてはならないと考えた軍勢が退却すると、唐津軍の雑兵たちは
これをみて我先にと敗走したのである。唐津軍の優位な状況を崩し、逆に一揆
勢が優勢に立ったのには、一揆勢による巧みな鉄炮戦術が鍵を握っていたこと
がわかる。また、唐津軍では、上級の武将と足軽らの間で戦意に温度差があっ
たことも看取されよう。唐津軍は一揆勢の鉄炮を有効に用いた戦い方だけでな
く、心理戦にも翻弄されたのである。

　唐津軍にとって一揆勢が優勢する戦況を立て直すことは困難な状況になっ
た。藤兵衛も自ら乱戦のなかに飛び込み、退却せずに戦うよう扇動するもの

の、留まる者はおらず、次々と敗走していった[(39)]。一枚岩で対抗できなかった唐津軍の様子は、統率されていた一揆勢と相反するように映る。このような状況のなか敵中に飛び込んだ藤兵衛は窮地に追い込まれてしまう[(40)]。

【史料7】

　　猶も藤兵衛ハ千騎か一騎に成迄もと陣中をかけ廻れ共、手付のものも落失セ主従六奇に成けれハ、是より馬を海中に乗入、茂木根崎の沖に置たる舟にのらんと急く処に、船は潟中にほしすへ、人壱人もあらざれハ、南無三ぽうと取て返し、広瀬をさして落て行、桑浦久作・瀬戸吉蔵此所にてうたれけり、

藤兵衛は自陣が千騎から一騎になるほどまで陣中を駆け回ったが、手付の者も戦死し、ついに六騎が残るだけになった。そのため、騎乗したまま海をわたり、沖にある船に乗り込もうとしたものの叶わず、本渡の広瀬まで敗走するも、その道中で桑浦久作と瀬戸吉蔵が討たれている。藤兵衛は最後まで戦況の立て直しに奮闘したものの、逆に側近の者たちまでも多く失う結果となったのである。そして、ついに藤兵衛にも最期の時が訪れる[(41)]。

【史料8】

　　藤兵衛ハ塩浜の塘に馬を蒐上れハ、敵の打鉄炮馬の大腹にあたり、尻居にとうと伏けれハ、藤兵衛歩立に成て、山川次兵衛を供とし、壱丁計ハあゆミけれとも、老武者のかなしき軍にハ仕つかれたり、重具足にひかれ、今ハ一足も不叶、天神の前□□（成田）のあぜに腰をかけ、次兵衛に首をうてと言、

藤兵衛の乗る馬の腹に一揆勢の銃弾が命中するや落馬し、徒歩での防戦を強いられることになった。山川次兵衛を供につけ、1丁（約109m）ほど歩みを進めるものの、老齢であった藤兵衛は重い具足をまとって歩行を続けるのも困難で、ついには一歩も動けなくなってしまう。そこで藤兵衛は自害を決心し、次兵衛に首を討つように命じたのであった。天草番代であった藤兵衛の死が戦局をさらに深刻なものにしたことはいうまでもない。藤兵衛を討った一揆勢は勝鬨をあげ、本渡馬場村に着陣してその日の行軍を終えた[(42)]。小嶋子・大嶋子に続き、本渡での合戦も一揆勢の大勝に終わり、唐津軍はさらなる後退を強いられたのである。

　本渡での戦況については、先述の野藤助之進も次のように報告している[(43)]。

【史料9】

　　敵勢舟くかにてかめの川村へをしよせ被申候処ニ、かめの川の山を左に
　　あて村をうしろにして陣をはり可申てたてに候へ共、鉄炮廿丁残馬十一人
　　ならてハ無之ふぜいゆへ、本戸勢よびニ数兵遣候へ共不被相加ニ付、本戸
　　のせいと一所にかゝり可然との相談ニて、本戸へ引取、はまのてさきに人
　　数をたて、本戸せいは山ぎわニ立、さきニてたかいニ鉄炮ヲ打合候へと
　　も、てきハ村内者ゆへかさよりてつほうを打おろし、てをい死人あまた
　　在之故、冨岡へ引取申候、本戸ニて討死細井源丞・佃八郎兵衛・佐々小左
　　衛門・今井十兵衛・河崎伊右衛門・小栗杢左衛門・三宅藤兵衛、てをい関
　　大学・安井二左衛門・福永長介・古橋少助（後略）

　一揆勢が亀川村に押し寄せたため、亀川の山を左手に、村を背後にして陣を
構え出撃する手立てであったが、味方の軍勢が少なすぎたため本渡勢に援軍要
請の兵を遣わした。しかし、加勢を得られなかったため、本渡勢と合流して出
撃すべきと相談して本渡まで退却すると、「はまのてさき」に兵を置いて一揆
勢と鉄炮を打ち合った。しかし、地の利を活かした一揆勢に有利な位置から鉄
炮を打ち込まれ、多数の手負人・死人を出したとのことであった。味方との連
携も円滑に進まず、一揆勢の侵攻にほとんど対応できなかったことで、多数の
死傷者を出して本渡を撤退するという最悪の事態を招いてしまったのである。

　本渡から撤退した唐津軍は、志岐城に入城している(44)。17日の明け方には
志岐城で一揆勢と再び交戦しており(45)、その後富岡まで撤退したものと考えら
れる。富岡番代であった三宅藤兵衛の討死により大将を失った唐津軍は、原田
伊予を大将に据え、破損の激しかった富岡城の修復を急ピッチで進め、一揆勢
との籠城戦に備えた(46)。矢倉を堅固にし、城壁を厚く塗るなどして、一揆勢が
城に乗り入れることができないように備えを万全にしている(47)。それまでの合
戦とは異なり、一揆勢が持つ武力を警戒し、油断なく臨戦態勢を整えている様
子がうかがえる。

　こうして富岡城に籠城した唐津軍は、11月19日、同22日の2度にわたって
一揆勢の城攻めを受ける(48)。しかし、これまでとは一転、一揆勢の主力であっ
た鉄炮隊による攻撃を石垣や城壁で防ぎきり、「寺澤筒」と呼ばれる大筒で城
に攻め上ってきた敵勢の多くを打ち倒すことに成功したのである(49)。唐津軍は
劣勢を押し返し、ついに富岡城の落城を防いだのであった。藤兵衛の自刃な

ど、甚大な被害を出しながらも、唐津軍は富岡籠城という最終局面で戦況の瓦
解を防いだ。城攻めに失敗した一揆勢は、島原の一揆勢と合流すべく口之津へ
渡海し、一揆の最終舞台である原城へと向かうこととなった[50]。

おわりに

　富岡城での籠城戦に勝利した唐津軍であったが、そこに至るまでの小嶋子、
大嶋子、本渡での戦いでは敗戦が続き、一揆勢を勢いづかせる結果となってい
る。客観的に戦況を分析すれば、藤兵衛の一揆勢への対応は終始後手に回って
おり、本渡合戦においては味方の軍勢が極めて少ないにも関わらず敵の陣中に
突撃するなど、敗戦が続いた唐津軍の傷口をさらに広げてしまっている。この
ように、戦力としては唐津軍が上回っていながら、一揆勢に主導権を握られた
のは、戦術の甘さはもとより、一揆勢の巧みな鉄炮術と強固な"結束力"によ
るところが大きい。これは、天草四郎を中心に原城に籠城した一揆勢の行動原
理にも通じる。

　こうした戦果にありながら、藤兵衛は一揆の鎮圧後から現代に至るまで、天
草における一揆鎮圧の功労者の一人として顕彰され続けている。現在、天草市
本渡町広瀬には藤兵衛の墓が残っている。これは、寛文4（1664）年から同11
（1671）年に天草の支配にあたった戸田忠昌が整備したものである。墓石が劣化
しているのを見た忠昌は、このままではいずれ碑文が読めなくなってしまうこ

とを憂い、墓石を新調し、
碑文を深く刻んで金箔を施
したといわれている[51]。

　やがて、明治時代になる
と、劣化がさらに顕著とな
り、碑文も読みにくくなっ
ていた。そこで、藤兵衛の
子孫三宅藤爽・重雄と、藤
兵衛の近習であった松山貞
重の子孫松山千太郎が明治
19（1866）年に供養塔を建

図2　三宅藤兵衛の墓（天草市）

立する[52]。当初は墓石そのものを新調することが企図されたが、「当時ノ遺跡モ亦廃スルニ堪ヘズ」と、江戸時代を通じて大切に保存されてきた墓石を取り去るのは堪え難いとの考えから、墓石はそのままに、供養塔を新たに建立したのだった[53]。

さらに、藤兵衛を弔う石塔が富岡の瑞林寺にも存在し、それが激しく損傷していたため、千太郎が発起人となり明治40（1907）年に瑞林寺に供養塔を建立している[54]。一揆鎮圧直後に建立された藤兵衛の墓石は、江戸時代を経て、近代に至っても整備され続けてきたのである。

このような藤兵衛の顕彰のされ方と、本稿で取り上げてきた藤兵衛の戦功との間には、多少なりとも矛盾を感じざるを得ない。そこには、一揆鎮圧後、島原天草一揆を利用して禁教政策を正当化しようとした幕府の思惑が働いていると考えられる。すなわち、幕府に対して反逆を起こした"悪"のキリシタン一揆勢と、それを討ち果たす"正義"の鎮圧軍という構図を作り上げたのである。「四郎乱物語」でも、藤兵衛の自害について、次のように記されている[55]。

　　吉浦兵右衛門ハ土手を構に取て追来る敵を四五人突伏、一足もさらす打死
　　す、山本五郎兵衛ハ兵右衛門と一所ニ而深手を負、手鑓引さけ藤兵衛本ヘ
　　来る、次兵衛見てご生害のたまふ也、いかゝ可仕やといへハ、日本への
　　御最後所急ぎたまへと諫メをなし、たぢ〳〵として通りしかハ、藤兵衛ハ
　　積年七十三腹切て其名を天下にあらハしたり、

藤兵衛は、ともに行軍していた山川次兵衛と五郎兵衛の目の前で切腹し、「其名を天下にあらハしたり」と強調されている。ともすれば、敗軍の将と批判的な評価を受けてもおかしくない藤兵衛が、"正義"の名将として天下にその名を知らしめたと表現されているのである。

このような一揆直後からの幕府による一種の印象操作は、禁教社会に生きた近世の人々の排耶蘇観を醸成した。それは、禁教が解禁された近代以降の日本人の歴史観となり、現代に至っている。顕彰され、慕われ続けた藤兵衛の姿は、幕府によって創出されたものともいえよう。いま一度、藤兵衛ら唐津軍の一揆への対応を見つめ直すことで、島原天草一揆の実像を浮かび上がらせることができるのである。

[註]

(1) 鶴田倉造『天草鶏肋史』（イナガキ印刷、2012 年）232 頁、三宅家史料刊行会
　　編『明智一族三宅家の史料』（清文堂、2015 年）544〜547 頁。

(2) 鶴田倉造『天草鶏肋史』前掲書、232 頁、三宅家史料刊行会編『明智一族三宅
　　家の史料』前掲書、603 頁。

(3) 安高啓明編著『四郎乱物語』（天草市・天草市立天草キリシタン館、2016 年）210
　　頁。

(4) 安高啓明編著『四郎乱物語』前掲書、210 頁。

(5) 安高啓明編著『四郎乱物語』前掲書、104 頁。

(6) 安高啓明「寺沢広高」（五野井隆史編『キリシタン大名』宮帯出版会、2017 年）
　　352〜359 頁。

(7) 「細川忠利書状案」（三宅家史料刊行会編『明智一族三宅家の史料』前掲書、24
　　頁。

(8) 安高啓明編著『四郎乱物語』前掲書、104 頁。

(9) 安高啓明編著『四郎乱物語』前掲書、105 頁。

(10) 安高啓明編著『四郎乱物語』前掲書、105〜106 頁。

(11) 安高啓明編著『四郎乱物語』前掲書、106〜107 頁。

(12) 安高啓明編著『四郎乱物語』前掲書、109 頁。

(13) 「富岡番代三宅藤兵衛より熊本藩三家老へ」（鶴田倉造編・松本寿三郎監修『原
　　史料で綴る天草島原の乱』本渡市、1994 年、51 頁所収）。

(14) 安高啓明編著『四郎乱物語』前掲書、110〜111 頁。

(15) 「細川忠利より熊本藩家老へ」（鶴田倉造編・松本寿三郎監修『原史料で綴る天
　　草島原の乱』前掲書、221 頁所収）。

(16) 安高啓明『トピックで読み解く日本近世史』（昭和堂、2018 年）45〜46 頁。

(17) 安高啓明編著『四郎乱物語』前掲書、117〜118 頁。

(18) 安高啓明編著『四郎乱物語』前掲書、117〜118 頁。

(19) 安高啓明編著『四郎乱物語』前掲書、118〜119 頁。

(20) 安高啓明編著『四郎乱物語』前掲書、123 頁。

(21) 安高啓明編著『四郎乱物語』前掲書、123 頁。

(22) 安高啓明編著『四郎乱物語』前掲書、123 頁。

(23) 安高啓明編著『四郎乱物語』前掲書、124 頁。

(24) 安高啓明編著『四郎乱物語』前掲書、124 頁。

(25) 安高啓明編著『四郎乱物語』前掲書、125 頁。

(26) 安高啓明編著『四郎乱物語』前掲書、125 頁。

(27) 安高啓明編著『四郎乱物語』前掲書、124 頁。

(28) 安高啓明編著『四郎乱物語』前掲書、125 頁。

(29) 安高啓明編著『四郎乱物語』前掲書、126〜127 頁。

(30) 「野藤助之進書留」（鶴田倉造編・松本寿三郎監修『原史料で綴る天草島原の乱』
　　前掲書、252 頁所収）。

（31）安高啓明編著『四郎乱物語』前掲書、127頁。

（32）安高啓明編著『四郎乱物語』前掲書、127頁。なお、九兵衛は本渡へ帰陣後に
死亡している。

（33）安高啓明編著『四郎乱物語』前掲書、129頁。

（34）安高啓明編著『四郎乱物語』前掲書、129〜130頁。

（35）安高啓明編著『四郎乱物語』前掲書、130頁。

（36）安高啓明編著『四郎乱物語』前掲書、130頁。

（37）安高啓明編著『四郎乱物語』前掲書、130頁。

（38）安高啓明編著『四郎乱物語』前掲書、131頁。

（39）安高啓明編著『四郎乱物語』前掲書、131〜132頁。

（40）安高啓明編著『四郎乱物語』前掲書、132〜133頁。

（41）安高啓明編著『四郎乱物語』前掲書、132〜133頁。

（42）安高啓明編著『四郎乱物語』前掲書、133〜134頁。「加藤正方書状」（苓北町史
編さん委員会編『苓北町史』史料編、苓北町、1985年、217頁）にも「去月十四日
一戦、三宅藤兵衛其外討」とある。

（43）「野藤助之進書留」（鶴田倉造編・松本寿三郎監修『原史料で綴る天草島原の乱』
前掲書、252頁所収）。

（44）「井口少左衛門より熊本藩三家老へ」（鶴田倉造編・松本寿三郎監修『原史料で
綴る天草島原の乱』前掲書、289頁所収）。なお、井口少左衛門は熊本藩の使番と
して天草へ派遣された人物である（同書、1099頁）。

（45）安高啓明編著『四郎乱物語』前掲書、155〜156頁。

（46）安高啓明編著『四郎乱物語』前掲書、156〜157頁。

（47）安高啓明編著『四郎乱物語』前掲書、157頁。

（48）「吉浦一提覚書の写」（三宅家史料刊行会編『明智一族三宅家の史料』前掲書、
288〜315頁所収）。なお、19日の一揆勢は「責道具」を持たなかったが、21日
には槍や竹束などを準備し、本格的な城攻めを展開している。

（49）安高啓明編著『四郎乱物語』前掲書、157〜162頁。

（50）安高啓明編著『四郎乱物語』前掲書、217頁。

（51）天草市立天草キリシタン館編『天草を治めた光秀の孫　仁義の侍三宅藤兵衛』
（天草民報社、2020年）50頁。

（52）天草市立天草キリシタン館編『天草を治めた光秀の孫　仁義の侍三宅藤兵衛』
前掲書、50頁。

（53）天草市立天草キリシタン館編『天草を治めた光秀の孫　仁義の侍三宅藤兵衛』
前掲書、48頁。

（54）天草市立天草キリシタン館編『天草を治めた光秀の孫　仁義の侍三宅藤兵衛』
前掲書、50頁。

（55）安高啓明編著『四郎乱物語』前掲書、133頁。

富岡吉利支丹供養碑

山田悠太朗

島原天草一揆の鎮圧後に天草代官に任じられ、その支配にあたった鈴木重成は、荒廃した郡中の立て直しとともに、兄で僧籍の鈴木正三を招聘して仏教教化政策をすすめていった。その政策の柱のひとつに、正保4（1647）年、富岡町と志岐村の境界に、一揆で犠牲となったキリシタンを弔う供養碑を建立したことがある。

そこには次の碑文が刻まれている。なお、解読が困難な文字は■で記した。

図1　富岡吉利支丹供養碑
（天草郡苓北町富岡）

　　●若有聞法者無一不成佛竊惟夫原鬼理志丹根源、専行外道法、而偏欲奪国之志無二也、於明土亦禁斯徒、不異倭朝、昔年東照神君制是儼重也、雖然、彼徒党外直而曲性存于内、不貴佛法、不重王法、終顕逆心、如下云由是政夷釣命下九州諸将、斯時彼凶徒等、不残亡滅了、即天下之執権聚其数万頭為三分、長崎・高来・当郡三所埋却之矣、自是扶桑国中歌太平、当舜日、扇堯風矣、祝祝禱禱、

堪忍世界、南閻浮提日域肥之後州、天草郡、有益田四郎若冠者、立鬼利志丹宗旨、以外道法示国中国外之男女而為党矣、当寛永十四白丁丑中冬、其党破却佛閣神社、焼払村落民家、推渡肥前高来郡、楯籠原城、其勢三万七千余人、忽欲覆国家、■是列国諸将馳向彼戦場、討夜■日、海陸

合戦無休時、終至明年暮春、打破城郭、討捕彼凶徒
数千万也、残党不全、悉滅亡畢、即於当郡当村、亦
聚三千三百三十三頸、埋却一壙矣、然而星霜歴十余
歳、至于今時郡職、熊野権現第一臣能美大臣重高数
代嫡孫鈴木重成公、篤敬三宝、全兼仁義、加之、達
武通文矣、公見彼塚壙、愍数千之魂霊悪趣沈淪苦
患、建碑石於塚上、以伸供養、伏願溉斯善根、諸霊
速生佛土、証無上正等覚心、乃至平等利益者也、回
打野偈一章結末句云个

図2　富岡吉利支丹
供養碑（天草四郎
ミュージアム）

佛性賢愚平等法、何更有生死罪業
本来無物空亦空、流水潺湲山■業
■正保四白丁亥七月廿五日

「鬼理志丹」（＝キリシタン）は、行ないが専ら外道で、
国を奪おうという志があり、仏法（仏の説いた教え）や王
法（支配者の法）を重んぜずに徒党を組んで逆心を起こし
た。そのため、九州の諸将から残らず討ち取られ、その
首一万を長崎・高来・富岡の3ヶ所に分けて埋却したこ
とが記されている。さらに、寛永14（1637）年の一揆勢の
動向も記されており、仏閣や神社を破壊し、村々の民家を焼き払ったこと、総
勢37,000余の一揆勢が原城に立て籠り、国家を転覆させようとしたことなど
が、悪行として連ねられている。そして、原城に立て籠った「凶徒」数万は残
らず滅せられ、富岡には3,333の首が埋却されたとしている。

　この供養碑は「首塚」や「千人塚」とも呼ばれており、碑文は周防国山口の
曹洞宗寺院である瑠璃光寺の住職であった中華珪法が撰文している。富岡の供
養碑を建立した翌年の慶安元（1648）年には、一揆の最後の戦場となった原城
にも供養碑が建立され、富岡と同様に中華珪法が撰文している。

　鈴木重成・正三兄弟が、一揆終結から10年を経過した時期に、富岡に供養
碑を建立したのには、主に2つの目的があったと考えられる。ひとつは鈴木代
官による仁政のアピールである。幕府への反逆者であるキリシタンたちを供養
することで、支配者としての慈悲を示し、天草島民の人心を掌握しようと企図

したのである。天草は一揆後、多数の移住者を受け入れていたこともあり、人心統一を図ったといえよう。

　もうひとつは、仏教を利用した禁教政策の徹底である。供養碑の建立は、キリシタンを仏式で弔うことを意味する。これは、一揆で犠牲となったキリシタンにとって最大の屈辱であった。このように鈴木重成・正三兄弟は、キリスト教を押さえ込むために仏教を利用しており、宗教には宗教で対抗しようとした彼らの政治的意図が如実に表れているのである。これは幕府が展開した寺請制度にも通じるものである。吉利支丹供養碑の建立は、島原・天草一揆のようなキリシタンの決起を二度と許さないという重成・正三の強い姿勢が示されている。こうして、供養碑は天草における禁教政策の象徴として富岡城の近くに建立されたのであった。

　鈴木代官の仏教教化政策の根幹として建立された吉利支丹供養碑は、今でも富岡に残されている。そこには、一揆で犠牲となったキリシタンの霊魂とともに、一揆直後の不安定な情勢にあった天草を、仏教教化によって治めようとした鈴木代官の強い決意が込められているのである。

［参考文献］
　村上　直「肥後国天草における天領の成立過程―代官鈴木重成・重辰を中心に―」
　　（『駒沢女子短期大学紀要』第3号、1963年）
　苓北町史編さん委員会編『苓北町史』（苓北町、1984年）
　本渡市史編さん委員会編『本渡市史』（本渡市、1991年）
　安高啓明『近世天草の支配体制と郡中社会』（上天草市、2022年）

第 II 部

禁教政策の展延と
潜伏キリシタンの動向

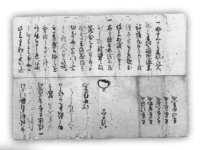

Incapability of the Prohibition on Christianity and the Movements of Hidden Christians

Introduce the policies presented in and outside Japan by the Shogunate which was aiming at establishing the Prohibition on Christianity in general, at the same time, uncover the Form of Beliefs carried by the Hidden Christians devised to be adjusted to the situations.

第1章

長崎奉行所による真鍮踏絵貸与の意義
——岡藩"踏絵鋳造事件"を通じて——

安高 啓明・於久 智哉

はじめに

　禁教政策の象徴として位置付けられる"踏絵"は、素材の違いから紙踏絵・板踏絵・真鍮踏絵の3種類に分類されている。寛永5（1628）年に長崎で絵踏が始められた当初は、紙踏絵が使用されていたが、寛永6（1629）年には、長崎奉行竹中采女正重義が板踏絵による絵踏を行なった。紙踏絵や板踏絵には耐久性の問題があり、絵踏する人数が増えるほど、踏絵の素材を改める必要が生じた。そこで、寛文9（1669）年、長崎奉行河野権右衛門通定は、鋳物師の萩原祐佐に命じて真鍮踏絵20枚を作らせたのである[1]。

　長崎奉行所は、作製した真鍮踏絵を一部の九州諸藩に貸与し、借用した藩は、これを用いて絵踏を実施していた。真鍮踏絵の登場は、宗門改の性質を変容し、キリシタン捜索に主眼を置いた刑事手続きから、キリシタンではないことを確認する行政手続きとなった[2]。真鍮踏絵が製作された寛文期は、幕府の禁教政策が確立する段階にあり、これとリンクする動きと評価できよう。

　真鍮踏絵の貸与にまつわる歴史的事件に、寛文11（1671）年の"踏絵鋳造事件"がある。これは、豊後国岡藩が長崎奉行所から借用した踏絵を参考に、独自に踏絵を複数枚鋳造したことに対して、長崎奉行所から咎められた事件である。この事件から、長崎奉行所が踏絵鋳造の権限を掌握し、踏絵借用を各藩に強制していることが明らかにされ[3]、また、事件後の寛文12（1672）年には、藩で穿鑿方目附が任命される。これにより探索の強化が図られていくなかで、事件が藩の関係者に、キリシタンの取り締まり・宗門改政策を幕府が最重要視していることを、改めて認識させるものであったとも評価される[4]。

　なお、"踏絵鋳造事件"が起きた当時、岡藩は豊後崩れの最中であった。豊

後崩れとは、万治3（1660）年から天和2（1682）年にかけて、豊後国内で多くのキリシタンが召捕られた出来事である。豊後崩れを契機として、臼杵藩や岡藩では、絵踏が強化されていったことが明らかにされている[5]。豊後崩れと"踏絵鋳造事件"は、どちらも長崎奉行所が関与した出来事であり、両者に何らかの関係性があったものと考えられる。この頃、岡藩では、キリシタンの捕縛に着手していたが、"踏絵鋳造事件"が起きた寛文11（1671）年以降、召捕人数の統計をみても[6]、岡藩領内の検挙を確認できない。この傾向は"踏絵鋳造事件"と因果関連があるものと推測できるのである。

　"踏絵鋳造事件"や、岡藩の絵踏に関する直接的な個別研究はあるものの、岡藩の絵踏、豊後崩れ、事件後の対応などを関連付けた研究は十分とはいえない。また、事件で扱われた踏絵が真鍮踏絵であったことに着目すると、踏絵を通じた長崎奉行所の禁教政策の意向さえ明らかにできる。そこで本稿では、豊後崩れや"踏絵鋳造事件"に関する、長崎奉行所と岡藩との遣り取りを分析しながら、"踏絵鋳造事件"が持つ歴史的意義について検討する。そのうえで、長崎奉行所による真鍮踏絵の貸与の意味についても考察していきたい。

1　豊後崩れと絵踏

　豊後諸藩のうち、長崎奉行所から踏絵を借用していたのは、日出藩・岡藩・臼杵藩・府内藩・杵築藩である[7]。このうち臼杵藩は、寛永11（1634）年頃に絵踏を開始したとの指摘をみるが[8]、岡藩では、寛永期に絵踏が行なわれていたことを示す史料を確認できない。岡藩で絵踏が定着したのは、長崎奉行から踏絵の貸与を受けるようになってからと推知され、初めて長崎奉行所から踏絵を借用したのは、万治3（1660）年である。そのきっかけとなったのは、豊後崩れの発生である。そこで、まず、岡藩と長崎奉行所との遣り取りから、踏絵借用に至る経緯と交渉過程について検討していきたい。

　まず豊後崩れの捕縛状況を確認すると、豊後における幕領・臼杵領・竹田（岡藩）及び大分（府内藩）領・熊本領で、年代ごとで同じような一高一低の波を描き、頂点がほとんど一致している[9]。なかでも臼杵領での召捕りは、長崎奉行所の命令によって行なわれており、そのことは幕府の宗門奉行北條安房守・保田若狭守に報告されている。

ここに幕府が関与したのは、井上筑後守政重の時に遡る。宗門奉行の前任者にあたる大目付の政重は、寛永15（1638）年正月3日、将軍徳川家光の上使として島原に下り、以降、異国商船及び耶蘇禁制を裁許している。また、寛永17年前後から江戸－長崎間を往復し、長崎奉行の施策監視と、将軍・老中への情報提供や献策など内外の諸政事に関与するとともに、職権と職務は次第に拡大され、西国で探索されたキリシタン宗徒仕置についても逐次関与したとされる[10]。このような職務にあった政重の後任に就いた北條安房守・保田若狭守は、長崎奉行所と連携しながら、豊後崩れに対応していったのである。

　また、藩内のキリシタンの処分については、幕府・長崎奉行所が直接介入していった。寛文4（1664）年11月25日付で、幕府がキリシタンの露顕について触れると、各藩に対して宗門奉行の設置を求めている。以上の経緯から、豊後崩れは自然発生的なものではなく、幕府によって"演出された露顕"であったとも評価されている[11]。

　岡藩においても、臼杵藩と同様に、捕縛に長崎奉行所が介入している様子がうかがえる。岡藩で生じた豊後崩れの状況について、「中川氏御年譜」には次のように記されている[12]。

【史料1】

　六月二十七日、切支丹宗門ノ者共ノ儀ニ付、長崎政所黒川与兵衛様ヨリノ書翰一筆申入候、然者山城守殿御領分之内きうらばた村之喜右衛門、年六拾四、五、いだ之内大工川村之庄左衛門、年六拾程、きりしたん宗門之由訴人有之候間、早々召捕、爰元へ可被差越候、将又此状細川越中守殿家来衆へ言伝進候、御報ハ其元之御家来慥成足軽ニ御持せ可給候、重而茂類門申出候ハ、右之御家来衆ニ状を持せ可進候間、可有其御心得候、此度之きりしたん宗門之者御穿鑿落着申迄者、慥成足軽二、三人爰元ニ可被付置候、山城守殿江可申入候得共、御在江戸之様ニ承候間、各迄如斯ニ候、恐惶謹言、

　猶以、彼きりしたん宗門之者召捕候以後、御報延引申候間、先早々足軽二、三人爰元ニ可被付置候、其仁ニ此状相届候と御報待申候、以上、

　　　　六月廿七日　　　　　　　　　　　　　　　　　黒川与兵衛
　　　　　　中川山城守殿
　　　　　　家来中

右ニ付、喜右衛門・庄左衛門早速召捕、箱ニ入レ、鉄炮頭池田孫三郎尚
　政・中川勘兵衛重増差添へ、長崎へ差出サル、足軽四十人警衛ス此類、後
　年数十度数百人ニ及フ、古状留具ル故ニ略シテ記サス、最此春ヨリ三佐近
　辺高田・鶴崎並ニ臼杵領ヨリ、数十人度々長崎へ送ラル、御当家ハ此節始
　メナリ

　ここには、長崎奉行黒川与兵衛が岡藩中川山城守と家来に宛てた書翰の写
しと、その後の藩でとられた対応が記されている。書翰では、万治3（1660）
年6月27日、長崎奉行黒川与兵衛が、岡藩主中川山城守及びその家来に対し
て、木浦畑村の喜右衛門と井田郷大工川村の庄左衛門の2人がキリシタンであ
るとの訴人があったため、すぐに捕えて長崎に連行するようにと述べている。
また、2人の穿鑿が落着するまでは、岡藩の足軽2、3人を長崎に配備すると
いう措置がとられた。この指示通り、2人のキリシタンは「箱」に入れられて、
長崎へ移送されており、鉄炮頭池田孫三郎尚政や中川勘兵衛重増がこの任にあ
たった。なお、その際には、足軽40人に警固させている。
　岡藩でキリシタン訴人があったこと、ならびに長崎へキリシタン容疑者を移
送することは、熊本藩細川越中守綱利の家来にも伝えられている。それは、豊
後国内に細川の飛地があったことに加え、キリシタン取り締まりに積極的にあ
たっていたため、長崎奉行から連絡されているものと思われる。長崎奉行が、
細川家のキリシタン取り締まりを評価していたあらわれであり、岡藩を補佐す
べき指示を与えていたのである。
　このように、岡藩においても、臼杵藩と同様に、長崎奉行所の介入によって
召捕りが行なわれていた。史料中には、「後年数十度数百人ニ及フ」とあり、
これ以降も、長崎奉行所の指示による捕縛が度々なされていたことがわかる。
また、細川家からの協力体制もうかがえるなど、岡藩領で展開されていた長崎
奉行のキリシタン取り締まりの実態が示される。
　また、次に記す【史料2】は「中川氏御年譜」の「今考」の記述である[13]。
「今考」とは、「中川氏御年譜」の編纂担当者が、年譜記事に関連する記録や文
書を参照、もしくは一部引用しながら、その記事の内容、批判、補足を加えた
記述である[14]。【史料2】は【史料1】に関する「今考」にあたるが、その前半
では、長崎奉行所へ送ったキリシタンの多さや、寛文10（1670）年に切支丹牢
屋敷ができ、数十人のキリシタンを収容していたことが書かれている。

【史料2】

　右切支丹類門ノ者、此後追々長崎政所ヨリ申来リ、搦取、物頭差添長崎へ遣ハサル分、公領・当領共ニ数度ニテ数百人ニ及ヒ、大事ナレトモ、悉ク載セカタシ、且古状留ニ具ナル故ニ、御年譜是ヲ省ク、寛文十年ノ頃ハ、御当地切支丹牢屋敷出来、長崎ヨリ申来ル類門ノ者数十人入置ル、寛文十一年十二月十日江戸御留守居村上五郎右衛門、青木遠江守様へ召寄ラレ、御奉書御渡ニテ、一通リノ類門ハ此方ニテ拷問詮議スヘキ旨仰セ渡サル

　ここで注目すべきは、寛文11（1671）年に、幕府作事奉行である青木遠江守から、「一通リノ類門」は、藩で拷問穿鑿するようにと仰せ渡されていることである。つまり、これ以前は、キリシタン拷問穿鑿の権限は長崎奉行所にあり、藩では対処できなかった。しかし、豊後崩れの終盤にさしかかり、検挙数が減ったタイミングで、この権限を幕府が藩に認めている。それは領内に切支丹牢屋敷が設けられたことが大きく、その権限を移譲したのである。

　長崎奉行所からの指示が数度に及んだため、岡藩内における召捕りも顕著だった。こうしたなかで岡藩がとった対応が踏絵の借用である。長崎奉行黒川与兵衛の書翰からおよそ1か月後、万治3（1660）年8月2日に岡藩でその動きを確認でき、この状況を示す史料に、「中川氏御年譜」の「附録」がある。「附録」とは、年譜内の記事の注釈であり、参照史料の一部または全文を引用したものである[15]。万治3（1660）年の年譜記事、「八月闕日御領内切支丹類門御改ノ條」の「附録」には、次のように記されている[16]。

【史料3】

　古状留、八月二日中川藤兵衛ヨリ長崎へ罷越居ル桜井十左衛門への書簡ニ、一為　御意追々申入候、先刻之書中ニきりしたん之仏御借り被為成候而、御領内之者ニふませられ度被思召之旨、御口上ニ御申候へと申入候得共、左様斗ニ而者如何敷被思召候間、黒川与兵衛殿江口上ニ御申可有候、御領内貴理支丹宗旨之者、何卒御穿鑿を被為成、類門之者於御座候者、いくたりニても被差上度被為思召候、就夫自然吉利支丹之仏なとをふませ候而吟味申付候者、如何可有御座候哉、若左様ニ被仰付方も御座候而可然穿鑿と被思召候者、私領内之者をも左様申付、随分穿鑿仕度候間、自然御政所へ吉利支丹之仏御座候ハ、御借候而可被下候、いか様ニ成共仕穿鑿

仕出度候ニ付、如此申進候事ニ候と御申候而、自然御借被成候者不及申ニ
候へ共、大事之物ニ而候間、念を御入候而御持参可有候、恐惶謹言

　これは、万治3（1660）年8月2日、岡藩家老の中川藤兵衛が、長崎出張中
である桜井十左衛門に宛てた書翰の写しである。藤兵衛は十左衛門に対して、
「きりしたん仏」（＝信心具）を借用して、領内の者に踏ませたいと思っていると
伝えている。そこで、長崎奉行の黒川与兵衛に口上で申し入れるように求めて
いる。借用する理由については、「類門之者於御座候者、いくたりニても被差上
度被為思召候」とあるように、多くのキリシタンを長崎へ差し上げるためと述
べられている。そして、領内でキリシタン仏を踏ませて吟味することに長崎奉
行所はどのように考えるかと尋ねており、自領でこれを実施したい旨を申して
いる。これにより長崎奉行所からのキリシタン仏の借用を強く求めていること
がわかるが、それは、長崎奉行所にキリシタン仏が集積されていたこと、長崎
から貸与を受けることによる禁教遵守の姿勢を示そうとしたといえる[17]。長崎
奉行所からの捕縛の指示が多くなっていることを契機に、キリシタン仏の借用
を模索したのであった。

　ここで岡藩が求めたキリシタン仏は、キリシタンの信心具であり、長崎奉行
所が管理していた"板踏絵"に相当する。そのため、「きりしたんの仏」の表現
になっており、前述した、踏ませるために作製した"真鍮踏絵"とは異なって
いる。そして、万治3（1660）年12月の「中川氏御年譜」には、「御領内切支
丹類門御改ノ為メ、長崎政所ヨリ踏絵御借用ニテ改メ始ル」とあり、借用した
板踏絵をもとに絵踏を実施していることがわかる[18]。なお、この踏絵は、領内
で実施された後、万治4（1661）年正月18日に返却されたのだった[19]。

2　踏絵鋳造事件

　岡藩では、万治3（1660）年に絵踏が開始されたが、これが制度化していくの
は、寛文4（1664）年からである。寛文4年の「踏絵改めの覚書」では、年寄た
ちが1枚の踏絵を受け取り、武士とその妻子、医師、寺社方を対象に、家内の
者まで残らず踏ませるように定められている[20]。しかし、寛文11（1671）年3月
26日には、これまで男子にだけ絵踏をしていたため、今後は男女ともに踏ま
せることにし、僧侶や山伏、その妻子にも義務付けられた。つまり、実際には

特定の者だけに絵踏していたため、これが改められているである。そして、絵
踏にあわせて血判誓詞を申し付けるなど、絵踏が開始されて以降、制度が整
備、強化されていった[21]。

　この間の寛文5（1665）年には、幕府の法令に従い、岡藩では塩山藤大夫・柏
植新右衛門の2名が藩の切支丹奉行（のちの宗旨奉行）に任命されており、これ
以後、キリシタンの穿鑿や裁許は宗旨奉行が担当することになる[22]。このよう
に、藩では宗門改体制が確立していったものの、寛文11年の"踏絵鋳造事件"
によって状況が一変する。

　寛文11（1671）年7月2日、長崎出張中だった宗旨奉行柏植新右衛門は、長
崎奉行河野権右衛門の元を訪れた際に、キリシタンの検挙が次々と指令される
ことを理由に、絵踏に手が回らない状況を申し出ている。これを受けて、河野
権右衛門は、「九州諸藩は踏絵板を借用に来るのに岡藩は来ない」と、柏植新
右衛門に対して借用するように促している。そこで、柏植新右衛門は踏絵2枚
の借用を願い出て帰藩すると、藩内の家老は協議のうえ、鉄砲屋の井川九朗兵
衛に命じて同形の物を新たに数体鋳造させた。そして、借用した踏絵は長崎奉
行所に返却したのであった[23]。

　返却の際に、踏絵鋳造の件を長崎奉行所に伝えると、河野権右衛門は激怒
し、岡藩三家老に宛てて次の詰問状を送った。

【史料4】[24]

　　別紙申入候、去頃、柏植新右衛門、被相越候節、其元に踏絵少なくて、宗
　　旨改の時分はかばかしく不参候由、被申候付、爰元の踏絵弐枚借し遣し申
　　候、然る処に、右の踏絵、於其元写鋳被申候旨、近頃以て難心得候、爰元
　　にてさへ、踏絵為鋳候時分は、御老中へ相伺ひ候て、御指図の上、為鋳申
　　事に候、此段其分には被差置間敷く、重ねて可被仰聞候、以上

　　　　　八月十七日　　　　　　　　　　　　　　　　　　　河野権右衛門

　　　　　　　　　中川平右衛門様
　　　　　　　　　中川藤兵衛様
　　　　　　　　　中川助之進様

中川平右衛門ら三家老に宛てた詰問状みれば、河野権右衛門は岡藩に踏絵が
少なくて、宗門改が思うように進まないと柏植新右衛門からの申し出があった
ために、2枚の踏絵を貸与したという趣旨を述べている。そして、この踏絵は、

藩で写し鋳るために貸したのではないと伝えており、長崎でさえ、踏絵を鋳造するときは老中へ伺っており、その指図に従って作製している旨を記している。そのため、岡藩にある踏絵をそのままにしておくことはできないとし、さらなる事情説明を求めている。踏絵鋳造には、老中に許可を取る必要があるにもかかわらず、これを怠った岡藩に強く迫ったのである。つまり、長崎奉行の面子をつぶす行為であり、岡藩の過度な行為を咎めている。

　その後、家老は事態の収束を図るため、領内にあった「切支丹仏」を収集し、これを長崎へ持参してその処置を願った。河野権右衛門は鋳物師の萩原祐佐に頼み、ことごとくこれを鋳崩させたという。また、8月26日には、中川藤兵衛と宗旨奉行の柘植新右衛門、熊田新左衛門が謝罪使として派遣され、今回鋳造した踏絵2枚を長崎奉行所に提出している[25]。

　岡藩主中川久恒は三家老及び宗旨奉行らに対して、自発的に「遠慮」を申し付けている。他方、幕府からは、家老中川平右衛門以下14名に対して、「閉門」が申し付けられた。「閉門」は「遠慮」よりも重科にあたり、彼らの行為を幕府は重くみたのである[26]。そして12月、幕府より赦免の報が達し、家老以下の閉門が解除となった[27]。

　以上が、"踏絵鋳造事件"の一連の流れである。この事件は、長崎奉行所と岡藩双方の絵踏に対する認識の相違により起きている。長崎奉行所としては、踏絵を貸し出すことによって、宗門改の徹底はもとより、九州域における秩序を明確にしようとしたが、岡藩としては、効率よく絵踏を行なうことが、公儀の禁教政策の遵守につながるものと考えていた[28]。岡藩は禁教政策を遵守し、滞りない実施を最優先に考えており、長崎奉行が目指していた九州域における覇権の確立との間で、齟齬が生じていた。つまるところ踏絵の貸与を通じた両者の見解の相違が、本件を引き起こしたのである。

　岡藩の"踏絵鋳造事件"によって、踏絵鋳造の権限が老中にあったことがわかる。長崎奉行所も老中の指図に従って作製していたにもかかわらず、岡藩は専断したことを咎められたのであった。そして、長崎奉行は、老中から委任を受けた踏絵の管理者としての責務にあたっていたことが看取される。

　また、前章で見たように、同じ寛文期の豊後崩れでは、長崎奉行所の指示によって、数十度にわたってキリシタンの捕縛が行なわれた。豊後崩れの最中には、幕府の法令により宗旨奉行が任命され、絵踏の制度化も進められている。

この間、キリシタンの拷問穿鑿の権限も藩には所在しなかった。このように、岡藩のキリシタン禁制の多くは、幕府・長崎奉行所による介入を許しながら断行されており、豊後崩れを通じた幕藩体制の確立が図られていた。この"踏絵鋳造事件"から明らかになるのは、長崎奉行所のキリシタン専断権の所在を明らかにし、さらに、これが大名領にも及ぼす実質的権限の強化につながったことであった。

3　踏絵貸与の意図の変化

"踏絵鋳造事件"によって、長崎奉行所に踏絵の管理責任があり、長崎奉行は九州諸藩にこれを貸与することで優越する立場を築いていった。その過程において、踏絵の種類に注目して事件を検討していくと、長崎奉行所による踏絵貸与の意図に違いがあったことがわかる。そこで、事件の発端となった宗旨奉行の柘植新右衛門と長崎奉行の河野権右衛門の遣り取りをみていこう。

【史料5】[29]

　　寛文十一年七月二十八日三人より上嶋伊織江の書

　　先度柘植新右衛門長崎へ罷越候刻、河野権右衛門殿切支丹踏絵の鋳仏御見せ被成候処御当地に御座候とは様体違ひ候ニ付、新右衛門権右衛門殿へ申上候は、此以前御政所より御本を借申写置候とは様子違申候間、拝借可仕と申請取罷帰候、就夫鉄砲屋九郎兵衛に為鋳弐体共に致出来候間、正体は近日黒沢彦六、河村惣助此内壱人相添御政所江可致返遣と存候、責而鋳仏拾四、五程無御座候而は御家中為踏申候時分不足に御座候間、為鋳可申候と致僉議候事候此段御序之刻可被仰上候、

　これは、寛文11（1671）年7月28日に、岡藩家老の中川平右衛門・中川藤兵衛・中川助之進の3人から、岡藩宗旨奉行の上嶋伊織へ宛てられた書状である。ここには、宗旨奉行の柘植新右衛門が長崎に赴いた時に、長崎奉行河野権右衛門から見せてもらった踏絵が、岡藩にある踏絵とは「様体」が違っていたと記されている。そのため、柘植新右衛門は岡藩が以前、長崎奉行所から「御本」（キリシタンの本尊＝踏絵）を借りて写し置いたものとは「様子」が異なるので、拝借したいと河野権右衛門に申し出ており、踏絵を請け取り、帰藩している。これを元に鉄砲屋の九郎兵衛に2体鋳造させ、借用した本体は黒沢彦六か

河村惣助のどちらかを添えて、返却しようと思っていると述べている。家老たちは、せめて 14、15 枚程の踏絵が無ければ、絵踏にあたって、不足してしまうという意図を伝えている。

　この史料からは、"踏絵鋳造事件"以前に、長崎奉行所から借用した踏絵をもとに岡藩で鋳写していたことが読み取れる。万治 3（1660）年に長崎奉行所から借用したことをきっかけに、寛文 11（1671）年までの間に、岡藩は既に藩独自の踏絵を作製していたのであり、これを用いて絵踏していた。【史料 4】の河野の詰問状では、「於其元写鋳被申候旨、近頃以て難心得候」とあるように、踏絵を写し鋳る行為が咎められているのに対して、それ以前に岡藩が鋳造していたことは問題視されていない。

　この対応の相違は、借用した踏絵が、板踏絵と真鍮踏絵により生じたと考えられる。真鍮踏絵が作製されるのは寛文 9（1669）年であり、岡藩が"踏絵鋳造事件"のきっかけとなった寛文 11 年に借用したのは真鍮踏絵である。すなわち、【史料 5】で示される踏絵の「様体」「様子」が違うとあるのは、板踏絵を模造した岡藩の踏絵と真鍮踏絵の違いからであろう。そこで、以下、板踏絵と真鍮踏絵の相違について検討していく。

　板踏絵は、木板にキリシタンの仏像を嵌め込んだもので、従来の紙踏絵に替わるものとして使用されていた。使用された仏像とは、キリシタンたちが信仰していた銅牌（銅製メダイ）であり、長崎奉行所に没収されたものが踏絵に転用されている。聖画などを模写した二次的踏絵よりも、絵踏の質的効果は高かったとされる。真鍮踏絵が完成するまでは、板踏絵が用いられ、キリシタンにとっても心的負担を与えられるものだった[30]。

　板踏絵より強度を求めて作製されたのが真鍮踏絵である。寛文 9（1669）年、鋳物師の萩原祐佐が、長崎奉行所から参考となるキリシタンの聖像画を渡されて製造した。真鍮踏絵はキリシタンたちの信心具ではないため、まさに、絵踏をするためだけの行政道具であった。真鍮踏絵の使用は、結果的にキリシタンの心的負担が減少することにつながったのである[31]。

　岡藩が万治 3 年に借用していたものは板踏絵で、これをもとに独自の踏絵を作製していたのである。この時、長崎では真鍮踏絵ができておらず、長崎奉行所の取り締まりの意図もキリシタンの内面的な穿鑿（キリシタン捜索＝刑事手続）にあった。そのため、岡藩が独自の板踏絵を鋳写して作製し、キリシタンの検

挙にあたることは、その意図に合致するところであり、長崎奉行所から咎められることはなかったのである。また、板踏絵は、キリシタンの信心具であったため、長崎奉行所もキリシタン捜索という刑事的観点に立っていたことも大きかったといえよう。

　事件が落着すると、岡藩では領内にあった板踏絵を回収するという措置がとられた。その様子がわかる史料に、『続豊後切支丹史料』に収録された、「岡藩役人日記」がある。

【史料6】[32]

　　一板ニ書申候切支丹之踏絵、先年ゟ在々千石庄や手前ニ壱枚ツ、渡置、毎月百姓共ニ踏せ申候、然共、向後ハ不入義ニ奉存候、万一板ニ書申候仏之事、御政所御さつと被成候ヘ　ハ如何ニ御座候間、悉奉行共手前ニ取集候て、箱ニ入御城之御倉ニ納置、可然奉存候、右之両條、是又今朝両人を以達　御耳申、則、奉行共義来月早々在々へ罷出候様ニと申渡、幷在々ニ有之候板ニ書申踏絵取集、箱ニ入御倉ニ納候へと申渡候、

　これは、寛文12（1672）年正月28日に、岡藩家老の中川助之進・中川藤兵衛・中川平右衛門が書いたもので、『大分県の切支丹史料』に所収される同日に出された御触と内容がほとんど一致するため、同じものと考えられる[33]。

【史料6】は、踏絵鋳造事件が起きて間もない時期に出された御触であり、事件後の踏絵に関する藩の対応が読み取れる。板に書いた「切支丹之踏絵」について、以前から領内の千石庄屋、家老に1枚ずつ渡し、毎月百姓たちに踏ませていたと記されている。この板に書いた「切支丹之踏絵」が、長崎奉行所から"踏絵鋳造事件"前に借りて模写したものである。これが、長崎奉行所から察知されるとどうなるかわからないと危惧し、板踏絵は全て回収して箱に入れ、城内の倉に納めるようにと指示されている。そして奉行たちは朝早々に、在中を巡回し、ここにあった板踏絵を集め、倉に納めるよう申渡され、その任にあたっていることがわかる。これまで行なわれていた板踏絵による絵踏を中断し、そして板踏絵を回収するなど、"踏絵鋳造事件"が藩の絵踏に与えた影響は大きかった。また、以前は在々の千石庄屋に1枚ずつ渡して、毎月百姓に踏ませていたとある。千石庄屋とは、村ごとに任命される小庄屋の上位組織であり、この頃には組を支配領域としていた役人である。寛文期には、その組が69組あったといわれており[34]、正確な数字は定かではないが、藩内には板踏

絵が数十枚あったと思われる。

　以上のことから、この時回収した板踏絵は、長崎奉行所から借用した板踏絵をもとに作製したものであるとわかる。そこには板踏絵を増産し、絵踏を励行するという岡藩の姿勢があった。岡藩は、長崎奉行所よりも早く、行政的道具としての“踏絵”を作り出しており、これによる禁教徹底を図っていたのである。つまり、岡藩では、踏絵の質にこだわらず、禁教政策を効率よく展開しようとしていたといえる。岡藩は老中の許可なく踏絵を鋳造したとして咎められたのは真鍮踏絵だったためで、板踏絵は処分の対象にはならなかった。しかし、遡及的に問題視されることを懸念し行政的判断で、板踏絵を模造した踏絵も回収したのである。

　しかし、“踏絵鋳造事件”によって、板踏絵は今後使用せず、借用した真鍮踏絵２枚で絵踏を行なうことになったため、絵踏の効率は格段に悪化することになる。これは、長崎奉行河野権右衛門が、踏絵の貸与を介した九州諸大名との秩序を確立しようとしたことが大きい。長崎でのキリシタン検挙が下火になったことが、九州全域への支配体制の構築へと目が向けられたのである。ここからも、長崎奉行所は事件を通して、絵踏による内面的な穿鑿、キリシタンの刑事手続きの強化を求めたのではないことが窺える。

おわりに

　“踏絵鋳造事件”から読み取れることは、次の２点である。１点目は、老中の下で長崎奉行所が踏絵鋳造の権限を掌握し、その踏絵借用を各藩に強制しているということである。２点目は、板踏絵による絵踏と、真鍮踏絵による絵踏に対する、長崎奉行所の考え方の違いが現れていることである。長崎で真鍮踏絵が作られたことにより、絵踏がキリシタンの検挙ではなく、キリシタンではないことを確認する手段に変容したため、藩で独自に踏絵を鋳造することを認めない姿勢につながった。長崎奉行所が踏絵を所持するのも老中から許可を得ていると述べているのは、そのあらわれで、踏絵の貸与を通じた幕藩体制秩序を築こうとしていたのである。つまり、政治力学の土壌で、踏絵を取り扱っていたといえる。

　しかし、板踏絵の使用が、藩にとっては必ずしも内面的な穿鑿に繋がった

わけではない。岡藩は万治3（1660）年から寛文11（1671）年の間に、長崎奉行所から借用した板踏絵をもとに作製した藩独自の踏絵を所持していたのであるが、ここに岡藩の踏絵に対する姿勢が見て取れる。それは、藩作製の板踏絵は、長崎奉行所の板踏絵を鋳写しているため、すでに信心具からの転用ではなくなっている。すなわち、藩では板踏絵を用いていた頃から、内面的な穿鑿に重点を置くというよりも、表面的な行政手続として絵踏を実施していたのである。これは、長崎奉行所よりも先駆的な動きとして評価でき、岡藩は効率性を図っていたのである。

　踏絵借用から事件に至るまでに、藩と長崎奉行所の考え方に齟齬はあっても、長崎奉行所は事件を通して、岡藩の絵踏を制度化させた。岡藩としても、以前作製した板踏絵を破棄し、長崎奉行所から踏絵を借用することで禁教遵守の証左としたのである[35]。真鍮踏絵の貸与は、キリシタンに対する内面的な穿鑿を主目的に行なわれたのではなく、長崎奉行所による九州支配の一環として機能したのである。禁教政策の遵守を求める一方で、双方で政治的駆け引きが繰り広げられていたのであった。

［註］
（1）片岡弥吉『踏絵－禁教の歴史』（NHKブックス、日本出版協会、1969年）、『片岡弥吉全集2　踏絵・かくれキリシタン』（智書房、2014年）18頁。
（2）安高啓明『踏絵を踏んだキリシタン』（吉川弘文館、2018年）255〜256頁。
（3）村井早苗「豊後における絵踏制の展開」（『史苑』35-2、1975年）41頁。
（4）賀川光夫監修『竹田市史』中巻（竹田市史刊行会、1987年）92頁。
（5）村井早苗「豊後における絵踏制の展開」前掲書、38頁。
（6）姉崎正治『切支丹宗門の迫害と潜伏』（国書刊行会、1926年）269〜271頁。
（7）片岡弥吉『片岡弥吉全集2　踏絵・かくれキリシタン』前掲書、46頁。
（8）村井早苗「豊後における絵踏制の展開」前掲書、35頁。
（9）姉崎正治『切支丹宗門の迫害と潜伏』前掲書、269〜271頁。
（10）清水紘一「宗門改役の成立と変遷」（清水紘一編『江戸幕府と長崎政事』岩田書院、2019年）236〜237頁。
（11）村井早苗『幕藩制成立とキリシタン禁制』（文献出版、1987年）71〜73頁。
（12）竹田市教育委員会編『中川氏御年譜』（竹田市、2007年）176〜177頁。
（13）竹田市教育委員会編『中川氏御年譜附録・別録』（竹田市、2007年）154頁。
（14）竹田市教育委員会編『中川氏御年譜』前掲書、解題。
（15）竹田市教育委員会編『中川氏御年譜』前掲書、解題。
（16）竹田市教育委員会編『中川氏御年譜附録・別録』前掲書、154頁。

（17）安高啓明『踏絵を踏んだキリシタン』前掲書、257 頁。

（18）竹田市教育委員会編『中川氏御年譜』前掲書、178 頁。

（19）竹田市教育委員会編『中川氏御年譜附録・別録』前掲書、154〜155 頁。

（20）北村清士『大分県の切支丹史料』（私家版、1960 年）58〜60 頁。

（21）北村清士『大分県の切支丹史料』前掲書、71〜72 頁。

（22）竹田市教育委員会編『中川氏御年譜附録・別録』前掲書、163 頁。

（23）北村清士『大分県の切支丹史料』前掲書、75〜76 頁。

（24）北村清士『大分県の切支丹史料』前掲書、79 頁。

（25）北村清士『大分県の切支丹史料』前掲書、80〜81 頁。

（26）安高啓明『踏絵を踏んだキリシタン』前掲書、166〜167 頁。

（27）北村清士『大分県の切支丹史料』前掲書、84〜86 頁。

（28）安高啓明『踏絵を踏んだキリシタン』前掲書、167 頁。

（29）北村清士『キリシタン奇跡』（1978 年）305 頁。

（30）安高啓明『踏絵を踏んだキリシタン』前掲書、81〜82 頁。

（31）安高啓明『踏絵を踏んだキリシタン』前掲書、82〜83 頁。

（32）松井洋子・佐藤孝之・松澤克行編『甦る「豊後切支丹史料」―バチカン図書館
所蔵マレガ氏収集文書より』（勉誠出版、2020 年）479〜480 頁。

（33）北村清士『大分県の切支丹史料』前掲書、89 頁。

（34）『大分県史　近世篇 I』（大分県、1990 年）468〜469 頁。

（35）安高啓明『踏絵を踏んだキリシタン』前掲書、257 頁。

長崎くんちの天草への伝播

安 高 啓 明

　長崎くんちは、寛永 11（1634）年に長崎の氏神である諏訪神社に 2 人の遊女が謡曲「小舞」を奉納したことが起源である。この頃、幕府は禁教政策を強化し、「鎖国」状態を形成していた過渡期である。まさに、幕府の禁教政策を象徴するかのような祭礼がここに始まったといえるのである。

　長崎の町は、江戸時代中期には 77 町（惣町と呼ぶ）となり、これに寄合町・丸山町、そして出島町を加え、80 町があった。遊女町の丸山・寄合両町を毎年、くんちに参加させていたのは、外国人を接遇していたためである。つまり、キリスト教との接触を忌避し、神事を通じて、非キリシタンの確認をしたのである。

　重陽の節句である 9 月 9 日にくんちは催されるが、数年に 1 度の順番で担当する町（踊町）が回ってきて、各町は独自の踊りや演示物を奉納した（現在は 7 年に 1 度）。くんちの時の長崎市中は繁華を極め、大波戸に設けられた御旅所には、オランダ商館長や唐人たちも見物を許されている。鎖国体制で厳しい管理下に置かれたオランダ・中国にとっても、この日は特別だったのである。

　くんちの演示物は、日本国内、ひいては中国文化の影響を受けている。今日でも奉納されるものでみれば、"龍踊"は唐人屋敷で催されていたものだが、ここに程近い籠町で享保年間に取り入れられている。"鯨の潮吹き"は、万屋町が安永 7（1778）年に奉納したもので、唐津の呼子から伝わったものとされている。また、コッコデショと呼ばれる、いわゆる太鼓山は、寛政 11（1799）年に樺島町が奉納したものであるが、これは、長崎に訪れた堺の商人が伝えたものという。このように、各地の文化を取り入れながら神事として成立し、今日にも継承される祭礼といえよう。

　くんちは単なる民俗祭礼ではなく、行政的要素を含んだものでもあった。長崎奉行がくんちを奨励していたのもそのためで、奉納にあたって長崎奉行所の意向が働いていた。例えば、嘉永 6（1853）年にはロシア使節プチャーチン

が来崎したことにより、日程を11月1日に変更している。これは、神事かつ民俗祭礼というよりも、行政的事情が優先されていたことを示す。また、くんちへの参加の意義には、非キリシタンの証明、かつ「神威」による排キリシタンがあった。遊女町である丸山町・寄合町が、毎年、奉納踊をしていることは、そのためである。「宗教」には「宗教」で対峙させるという、幕府が確立した寺請制度に通底する原理がここにもみられる。かつてキリシタンが多かった長崎では、祭礼にも禁教の要素が包含されていたのである。そのため、延期してまでも、執り行なわれているのである。

　くんちで奉納されていた文化は、各地にも伝播している。八代妙見祭（熊本県八代市）で奉納される獅子は、元禄4（1691）年頃に井櫻屋勘七が長崎で習い伝えたものである。中国風の衣装で、ラッパや太鼓などの楽器を奏でるなかで奉納される獅子踊は、オリジナリティがみられる一方で、くんちの奉納踊と共通するところが多い。また、文化11（1814）年には天草でも八幡宮の春季例祭でくんちの影響を確認することができる。天草郡高浜村庄屋の上田宜珍が記した『日記』の2月14日の項目には次の記載がみられる。

　　　一八幡宮御神幸村中御廻リ、去冬長崎行立願ニ付、今日通シ物左之通出ル
　　　一太鞁打四人、台かき拾八人、踊廿四孝孟宗段　　　中向
　　　一パイロン船壱艘　踊猿回し　　　　　　　　　　宮前
　　　一大黒天　踊ヤスナ　　　　　　　　　　　　　　元向
　　　一猩々　　　　　　　　　　　　　　　　　　　　松下
　　　一大蛇　　　　　　　　　　　　　　　　　　　　白木下
　　　一鯨　　　　　　　　　　　　　　　　　　　　　諏訪
　　　一パイロン舟壱艘　　　　　　　　　　　　　　　内野
　　　一鏡餅　　　　　　　　　　　　　　　　　　　　峯
　　　　右之通願成就共首尾能相済

　これは、八幡宮の御神幸で催された「通シ物」であり、去年の冬に長崎へ行って立願した影響を受けて奉納されている。例えば、「太鞁打四人、台かき拾八人」とは、長崎のコッコデショで、太鼓打の4人を乗せて台昇きが18人いたことがわかる。「猩々」は中国古典に出てくる架空の動物であるが、能の演目（切能）としても知られる。「大蛇」は龍踊、「鯨」は「鯨の潮吹き」を指していると思われ、それぞれが長崎くんちでの演示物と一致する。また、「パイロン」

図1　高浜八幡宮鳥居　　　　　　　　図2　高浜八幡宮内

とはペーロン（競船）のことで、長崎で17世紀中期にはみられる年中行事である。中国人から伝えられたもので、端午の節句に行なわれている。長崎の年中行事が天草にも伝わり、八幡宮の祭礼で奉納されていたのである。

　この「通シ物」は年によって異なっていたと考えられ、文化11年の奉納踊はその年のオリジナルだった。文化13（1816）年2月14日は、中向・宮前が一緒に、そして峯・松下が「俄踊」（即興芝居）を奉納している。同14（1817）年の八幡宮御神幸は、雨天によって17日に順延されているが、この時、内野は釣人形、白木は道中馬を奉納している。同15（1818）年も雨天により2月15日に八幡宮御神幸が行なわれた。この時、峯が大黒恵美須、松下は歌舞伎演目でもある「梅川忠兵衛」、白木が「山伏」を「通シ物」として奉納した。

　こうしたことから、文化11（1814）年の八幡宮の祭礼では、前年に長崎へ行って立願した際の影響を受けて奉納されていたことがわかる。なお、八幡宮で催された「通シ物」は、春季祈祷として神事奉納されており、長崎でみられた行政的祭礼（排キリシタン）の要素はみられない。純然たる神事かつ民俗祭礼として天草に伝わっていたのである。長崎奉行の政治的思惑とは一線を画した、当時の民衆の気質が長崎と天草の間で伝播したのである。同じ幕領である長崎に対して、天草島民が抱いていた意識さえも感じさせる文化の伝播があったといえよう。

［参考文献］
『長崎市史』風俗編（長崎市役所、1922年）
安高啓明『踏絵を踏んだキリシタン』（吉川弘文館、2018年）

第 2 章

享保期における島原藩の漂着船対応
——第1次島原藩預り時代を中心に——

丸 木 春 香

はじめに

　近世日本の「鎖国」政策は、寛永 10（1633）年から寛永 16（1639）年にかけて 5 段階で出された鎖国令によって完成した。寛永 10 年から寛永 13（1636）年までの鎖国令は長崎奉行への下知状であり、全国に発出されたものではなかった。鎖国令の契機となったのは島原天草一揆であり、これまで、ポルトガル人を出島に軟禁することでキリスト教の布教が抑えられると考えられていた。幕府は、オランダ人たちが、ポルトガルがもたらす交易品を準備することが可能と判断すると、キリシタンの流入を防ぐため、ポルトガル人を追放し、貿易相手をオランダ人としたのである[(1)]。オランダ人は平戸から長崎出島に移り、長崎は正式な国交を持たない通商国オランダと中国の貿易窓口となった。

　「鎖国」政策が実行されるなかで、交易は長崎、薩摩、松前、対馬の 4 つの「口」に限られて行なわれていた[(2)]。そのような状況下において、これら「四口」以外で人々が異国・異域と接する数少ない機会が異国船の漂着である。それは、幕府の貿易統制からはずれた非日常の事態であり、その対応は村から藩、ひいては幕府まで貫く問題として波及する。つまり、異国との接触は、キリスト教流入の可能性をも内包していたのである。

　年間来航数の少ないオランダ船に比べ、唐船は密貿易も含めその数は多く、漂着船として沿岸部に出現する可能性も高かった。享保期においては多発する密貿易に対し、唐船打ち払いという強硬手段も取られていた。享保期の漂着船対応は、国内が安定した状況にあるなかで、とりわけ緊張感をもって対応されていたものと考えられる。密貿易船が多い北部九州地域で打ち払いが行なわれると、島原藩では使者を派遣し情報収集を図っており、非常事態に備えていた[(3)]。

天草地域は、島原天草一揆の舞台でもあり、薩摩藩や長崎をはじめ各地の海運が盛んな地域である。東シナ海にも面し、唐船が漂着する事例も多い。島原天草一揆後、一時大名領となるが近世を通して長く幕領として統治されている。その支配には長崎代官や日田代官が兼務する場合、そして島原藩が預所とする時代があるなど複雑に交錯する[4]。今回取り上げる享保期においては、享保5（1720）年から明和5（1768）年まで島原藩の預りとなっており、その後の天明3（1783）年からの預所となった時代と区別して第1次島原藩預りとする[5]。本稿では、天草・長崎・薩摩を射程にして、島原藩側の史料を中心に漂着船対応を紐解いていきたい。

1　島原藩政機構と天草富岡詰の体制

島原藩の藩政機構

　ここでは主に前期松平氏が藩主を勤めていた時期の藩政機構を明らかにしたい。松平氏の藩政史料については、1度の転封を挟むためか、散逸してしまっている。そのため、ここでは主に後期松平氏時代の史料を参考にしつつ、享保年間における藩政機構をみていくことにする。

　島原藩の職制は、寛政4（1792）年の島原大変以後に整備された官制と部局の存在が示され[6]、また文化2（1805）年「藩中人数割」からわかる役職間での関係性と定員が明らかにされている[7]。

　左の図は上述の成果に基づき、主要な役職を取り出した関係図である。

　島原藩政の中枢に大老と中老が位置付けられており、「老席中」や「老共」とも称されている。大老は藩の筆頭家老であり、板倉八右衛門と松平勘解由の両家が置かれていた。その石高も高く、文化期において板

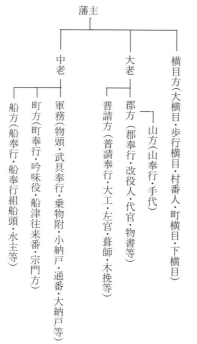

図1　島原藩主要役職図

倉八右衛門は約 1,704 石 4 斗 3 升、松平勘解由は 1,300 石で、島原藩の家臣団中では群を抜いた石高であった[8]。大老として家督を継ぐまでは、老席見習として出仕し、そこから老連判役を務めていたようである[9]。大老の支配下には郡奉行と普請奉行がおかれている。なお、島原藩においては郡奉行を郡方勘定奉行と称する場合もある[10]。

　同じく老席中である中老は老連判役とも称され、石高は 200～300 石程度である[11]。家で役職が固定されているわけではなく、功績が認められ老連判役となる場合もあった。例えば、種村新五兵衛尚勝は享保 7 (1722) 年に郡奉行となると、享保 17 (1732) 年の虫害の際に、領内において餓死者を出さなかったとして、褒美に白銀五枚が与えられるなどの功績をあげ、翌 18 年には中老となっている[12]。また、先述の大老となる前に中老の役職を務めるといった場合もあり、中老の支配下には軍務、町方、船方などが置かれている。

　以上のような島原藩政機構は、寛文 9 (1669) 年に松平忠房が島原藩へ入封した際に整備されたが、その後、改廃されていった。そして、寛政 4 (1792) 年に発生した島原大変肥後迷惑を転機とし、災害復興と相まって官制が整備されたのである[13]。

　よって、島原大変前にあたる享保期は藩政機構にとって過渡期にある。そのため、文化期と異なっている役職も存在し、長崎聞役（聞継）もそのひとつである。文化 2 (1805) 年では、聞役は 2 名置かれているが、享保期においては 1 名のみである[14]。そして、中老の定員は、10 名とされているが[15]、享保期においてはそれより少なく、時期によって前後するものの 5、6 名程にすぎなかった。

　藩政の中枢については以上の通りであるが、次に村方の機構を見ていきたい。まず、島原藩内の村数は

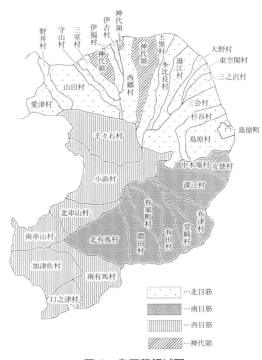

図 2　島原藩領域図

前期松平氏が入封する以前は 28 ヶ村と長崎近郊の茂木村・樺島村などの 4 ヶ村であった[16]。その後、松平氏が入封すると 4 ヶ村は幕領となり、島原半島内の村は 33 ヶ村に分けられた。また、豊後・豊前の 2 万 7,590 石が島原藩領となる[17]。寛文・延宝期においては島原半島内を島原筋・愛津筋・口之津筋・有馬筋・安徳筋の五筋に分け、代官を 2～3 名置いたが、宝永期に北目筋・南目筋・西目筋の三筋となった[18]。その領域は図 2 の通りである。

　これらの村ごとに村番人と庄屋、名ごとに乙名を置いた。村番人の起源は明らかではないが大横目の支配下に属し[19]、在地から召し抱えられている「陸士格」の者であった[20]。村番人は全ての村に存在するわけではなく、守山村・有家町村・中木場村には置かれていない[21]。

　村番人の職務については、天明 3（1783）年 4 月に書き写された「村々番人江渡定書」が雲仙市国見町の庄屋宅に残されており、ここから伺うことができる[22]。

【史料 1】

　　　　　　定書

　一番所無懈怠相守、支配之村々心掛、浦々昼夜見廻見分油断仕間鋪事

　一海上遠見或異国船或不審成船相見候者、早々注進可申事

　　附、異国船漂着何之浦、沖に碇おろし候共、遠見ヲ付置、嶋原江注進可申、浦近ク碇おろし候ハ者、番船見合出可申、但潮時次第早速出船申候ハ、、此方ゟ番船出に不及候事（後略）

【史料 1】の定書の末尾には「未七月」とあり差出は書いていないが、未年であることから、安永 4（1775）年の松平氏が島原藩へ再び転封してきた際に出された職務規定であると推察される。定書には村番人の職務が記されており、最初の条目では番所の警備、支配の村を心がけること、浦々を昼夜見分することが挙げられており、2 条目では海上を見張ることなどの異国船への対策が明記されている。村番人の職務で重要なのが海上の監視であり、遠見番所の番人も兼ねていたと考えられる。

天草富岡詰の体制

　唐船漂着が多く発生した預所天草について、現地はどのような支配構造だったのか、預所となる際の史料を用いて述べる。

元禄期に預所は代官支配に移行するも、幕領支配の複雑化による代官支配の難しさ、代官の質の低下を招いた。これに対し享保期において預所の復活、代官制度の改革が行なわれたとされている[23]。天草の預所は、長崎警備の早船を確保するため、郡中の砥岐組を島原藩が預かったことに始まるとしている[24]。これらの研究では、その引き継ぎや支配形態について詳しい言及はなされていない。そこで、預所を受け取る過程から島原藩による預所支配の実態についてみていきたい。

　最初に預所を申し渡されたのは、享保5（1720）年の6月13日である。他国の諸大名とともに肥後・肥前国のうち2万4,000石を預ける旨が申し渡された[25]。以下、島原藩の預所支配が形成される過程を紹介する[26]。

【史料2】（享保五年七月五日）

（前略）

　　右御飛脚ニ申来候ハ、御預り地肥後肥前之内御預り地弐万四千石余被　仰
　　付候、去月十五日水野和泉守様御月番ニ而、彼御宅ニ而御直ニ被仰渡候
　　ハ、御自分御仕置能候処、今度御預り地被仰下候、不可然儀ハ、御直し被
　　成被仰付候様ニ被仰候

【史料2】により、島原藩に預所を仰せ付けられたことが伝えられていることがわかる。6月13日に幕府からの発表があり、15日に老中である水野忠之[27]の屋敷において直接預所を仰せ渡されたのである。「御自分仕置能候処」とあり、島原藩の治世を認められた預所であったことがわかる。また、「不可然儀」については直すようにとされた。そして7月7日に江戸城で公式に伝えられることになる[28]。

　この預所の知らせを受けて、島原藩の家臣団や近隣の諸大名、村方より祝儀が届けられている[29]。熊本藩からは祝儀とともに別紙で「天草之内越中様ゟ人数差遣被置候ニ付、追々取やり申儀も可有之由申来候」と伝えられている[30]。このとき、天草は日田代官の預所となっており[31]、熊本藩は警備のために在番する者を派遣していた。島原藩が預かるにあたり、在番人を引き取る旨が、7月26日に江戸において水野忠之より仰せ渡されたことが島原藩へも伝えられている[32]。

　島原藩は、8月18日に天草へ検見のため郡奉行を派遣した[33]。その後、9月11日に天草の引き取りを行なうことを決定し、熊本藩へも伝えられている[34]。

預所の引き取りを行なう役人は次の【史料3】の通りである[35]。

【史料3】（享保五年九月十日）

　　一御預地請取ニ参候者、郡奉行團竹右衛門種村新五兵衛、大横目渡辺孫兵衛、郡方改役人尾崎覚兵衛森本作平、歩行横目山田仲左衛門、○荒木武^{代官}右衛門尾崎徳右衛門山本用左衛門、山奉行松尾慶右衛門、物書近藤才右衛門山田傳右衛門高橋只介、町廻り足軽弐人、代官手代弐人、夫丸四人、右之人数今晩船ニ乗組、明十一日彼地参請取候事

　　一天草富岡ニ相詰候役人、改役尾崎覚兵衛、改仮役荒木武右衛門、代官尾崎徳右衛門本多忠兵衛、山奉行蔵方共松尾慶右衛門、物書蔵方共ニ山田傳右衛門、代官手代弐人、夫丸四人、山田仲左衛門、富岡町廻り足軽弐人

　　一茂木村ニ可遣置役人、改役松井万右衛門、代官高橋只右衛門、代官手代壱人、夫丸夫丸弐人（ママ）、右之通申付候

【史料3】の一条目により、天草と肥前国の預地へ派遣された役人の陣容がわかる。郡奉行2名・大横目1名・郡方改役人2名・歩行横目1名・代官3名・山奉行1名・物書3名・代官手代2名・夫丸4人・町廻り足軽2名が派遣されている。10日晩に乗船し、11日に天草へ到着する手筈が整えられている。

　2条目と3条目では、天草の富岡と茂木村へ詰める人員が定められている。預所の引き取りに参加した役人が、そのまま天草富岡と茂木村へ居残る様子がうかがえる。また、役職が変更されている場合も確認できる。たとえば、荒木武右衛門は代官であったが、天草富岡詰となるため、「改仮役」となっている。また、山奉行であった松尾慶右衛門や物書の山田傳右衛門は蔵方との兼任となった。富岡詰と茂木村の人員配置人数は次の表1の通りである[36]。

　これらの人員が配置され、預所

預地	役職名	人数	備　考
富岡町	改役（改仮役）	2	
	代官	2	
	山奉行	1	蔵方兼任
	物書	1	蔵方兼任
	代官手代	2	
	夫丸	4	
	（歩行横目）	1	「山田仲左衛門」のみ記載されているため、（ ）内は受け取り派遣時の役職
	町廻り足軽	2	
	陣屋門番	2	1ヶ月ごとに交代
合計		17	
茂木村	改役	1	
	代官	1	
	代官手代	1	
	夫丸	2	
合計		5	

表1　天草富岡町・茂木村人員配置表

支配にあたっていたことがわかる。高来郡・彼杵郡の預所に派遣された役人は茂木村に配置された。詳細は後述するが、唐船漂着の際に警固役人として長崎へ挽き送りを行なうのは、この2か所に配置されている改役の役人である。

次に預所の受け渡しの過程を見ていきたい[37]。

【史料4】（享保五年九月一七日）

　　一天草御預り所諸帳面去ル十一日請取、十二日十三日手代中面談口上ニて承儀共郡奉行承、十四日細川越中守様在番人、江戸御留守居成田伊右衛門申談渡辺孫兵衛請取、同十五日長崎十善寺陣屋ニて郡奉行孫兵衛、彼地手代山路幸介方ゟ肥前七ヶ村之帳面請取、十六日口上ニて承候儀共承、昨十六日晩へ右之趣共申越候ニ付、江戸御注進申上候、惣日指十一二日振申付差上候

天草と肥前国高来郡・彼杵郡の預所は11日から14日、肥前国については15日と16日で帳面等の受け渡しが行なわれている。熊本藩の在番人の引き継ぎには、熊本藩の江戸留守居役である成田伊右衛門が天草に赴いており[38]、大横目である渡辺孫兵衛と対談した。これは、江戸において水野忠之より在番人を引き取るようにという旨を伝えられたため、江戸留守居が引き渡しの役を任されたのではないだろうか。

天草での預所の受け渡しが済むと、郡奉行と大横目は長崎へ渡り、「十善寺陣屋」において「肥前七ヶ村」の帳面を受け取った。この旨は江戸へも注進されている。ここで、高来郡2,000石・彼杵郡600石とされてきたが、具体的には7ヶ村を預けられていたことがわかる。ここには島原藩の役人が置かれた茂木村、そして、後述する唐船漂着件数を示した表中にある樺島村・野母村・日見村が含まれている。これらの預所支配の中心は、茂木村に置かれていたのである。

預所の受け取りが完了すると、長崎奉行へも報告がなされた[39]。そして、島原藩の預所支配は、明和5（1768）年まで継続される。天草、そして肥前七ヶ村の預所支配体制をふまえ、預所における唐船漂着対応を見ていきたい。

2　享保期の天草の漂着船の状況

島原藩の領地は肥前国高来郡（神代鍋島領を除く）と、享保5（1720）年からは

番号	年	漂着日	長崎到着	漂着地	内　容	信牌	備　考
1	享保2年	06月17日			(加津佐村より留岡より七里沖に唐船が見えたがそののちに椛島沖へ向かったとの注進があった。)	不明	椛嶋は長崎代官支配。
2	享保3年	07月01日			(六月晦日朝より口之津村沖に唐船が見えた。その後天草へ向かう。)	不明	
3	享保5年	11月21日	12月01日	天草富岡	(富岡へ漂着し長崎へ引き送る。)	不明	享保5年9月より預地。
4	享保6年	05月18日		天草郡高浜村	(天草郡高浜村へ唐船が漂着。)	不明	
5	享保7年～8年	12月23日	01月07日	椛嶋村	(椛島村へ漂着した唐船を天気により野母村に寄港しつつ長崎へ引き送った。)	不明	享保7年12月の日記は現存せず。
6	享保8年	10月05日	10月17日	天草郡崎津村	(天草郡崎津へ唐船が漂着。悪天候のため椛島に寄港しつつ長崎へ引き送り。)	○	日付は日記に記載されたときのもの。
7	享保8年	12月02日	12月06日	薩摩	(薩摩に漂着し長崎へ引き送られる唐船が魚貫浦へ繋留したことを長崎へ注進し、6日に其の返書が到着した。)	不明	
8	享保8年	12月05日		肥前河原村	(台湾の厦門を出航した唐船が漂流。)	○	河原村は預地。
9	享保9年	10月08日		天草崎津村	(帰帆船で3日に長崎を出帆したが七日に崎津に漂着した。)	○	帰帆船により信牌所持と判断。
10	享保9年	12月25日		薩摩	(天草牛深に薩摩が回送する唐船が入港。)	不明	
11	享保10年	01月04日	01月12日	薩摩	(薩摩よりの唐船の援け送りであるが、病人が一人出た。)	不明	
12	享保10年	05月21日	06月02日	天草崎津村	(長崎を出帆した船が漂着。第二番の船である。長崎へ回送する。)	○	帰帆船により信牌を持っていると判断。
13	享保10年	06月12日		薩摩	(薩摩藩へ漂着した唐船の引き送りが牛深村へ寄港し、椛島へ向かう。)	不明	
14	享保10年	11月18日		薩摩阿久根村	(薩摩藩阿久根村へ漂着した唐船を長崎へ援け送る際に牛深村に寄港した。)	不明	
15	享保11年	02月03日		薩摩	(薩摩藩が長崎へ回送する唐船が崎津へ入港。)	不明	
16	享保11年	03月16日	03月20日	薩摩	(薩摩藩が引き送る唐船が牛深串村港を出船したが、風が強く崎津へ繋留し、出帆した。)	不明	
17	享保11年	06月06日		天草崎津村	(信牌所持の南京船が天草崎津へ漂着。長崎へ急いで出船したいというので富岡役人と遠見番人で長崎へ援け送った。)	○	6月18日に受け渡し證文のうつしが島原へ送られてくる。
18	享保11年	07月08日	07月14日	野母村	(野母村沖へ唐船が漂流していたが、風が和らぐと漕ぎだし、その後椛島へ引き入れられた。)	不明	
19	享保11年	09月28日	10月10日	天草牛深村	(天草牛深村へ唐船が漂着、雨天で崎津へ入港する。)	不明	
20	享保11年	10月08日	10月23日	薩摩	(薩摩へ漂着した唐船を長崎へ引き送る際に牛深へ寄港。)	不明	
21	享保12年	7月?日	07月17日	天草崎津村	(崎津へ漂着した唐船を長崎へ送った。この際天草詰の役人は本藩へ帰る筈であったが警固のために二人残り、長崎へ送ったあと帰ってきている。)	不明	
22	享保12年	09月04日		天草牛深村	(天草牛深村へ唐船が漂着。)	○	
23	享保16年	01月09日	01月16日	口之津村	(唐船が口之津村へ漂着した。質唐人のうち病人が出る。)	不明	三月五日に長崎へ送った書状について一通りのことであるので返事をしなかったということ。
24	享保16年	02月13日		薩摩	(薩摩へ漂着した唐船を軍浦から椛島へ援け送った。)	不明	
25	享保16年	02月15日		日見村	(唐船が日見村へ漂着。もとは加津佐沖を漂っていたもの。)	不明	
26	享保16年	03月22日	04月04日	肥前川原村	(肥前川原村沖へ寧波を出船した唐船が漂着し茂串へ繋留。)	○	
27	享保16年	4月4日※		薩摩	(薩摩へ漂着した唐船が崎津へ繋留しその後野母村へ向い、その後長崎へ出帆した。)	不明	
28	享保16年	06月18日	06月19日	野母村	(唐船が野母村沖へ漂着し19日に茂木村を通り長崎へ乗り入れた。強風を野母村沖で碇を入れしのいでいた。)	不明	この漂着船の条文の肩書に「一番」「二番」「三番」とあり。
29	享保16年	11月22日	01月22日	薩摩	(薩摩が援け送る唐船が天草牛深村へ繋留、崎津などを経由し長崎へ送り届けた。)	不明	この漂着船の条文の肩書に「一番」「二番」「三番」とあり。
30	享保17年	02月04日	02月08日	薩摩→魚貫町→野母	(長崎からの帰帆する南京船であり、長崎を出帆後薩摩へ漂着し出帆したあと強風により天草魚貫町へ漂着し出帆したが野母沖へ漂着した。)	○	帰帆船により信牌所持と判断。
31	享保17年	02月11日	02月22日	富岡	(長崎へ行く寧波船が漂着。薪の補給を要求した。)	不明	
32	享保17年	10月24日	11月14日	天草崎津村	(広東出船の唐船が漂着し、富岡と樺島に寄港しながら長崎へ引き送った。)	○	
33	享保19年	01月18日		野母村	(帰帆船が漂着し出帆するよう命じた。)	不明	
34	享保19年	03月03日	03月16日	薩摩	(牛深黒嶋へ薩摩が援け送る唐船が入港。)	不明	
35	享保19年	05月12日	05月20日	天草牛深村	(厦門を出航した唐船が牛深へ漂着し椛島を経由し長崎へ送る。)	不明	
36	享保19年	12月05日	12月09日	野母村	(野母村へ唐船が漂着し長崎へ送り届けた。)	不明	
37	享保20年	01月15日	01月17日	椛島村	(唐船が漂着し長崎へ届けた。椛島に滞船中薪を求めた。)	不明	
38	享保20年	3月晦日	閏3月4日	野母村	(唐船が一艘漂着し、椛島を経由し長崎へ送り届けた。)	不明	
39	享保20年	11月08日	11月11日	野母村	(唐船が野母村高浜へ漂着し長崎へ送り届けた。)	不明	
40	享保20年	12月27日	12月29日	肥前高浜村	(高浜村へ唐船が漂着し長崎へ送り届けた。)	不明	

表2 「日記」にみる船漂着件数一覧

天草と肥前国高来郡 2,000 石と彼杵郡 600 石を預所としている[40]。島原藩内における唐船漂着の事例は島原半島への漂着ではなく、外海に面した天草や長崎港に近い預所である野母村や樺島村などに集中している。また、天草の外海に面した﨑津や牛深、長崎港に近い樺島といった地域は、島原藩領内へ漂着する事例だけでなく、薩摩藩領内へ漂着した唐船が長崎へ回送される際の寄港地ともなっている。そこで、表 2 は享保年間における漂着した唐船の件数を「日記」より抽出したものである[41]。

　島原藩への漂着件数は薩摩藩へ漂着した唐船の寄港も含めると 40 件確認される。先述の通り欠けている月や年があるため、この表が全ての件数ではないが、概ねの傾向は把握できる。表中で確認できる島原半島への漂着は 1 件のみであり、天草が預所となる以前に、加津佐・口之津村沖へ唐船が現れたのは 2 件にすぎない（表 1・2）。島原領内に漂着はせず、天草と樺島沖へ向かった記述がある。預所となってからは、23 番目の享保 16 年の事例以外はすべて預所への漂着か、薩摩藩へ漂着した唐船の寄港地となっている事例である。預所へ漂着した事例のうち、14 件が天草、12 件が樺島や野母村方面である。また、11 件が薩摩藩へ漂着した唐船が島原藩内に寄港している。なお、複数の地に漂着したものは 31 番の 1 件のみである。

　これにより、島原藩が対応した漂着船はそのほとんどが預所への漂着だったといえよう。天草のなかでも東シナ海へ面している地域に集中しており、薩摩藩が長崎へ回送する際は、﨑津や牛深といった地域を寄港地にしていたこともわかる。この傾向は、第 2 次島原藩預り時代でもみられ、地理的要因が大きいことはいうまでもない。天草を預所とすることは漂流船対応を帯びることを意味したのである。

3　預所天草の唐船漂着状況の対応と長崎挽送り

預所での唐船漂着対応

　漂着船があった際、どのような手順で対応されていたのかを簡単にまとめたい。天草は薩摩藩と長崎の間に位置し、漂着する船の多くは唐船であった。唐船の対応には現地の村々や富岡詰の役人が行なっていた。唐船の漂着した際の基本的な対応は、『﨑陽群談』に次のように記されている[42]。

【史料5】

　　一唐船何方江成とも漂着之届有之候得者ハ、入津の船ニ而候得者信牌の有
　　　無に無差別、当所江送り越候様にと申遣し候、漂着之所ニ而者質唐人弐
　　　人を日本船に乗せ、警固の侍さし添、棒船を以送届候事
　　　　　　　　　　　　　　　　　　　　　　　　　（挽カ）

　唐船が漂着した際は、入津の船であれば信牌の有無にかかわらず、質唐人2
人を日本船に乗せ、警固役の侍をつけて、曳航して長崎へ送り届けるように定
められている。天草における対応も概ね上記の通りに行なわれていた。なお、
長崎で交易をし、帰路についていた船であれば、食料や水、薪などを与えその
まま出帆させている。

　信牌とは、交易を求め来航数が増加する唐船に対処するため、幕府が発行し
た正式な通航許可書である。この所持の有無によって、漂着船が密貿易船か正
式な貿易船かを見分ける指針のひとつとなっていた。唐船は、長崎へ送り届け
られた後に長崎奉行所にて尋問される。そこで絵踏が行なわれ、漂着の次第が
取り調べられたのである[43]。

　天草では、その地の番人が改めて信牌の確認を行なうことになっていた。こ
れは島原藩の「日記」享保8（1723）年10月5日に唐船が漂着した際の事例を
みると、「天草御料 埼 津江唐船壱艘漂着仕候段、今朝注進申来候、尤信牌持渡
　　　　　　　　（ママ）
り申候事」とあり、天草の﨑津へ唐船が漂着したとの知らせとともに、すでに
信牌の有無が確認されてから本藩に連絡していることがわかる。以下はその翌
日より、﨑津へ漂着した唐船の挽き送りについての記録である[44]。

【史料6】（享保八年）

　（十月六日）

　　一天草御料唐船漂着引送之儀為御届今日長崎へ御飛脚被遣候、石河土佐守
　　　様へ御状箱壱右家老中江老共方ゟ書状箱壱遣候事

　（十月九日）

　　一御預地天草大江村へ漂着之唐船挽送候処、風並悪敷儀﨑津湊へ挽戻り申
　　　候、依之又為御注進長崎石河土佐守様御家来伊埼文右衛門方迄老共進状
　　　ヲ以遣候、昨日土佐守様ゟ被遣候御状御請茂右一所ニ差遣候、尤御用聞
　　　方へ例之通相達候様申遣候

　（十月十三日）

　　一﨑津湊江漂着之唐船、風和キ去ル十一日夜丑ノ刻挽出シ、翌十二日樺嶋

表へ引入申、依之長崎御奉行所家来迄、為注進老共ゟ飛脚差送候事

一天草ゟ挽送唐船、今日辰ノ上刻椛嶋湊挽出し長崎へ引送り、警固高橋久
　米大夫世良惣平ゟ注進、申ノ刻過茂木村参着仕候由、同所役人ゟ注進申
　来候

（十月十四日）

一唐船風悪敷樺嶋表ゟ挽戻り申付、長崎御奉行御家来迄老共連名之書状差
　遣候処、御奉行衆ゟ御答之御状被下候、御用聞方ゟ書状差越候

（十月十七日）

一唐船挽送相済申候、為御挨拶丹波守様へ御状箱被遣候、老共御請遣候、
　尤御用聞方へ例之通相達候処申遣候

　【史料6】によると、唐船を長崎へ送るため島原藩の老役より長崎奉行であ
る石河政郷の家老へ書状が送られていることがわかる[45]。10月9日には、天草
では挽船に着手したが、漂着した唐船を長崎へ挽き送りしようとするも、風波
によって﨑津へ引き返してしまった。その連絡を受けた島原藩は、再度、長崎
奉行へ注進する。家来伊崎へ昨
日石河から送られてきた請状と
一緒に進状した。

　そして4日後には、11日丑の
刻に風が和らいだため﨑津を出
航し、翌12日に樺島に到着し
た。このことを長崎奉行家来ま
で老役から飛脚で注進する。13
日当日の辰の上刻に樺島を出航
したことが、警固役高橋久米大
夫・世良惣平から連絡があり、
その後、茂木村へ到着したと、
茂木村の役人よりその知らせが
入った。翌日、長崎奉行へ家老
連名で書状を送っている。そし
て、10月17日の「丹波守状箱」
により、ようやく長崎への挽

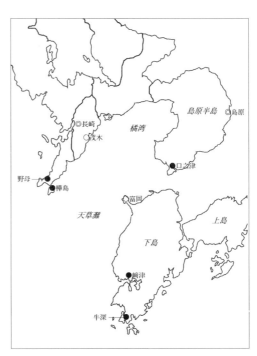

図3　島原・天草関係箇所地図

送りが完了した。漂着の知らせが届いてから長崎送りにするまで、約12日間を要している。

　以上の遣り取りから、﨑津へ漂着した唐船が長崎へ到着するまでを追ってきた。島原領内での唐船漂着と異なるのは、島原本藩の役人が天草には遣わされていないということである。島原領内での漂着には遠見番所から知らせが入ると、複数人の郡奉行配下の役人が派遣されている。【史料6】にある通り、天草は預所として富岡詰役人が本藩の役人の代わりに長崎へ赴くこととなっていたのである。長崎へ到着した警固役人は、唐船の尋問が終わった後、長崎奉行と面会し、問題がなければ帰路についたのである。

薩摩藩漂着唐船の長崎回送と国送り―島原藩を事例にして―

　島原藩の漂着船の対応として、薩摩藩の漂着船を長崎へ回送する時に島原藩領内へ寄港するため、それを長崎に曳航する場合があった。表2の40件中12件が薩摩藩からの回送中の唐船が島原藩内へ寄港した事例であり、通例化していたことがわかる。先論では、漂着船を長崎に送り出すまで、そして長崎へ着いてからの対応がまとめられているものの(46)、長崎までどのように曳航していたかまでは言及をみない。そこで、その実態を明らかにすることができる享保16（1731）年2月の「日記」の記述をみていきたい(47)。

　【史料7】（享保一六年二月一三日）
　　一薩摩引送唐船ニ附候船共、天草ゟ樺嶋へ参着、唐船等相出候ハ丶、出戻
　　　之段注進申来、左之趣周防守様半七郎様御家来へ明十四日差遣候事

　これによると、薩摩から送られてきた唐船を警固する船などが天草から樺島へ参着している。また、一旦、樺島を出船したものの、「出戻之段注進申来」とあり、なんらかの問題で長崎への回送が遅れていたことがわかる。その旨を長崎奉行三宅康敬と目付の大森時長の家来へ翌日の14日に遣わすこととした(48)。

　【史料8】（享保一六年二月一八日）
　　一去ル十三日十四日長崎へ遣候飛脚御覧被帰三宅周防守様大森半七郎様御
　　　家来ゟ返礼共来ル、右者此間薩州ゟ引送之唐船警固船質唐人船挽船共乗
　　　渡候船共、天草軍ヶ浦出船樺嶋湊へ着船之段、申遣候返礼、且又椛嶋湊
　　　滞船申候、咬𠺕吧出漂着之唐船薪無之書簡を以薪望候付相与可申哉と伺
　　　申遣候返礼来ル、尤御用聞とも ゟ返礼共差越候

【史料8】によると、薩摩藩へ漂着した唐船が長崎送りになり、天草の軍ヶ浦から樺島までの警固に島原藩が関わっていることがわかる。2月15日には「薩州ゟ援送唐船儀申上書付一封」という書簡が、江戸への書簡の中に含まれている。つまり、薩摩藩へ漂着して長崎挽き送りとなった唐船の警固は、薩摩藩だけで終始行なうのではなく、島原藩もその曳航の一端を担っていたのである。この時の天草と樺島は、島原藩の預所となっており、そのため領地内での挽き送りに対しての手助けを島原藩が担っていたといえよう。唐船の長崎回送の際、寄港地の領主が挽船を出す国送りの形式をとっていた[49]。島原藩も同様に薩摩藩の唐船へ挽船を出していたものと推察される。

　また、薩摩藩が唐船を回送する最中に病人が出た事例も存在する[50]。

　【史料9】（享保十年一月四日）

　　　一旧臘廿八日去朔日、天草漂着唐船薩州より援送唐船之義土佐守様へ御届
　　　申上候処、御直礼被下候付右御請、且又薩州ゟ援送唐船乗組之内病人壱
　　　人有之、警固河原孝左衛門鎌田四郎左衛門ゟ﨑津役人迄医者頼越候付、
　　　﨑津村ニ罷在候坂堂元禄と申医者申付遣候由、天草役人ゟ注進申越候
　　　付、右之段も田寺三大夫方迄申遣候、則老共ゟ三大夫方迄遣候状箱も右
　　　御飛脚ニ遣候事

　薩摩藩の挽き送る唐船が﨑津へ寄港し、唐船の乗組員の1人に病人がでた。そのことを薩摩藩側の警固役人から﨑津の役人へ医者を頼み、﨑津村にいた医者に申し付けている。この旨を「天草役人」より島原藩へ注進がなされており、病人が出て﨑津村の医者に診させたことを田寺三大夫方まで知らせるようにとある。ここにある「天草役人」とは、島原藩より派遣されて富岡に詰めている役人にあたる。

　このように、薩摩藩が長崎回送を行なう場合であっても、非常時の医者の提供や長崎への連絡を島原藩側が行なっていたことがわかる。他藩が長崎へ挽き送る場合でも、藩の領内に異国船が寄港することは、慎重に対応すべきであり、長崎へ逐一報告されていたのである。

　漂着船を長崎へ送り届けると、長崎奉行所において唐船の引き渡しの手続きが行なわれる。奉行所での確認、決裁が完了すると、警固の使者に対して受け取り手続きの終了が告げられる。その後、長崎会所へ救護費用を請求し、これが支払われたのである[51]。これは漂着先の藩が行なうものであるので、島原藩

は樺島までにとどまり長崎には行かず、その先の様々な手続きには関与していないものと考えられる。

　今回のように薩摩藩が長崎へ回送する場合は多くあり、天草灘に面する地域には、薩摩藩の長崎へ回送する唐船が寄港することは少なくはない。表2により、薩摩藩が長崎回送の際に寄港する事例は12件あるが、7件は牛深が寄港地となっている。他藩漂着の船であっても、長崎までの航路にあたる沿岸部の村々にとっては、回送するための挽船の準備等、寄港地側の村へ課せられていたのである。

おわりに

　これまで、天草地域における唐船漂着対応を、島原藩側の立場から追ってきた。異国船の漂着は、異国人と接する数少ない機会である。その対応にあたって、鎖国政策が諸藩や村方までどのような影響を及ぼしていたのかその一端を知ることができたと考える。唐船漂着にあたっては、天草詰の富岡役人から緊密に島原藩へ連絡され、慎重に対応されていたことがわかる。

　唐船に対して長崎で絵踏が行なわれることからもわかるように、唐船の乗組員からキリスト教流入の可能性が考えられていた。そのため、いかに日本国内で「異国」との接触を制限する体制が築かれているかが重要になってくる。管理された役人たちだけで、キリスト教との接触を留めることが図られていったのであり、そこで、長崎－天草－島原－薩摩との間で一種の包囲網が形成されていったと結論付けることができよう。

　天草地域は島原天草一揆の舞台ともなり、文化年間にはキリシタンの大量検挙がなされた天草郡崩れも発生している。江戸時代を通してキリスト教との関係が深い地域であるがゆえ、堅固な体制が築かれていたのである。漂流船対応は、幕府の禁教政策の対外的骨子として徹底されていたのであった。

[註]
(1) 山本博文『鎖国と海禁の時代』(校倉書房、1955年) 20頁。
(2) 荒野泰典『近世日本と東アジア』(東京大学出版会、1988年) 161頁。
(3) 久保春香・安高啓明「享保期島原藩における唐船打ち払いと漂着船対応」(『西南学院大学博物館研究紀要』第7号、2019年) 40〜44頁。

（4）安高啓明『近世天草の支配体制と郡中社会』（上天草市、2022年）31頁。

（5）安高啓明編『上天草市史 姫戸町・龍ヶ岳町編 近世資料集 第1巻 役儀・支配』（上天草市、2021年）33〜34頁。

（6）林銑吉『島原半島史』下巻（長崎県南高来郡市教育会、1954年）595〜597頁。

（7）高木繁幸『島原藩の歴史 第一集―藩政機構編―島原藩の仕組み』（ゆるり書房、2006年）26頁。「藩中人数割」翻刻全文より。

（8）高木繁幸『島原藩の歴史 第1集―藩政機構編―島原藩の仕組み』前掲書、26頁。「藩中人数割」翻刻全文より。

（9）肥前島原松平文庫所蔵「士分明細帳 1」（架号62-1-1）、1〜11頁。ここでは記録が詳細に記されている板倉家の場合を参考にしている。

（10）林銑吉『島原半島史』下巻、前掲書、596頁。

（11）高木繁幸『島原藩の歴史 第1集―藩政機構編―島原藩の仕組み』前掲書、132頁。

（12）肥前島原松平文庫所蔵「士分明細帳 5」架号62-1-5、13頁。

（13）林銑吉『島原半島史』下巻、前掲書、595頁。

（14）例えば、享保3年の場合、「長崎聞継富永十左衛門被仰付候事」とあり、富永十左衛門の1名のみ聞役としたことがわかる。

（15）高木繁幸『島原藩の歴史 第1集―藩政機構編―島原藩の仕組み』前掲書、125頁。

（16）『瑞穂町誌』（瑞穂町、1988年）460頁。

（17）桑波田興「島原藩」『長崎県史 藩政編』（長崎県、1973年）283、286頁。

（18）桑波田興「島原藩」『長崎県史 藩政編』前掲書、302頁。

（19）高木繁幸『島原藩の歴史 第1集―藩政機構編―島原藩の仕組み』前掲書、135頁。

（20）桑波田興「島原藩」『長崎県史 藩政編』前掲書、302〜303頁。

（21）『瑞穂町誌』前掲書、502頁。

（22）「村々番人江渡定書」（個人蔵）より抜粋。

（23）大澤元太郎「近世の預地に就いて―江戸幕府領の特質―」（『地理歴史』第77巻第2号、1941年）35〜38頁。

（24）高木繁幸『島原藩の歴史 第2集―藩経済編―島原藩の経済』（ゆるり書房、2006年）76頁。安高啓明『近世天草の支配体制と郡中社会』（上天草市、2022年）30〜32頁。

（25）黒板勝美編『新訂増甫 國史大系45巻 徳川實紀第8篇』（吉川弘文館、1933年）197頁。

（26）肥前島原松平文庫所蔵「日記」享保5年7月より抜粋。

（27）水野和泉守忠之。享保2（1717）年9月より老職となる。『寛政重修諸家譜第6』（続群書類従完成会、1964年）72、73頁。

（28）安高啓明『近世天草の支配体制と郡中社会』前掲書、38頁。

（29）肥前島原松平文庫所蔵「日記」享保5年7月5日の条に「一右御預り地被仰下

候御祝儀ニ、麻上下着惣御家中不残登城、詰分御馬廻ニ老共面談、段々結構成候
様子申聞候」とあり、家臣団が正装で登城し、御馬廻に老席らが面談したことが
わかる。近隣の藩からは、熊本をはじめ大村藩や平戸藩など九州の諸藩よりもた
らされた。村方からは庄屋、乙名、通詞、酒屋、問屋より祝儀が届けられ、町方
は別当や御目見町人から祝儀が届けられた。その様子が享保五年「日記」七月
に記されている。

(30) 肥前島原松平文庫所蔵「日記」享保 5 年 7 月 19 日の条にあり。

(31) このとき、日田代官である室七郎左衛門が正徳 4（1714）年 7 月より享保 5 年
　　 5 月まで兼任していた。渋谷敏実編『天草の歴史』（熊本工業大学出版会、1977
　　 年）117 頁。安高啓明『近世天草の支配体制と郡中社会』前掲書、31 頁。

(32) 肥前島原松平文庫所蔵「日記」享保 5 年 8 月 20 日の条に「肥後熊本家老中ゟ
　　 飛脚有、天草御預地被仰付候ニ付、彼地在番人引取候儀ニ付、去月廿六日承由、
　　 和泉守様ニて被仰渡候趣申来候」とあり。

(33) 肥前島原松平文庫所蔵「日記」享保 5 年 8 月 18 日に「今日郡奉行衆今日天草
　　 へ検見ニ罷事」とある。

(34) 肥前島原松平文庫所蔵「日記」享保 5 年 9 月 8 日の条に「来ル十一日御預り場
　　 所請取ニ郡奉行渡辺孫兵衛参候付、右知せ肥後熊本家老衆へ飛脚遣候事、尤彼
　　 地ニ越中守様在番所有之相渡可申由、兼而申来預所請取之時分相知せ可申由、
　　 返答申置候ニ付、今度知せ候事」とある。熊本藩側が島原藩へ預所の受け取り
　　 の日程を教えるように伝えていたことがわかる。

(35) 肥前島原松平文庫所蔵「日記」享保 5 年 9 月より抜粋。

(36) 門番については、「日記」享保 5 年 9 月 29 日に「柴田源之丞組与平次、大原
　　 甚五左衛門組吉右衛門両人天草陣屋門番ニ差遣候、明後二日罷越候様ニ申付候、
　　 一月代りニ代せ候筈ニ候」とあり、1 月交代で派遣されることになっている。

(37) 肥前島原松平文庫所蔵「日記」享保 5 年 9 月より抜粋。

(38) 成田伊右衛門は宝永 7（1710）月 11 日から享保 9（1724）年 4 月まで江戸留守
　　 居を務めた。西山禎一『熊本藩役職者一覧』（細川藩政史研究会、2007）54 頁。

(39) 肥前島原松平文庫所蔵「日記」享保 5 年 9 月 21 日の条に「長崎へ今度御預
　　 地請取候儀ニ付、日下部丹波守様石野八大夫様へ右御届老共ゟ申上候、為使者
　　 竹内長左衛門申付、明日発足仕申候筈ニ今日申渡候事」とある。日下部丹波守
　　 博貞はこの時の長崎奉行である（『寛政重修諸家譜　第 11』（続群書類従完成会、
　　 1965 年）149、150 頁）。また、石野八大夫範種はこの時の長崎目付である。（『寛
　　 政重修諸家譜　第 8』（続群書類従完成会、1965 年）45 頁）。

(40) 林銑吉『島原半島史　下巻』前掲書、315 頁。

(41) ※を付したものは実際の漂着日・長崎到着日の記載がなく、漂着や長崎へ引
　　 き渡したことが伺える記述がある「日記」の日付である。斜線は帰帆船で長崎回
　　 送がなかった場合に引いた。また、空白は日付がわからなかった場合のものであ
　　 る。預所のうち、天草の場合は「天草」、高来郡・彼杵郡にあたる場合は「肥前」
　　 と村名に付した。

（42）中田易直・中村質校訂『崎陽群談』（近藤出版社、1974 年）297 頁。

（43）荒野泰典『近世日本と東アジア』前掲書、144 頁。安高啓明『踏絵を踏んだキリシタン』（吉川弘文館、2018 年）214〜216 頁。

（44）猛島神社所蔵肥前島原松平文庫寄託「日記」享保 8 年 10 月より抜粋。

（45）石河土佐守政郷は、正徳 4 年 12 月に長崎目付として長崎へ赴き、享保 5 年 11 月に長崎奉行となる。『寛政重修諸家譜』（続群書類従完成会、1964 年）426〜427 頁。

（46）荒野泰典『近世日本と東アジア』前掲書、142〜144 頁。

（47）肥前島原松平文庫所蔵「日記」享保 16 年 2 月より抜粋。

（48）肥前島原松平文庫所蔵「日記」享保 16 年 2 月より抜粋。

（49）中村　質『近世対外交渉史論』（吉川弘文館、2000 年）103 頁。

（50）肥前島原松平文庫所蔵「日記」享保 10 年正月より抜粋。

（51）荒野泰典『近世日本と東アジア』前掲書、144 頁。

第 **3** 章

第2次島原藩預りにおける天草遠見番の
漂着唐船対応とキリシタン政策
── 天明3年から文化10年までを中心に ──

安高　啓明・牧野寿美礼

はじめに

　島原天草一揆の終結後、幕府は鎖国体制を確立し、長崎を窓口に中国とオランダを通商国とした対外関係を構築した。これにともない異国船の警戒を強め、長崎警備に福岡藩・佐賀藩をあて、両藩は長崎港口に設けられた西泊・戸町の沖両番所に交代で詰めた。以降、長崎警備の概略を示せば、次のようになる[1]。

　承応2（1653）年には平戸松浦氏に命じて港口の7ヶ所（大田尾・女神崎・神崎・白崎・高鉾・長刀岩・陰の尾）に台場を築き、福岡・佐賀両藩がこの守備を行なった。さらに、唐津寺澤氏預地の野母崎に遠見番所が設けられると、当初の警備は野母・樺島両村の百姓課役から成っていたが、長崎代官の預地へ移管されるにともない専任の遠見番が置かれるようになった。野母遠見番所は異国船の来航をいち早く把握し、「白帆注進」（入港の探知）の任にあたるなど、警戒が強化されたのである。

　さらに西国大名には、領内の浦々に番所を設置させ、異国船の監視と長崎への注進を命じた。福岡藩には5カ所の遠見番所（姫島・西浦・相島・大島・岩屋）が設置されている。また、大村藩は寛永13（1636）年、外海地域に7ヶ所の番所（福田・三重・神浦・瀬戸・中浦・面高）を置くと、正保元（1644）年にはさらに9ヶ所の番所（式見・黒崎・池島・松島・江島・平島・崎戸・大島・吹切）を増設、これらをあわせて「外海十六ヶ所番」と称した。ここは遠見番所を兼ねており、長崎に出入りする諸廻船の監視や、唐船・オランダ船の漂流時の対応にもあたっている。佐賀藩は当番年の沖両番所の警備に加え、寛永19（1642）年には

飛び地である深堀の深堀山・高島に遠見番所を設けている。正保元（1644）年には香焼島・沖島・伊王島・高島・脇津の遠見番所に侍足軽を配し、常時の警備をしいた。また、五島藩は9ヶ所に遠見番所（御嶽・黄島・大瀬・柏村・崎野・水精嶽・福見・供栖・城山）、2ヶ所の加番所（富江へさき・曾根嶽、のちにロクロ島に増設されて3ヶ所となる）を設置し、番頭、番船、番人、人夫などを配置する。このように長崎港外における警備は、異国船の航路にあたる各藩が担当していたのである。

　天草は貿易都市長崎と距離が近く、異国船が近海を頻繁に往来する地域である。沿岸警備の一環として西国諸藩に遠見番の設置が義務付けられるなか、天草には寛永18（1641）年に最初の遠見番所が設けられた。地役人として配置された遠見番は、当初、富岡町に4人、大江村・魚貫村に2人ずつの計8人であり、長崎警備体制との連動性がみられる[2]。さらに、享保2（1717）年、牛深村・﨑津村に遠見番所が増設されると、番所詰の人員は富岡・﨑津・牛深に2人ずつ、大江・魚貫に1人ずつへ変更となる。

　また、明和7（1770）年に人員が整理され、遠見番のうち4人が解任されるが、郡中における山林の管理や治安維持に関わる地役人の山方役から4人を補充することで遠見番の総数は据え置いている。山方役は13人から4人と大幅な人員削減となったものの、遠見番の人数が維持されているのは、天草を含めた長崎警備体制が形成されていたことが大きいと指摘される[3]。

　遠見番の主な業務は異国船の監視や密貿易の取り締まりであり、これにあわせて漂流民送還も勤め、幕府の対外政策の一端を担ったとされる[4]。とりわけ天草は、長崎までの航路の途中にあり、前衛的に状況を見極めることが可能な拠点である。それゆえ重要な番所として認識されており、遠見番は重責だった。鎖国体制の骨子にはキリスト教禁制があったことも、水際対策として遠見番が重視されていた理由である。

　遠見番の職掌のひとつである漂着唐船の送還体制は、長崎貿易での来航船と取引を終えた帰帆船、さらに破船した場合の3つに大別される[5]。長崎来航船の場合は、漂着地の村が船の補修や食料の補給などの手当てをしたうえで、警固船や挽船をつけて長崎までの挽き送りを担うことになっていた。帰帆船の場合は、浦村で手当てをした後、唐船からの要請があれば長崎へ挽き送っている。破船の場合は、乗組員を救助し積荷を確保したうえで長崎へ送っている。

さらに、漂着船の送還に影響を与えたのが、正徳5（1715）年に発令された正徳新例である。これは、長崎奉行へ通達された23ヶ条と以後に追加された諸例の総称であり、内容は唐・オランダ貿易に関するものから奉行所の心得など多岐にわたった[6]。特に、入港許可証の役割を持つ「信牌」を交付して、これを持参した正式な唐船にのみ交易を許可したほか、五島領以南を通航するよう航路を指定するなど、様々な規則が設けられた。この「信牌」所持の有無が、挽き送りの対応にも影響しているのである。

　また、対外的任務にあたることになる遠見番の職務は、「定書」によって明文化され、漂流船対応の手順も定められた。天草の場合、幕領でありながら預所だったため、統一的な文書で明文化し、業務の安定を図る必要があった。また、唐船が長崎から帰帆する時期には、浦触を通達して天草近海を航行する異国船への警戒体制がとられており、漂流船対応が恒常的に整えられていたことが明らかにされている[7]。

　しかし、漂流船対応で重要な役割を担ったと考えられる遠見番の実質的な動きについては詳らかにされておらず、長崎を含めた連絡体制に関する言及も少ない。よってここでは、長崎警備の一端を担った天草遠見番の職務について、漂着船対応から検討していく。なお、第2次島原藩預りの時期区分については、享保期の島原藩預りを経て以降のものとして表記している[8]。

1　漂流船の入港状況

　天草は鎖国体制が築かれるなかで、幕府の対外政策の窓口として機能した長崎と距離が近く、唐船の航路にも位置していたため、唐船や琉球船などとの接触が度々あった。本節では唐船の長崎入港状況とともに、特に天草に漂着した唐船について数量的に分析する。

　ここで用いる資料の「割符留帳」には、文化12（1815）年から文久元（1861）年の間に中国商人に対して発行した信碑や船頭の名前、漂流した場合は漂着地などが記録されている[9]。この期間に信牌を持って長崎へ入港した唐船302艘のうち、入港前に漂流したことが確認される唐船は98艘（32.5％）にのぼる。つまり、長崎へ来航する中国商船の約三分の一が漂着している実態がわかり、唐船の漂着は起こりやすい状況であったといえる。唐船の漂着地と船数の内訳

は薩摩47艘、天草23艘、五島17艘、屋久島8艘、平戸2艘である。そのほかに、大村領、河原、遠州へもそれぞれ1艘が漂着していることを確認でき、五島以南を通る唐船の航路を中心に漂着している。そのなかで、天草は薩摩に次いで漂着件数が多く、この期間に漂着した長崎へ入港する唐船の23.5％を占めていることは看過できない。

　以上をふまえたうえで、天草における享保5（1720）から安政5（1858）年までの漂着状況を確認すると「天草漂着唐船一覧」になる。これをみると、天草に漂着・入港した唐船は、享保5年から安政5年までの期間で、少なくとも73件を確認できる。内訳は、﨑津42件（57.5％）、牛深23件（31.5％）、その他（富岡・魚貫・大江・高濱・不明）8件（10.0％）で、﨑津と牛深への入港が全体の9割弱を占めている。天保3（1832）年に作成された『肥後國天草郡地方演説書』によれば、天草近海で漂流した唐船は、牛深村、﨑津村、富岡町の内で、漂着した地点から最も近い港へ唐船を挽き入れることと定められている[10]。この3ヶ所には遠見番所が設置されているため、漂流船への対応拠点として選定された港であると考えられる。実際に、漂流した唐船のほとんどが牛深・﨑津へ入港しており、規定に従った対応がとられていたことがわかる。このように、漂着した唐船への一次的対応において、牛深・﨑津の両港が果たした役割は大きかった。

　一方で富岡への入港は2件であり、牛深・﨑津に比べて挽き入れの件数が極めて少ない。唐船は牛深や﨑津で漂着しなければ、長崎まで入港できる状況だったことを示す。それでもなお、漂着時の入港地に指定されている要因には、預主から派遣される代官らが勤務する富岡役所（陣屋）、及び大庄屋などが年番で勤務する郡会所などが富岡町に置かれており、天草郡中の行政の拠点として機能していたことがあった。

　3ヶ所以外の港へ挽き入れられた例外的な事例として確認されるのが、享保6（1721）年の高浜村と嘉永2（1849）年の大江村須賀牟田への漂着である。これらは港へ直接漂着して、さらに漂着時に座礁・破船しているため、指定港への入港が不可能な場合だったと推察される。さらに、享保8（1723）年と享保17（1732）年の漂着地である魚貫には遠見番所が設置されており、可能な限り対応し得る拠点となる港が選定されたといえる。このように、入港の規定を表と比較すれば、漂着船の入港状況と合致していることがわかる。

表：天草漂着唐船一覧

年	船籍	漂着地・入港地	信牌所持	備　考	典　拠
享保 5（1720）年	唐船	富岡	不明	11 月 21 日富岡漂着	【日記】
享保 6（1721）年	唐船	高濱村	不明	4 月 16 日高浜村漂着、河口で破船、荷物は小船で陸上げ、船を修復のうえ挽き送り	【年譜】
享保 8（1723）年	唐船	﨑津	○		【日記】
	唐船	魚貫浦	不明	薩摩より長崎へ挽き送り	【日記】
享保 9（1724）年	唐船	﨑津	○	長崎からの帰帆船、10 月 7 日﨑津漂着	【日記】
	唐船	牛深村	不明	12 月 25 日牛深村入港	【日記】
享保 10（1725）年	唐船	﨑津村	○	長崎からの帰帆船、5 月 12 日﨑津漂着	【日記】
	唐船	牛深村	不明	薩摩より長崎へ挽き送り	【日記】
	唐船	牛深村	不明	薩摩藩阿久根村より長崎へ挽き送り	【日記】
享保 11（1726）年	唐船	﨑津	不明	薩摩より長崎へ挽き送り	【日記】
	唐船	牛深	不明	薩摩より長崎へ挽き送り、強風のため﨑津へ繋留したのち出航	【日記】
	唐船	﨑津村	○		【日記】
	唐船	牛深村・﨑津村	不明	9 月 28 日牛深村漂着、雨天のため﨑津入港、10 月 9 日長崎入港	【日記】
	唐船	牛深	不明	薩摩より挽き送り、10 月 23 日長崎入港	【日記】
享保 12（1727）年	唐船	﨑津村	不明		【日記】
	唐船	牛深村	○	9 月 4 日牛深村漂着	【日記】
享保 16（1731）年	唐船	不明	不明	薩摩より挽き送り、軍浦から援送	【日記】
	唐船	牛深茂串浦	○	3 月 22 日牛深茂串浦入港	【日記】
	唐船	﨑津	不明	薩摩より長崎へ挽き送り、﨑津へ繋留	【日記】
	唐船	牛深村	不明	薩摩より挽き送り、11 月 21 日牛深村へ繋留、その後は﨑津などを経由し長崎へ	【日記】
享保 17（1732）年	唐船	魚貫	○	長崎からの帰帆船、薩摩で漂着後に魚貫へ漂着	【日記】
	唐船	富岡町	不明	長崎からの帰帆船、2 月 9 日富岡町漂着、2 月 23 日長崎入港	【日記】
	唐船	﨑津村	○	10 月 24 日﨑津村漂着、富岡・樺島に寄航、11 月 25 日長崎入港	【日記】
享保 19（1734）年	唐船	牛深黒嶋	不明	薩摩より挽き送り	【日記】
	唐船	牛深	不明	5 月 12 日牛深漂着、樺島を経由して 5 月 20 日長崎入港	【日記】
宝暦 7（1757）年	唐船	﨑津村黒瀬	不明	11 月 22 日﨑津村黒瀬漂着	【年譜】
安永 6（1777）年	唐船	﨑津湊	不明	3 月 10 日﨑津湊漂着	【﨑津 4】
	唐船	﨑津湊	不明	12 月 6 日富岡役所詰役人通行の記述あり	【Ⅱ-1】
享和元（1801）年	唐船	﨑津湊	不明	2 月 3 日富岡役所詰役人通行の記述あり	【Ⅱ-1】
	唐船	﨑津湊	不明	11 月 24 日富岡役所詰役人ら通行の記述あり	【Ⅱ-1】
享和 3（1803）年	唐船	﨑津湊	不明	11 月 24 日富岡役所詰役人通行の記述あり	【Ⅱ-1】
	唐船	牛深湊	不明	11 月 25 日牛深湊漂着、修復のうえ翌 5 日長崎へ挽き送り	【年譜】
文化 2（1805）年	唐船	﨑津	不明	薩摩より挽き送り、11 月 21 日富岡役所詰目付・代官通行の記述あり	【Ⅱ-1】
文化 3（1806）年	唐船	﨑津村	不明		【年譜】
	唐船	牛深	不明	薩摩より挽き送り、2 月 26 日入港	【Ⅱ-1】
	唐船	牛深茂串	不明	薩摩より挽き送り、11 月 27 日富岡役所詰目付・代官の記述あり	【Ⅱ-1】
文化 5（1808）年	唐船	﨑津	不明	寧波船、乍浦を出港、10 月 29 日漂着	【﨑津 7】
	唐船	﨑津	○	寧波船、乍浦を出港、10 月 29 日﨑津湊より 30 里ほど離れた黒瀬に碇を下ろす	【﨑津 7】
	唐船	﨑津	不明	廈門船、11 月 2 日漂着	【﨑津 7】

年	船籍	漂着地・入港地	信牌所持	備　考	典　拠
文化7（1810）年	唐船	﨑津村	不明	12月7日﨑津入港	【﨑津6】
	唐船	﨑津村	不明	12月13日﨑津入港	【地域】
文化9（1812）年	唐船	﨑津湊	不明	正月27日﨑津湊入港	【﨑津4】
文化10（1813）年		唐船	不明	11月﨑津村漂着	【Ⅲ-13】
	唐船	﨑津村	不明	12月﨑津村漂着、一人病死、唐人上陸のうえ土葬	【年譜】・【Ⅲ-13】
文化11（1814）年	唐船	﨑津村	不明	12月﨑津村漂着、役所詰役人が出役	【年譜】
文化12（1815）年	唐船	﨑津湊	○	7月13日長崎入港、南京船	【割符】
文化13（1816）年	唐船	﨑津湊	○	6月27日長崎入港、寧波船	【割符】
文政元（1818）年	唐船	﨑津浦	不明	12月﨑津村漂着、役所詰役人が出役	【年譜】
文政2（1819）年	唐船	﨑津村	不明	唐船2艘、1月7日漂着	【年譜】
	唐船	﨑津村	○	12月3日長崎入港、南京船	【割符】
	唐船	﨑津村	○	12月4日長崎入港、寧波船	【割符】
文政3（1820）年	唐船	牛深	○	6月16日長崎入港、厦門船	【割符】
	唐船	﨑津村	○	12月10日長崎入港、南京船	【割符】
文政5（1822）年	唐船	牛深港口	不明	12月6日、牛深港口で座礁破船、翌年2月14日唐船修理方が長崎より出張、同年3月15日牛深出帆	【年譜】
	唐船	﨑津村	○	12月15日長崎入港、南京船	【割符】
文政6（1823）年	唐船	牛深	○	3月23日長崎入港、南京船	【割符】
文政9（1826）年	唐船	﨑津村	○	12月24日長崎入港、南京船	【割符】・【年譜】
文政11（1828）年	唐船	﨑津村	○	12月26日長崎入港、南京船	【割符】
天保元（1830）年	唐船	﨑津村	○	一人溺死、長崎奉行所へ伺いのうえ﨑津村で土葬、修復して出帆、6月23日長崎入港、寧波船	【割符】・【年譜】・【Ⅲ-13】
	唐船	﨑津村	○	12月5日長崎入港、寧波船	【割符】
天保3（1832）年	唐船	﨑津村	不明	薩摩より挽き送り、正月﨑津村で潮繋	【年譜】・【Ⅲ-13】
天保6（1835）年	唐船	﨑津村	○	12月11日長崎入港、南京船	【割符】
	唐船	牛深村	○	12月11日長崎入港、寧波船	【割符】
天保9（1838）年	唐船	﨑津村	○	正月19日長崎入港、南京船	【割符】
弘化3（1846）年	唐船	﨑津村	○	12月29日長崎入港、寧波船	【割符】
弘化4（1847）年	唐船	牛深村	○	正月10日長崎入港、南京船	【割符】
嘉永3（1850）年	唐船	大江村	○	前年12月19日天草沖で難破、大江村須賀牟田へ漂着・破船、岸辺へ乗り上げ積荷散乱、富岡陣屋より元締・手附が出役、正月19日長崎入港、寧波船	【割符】・【年譜】
	唐船	牛深村	○	正月20日長崎入港、寧波船	【割符】
嘉永5（1852）年	唐船	﨑津村	○	正月17日長崎入港、寧波船	【割符】
	唐船	牛深村	○	12月16日長崎入港、南京船	【割符】
	唐船	牛深村	○	12月16日夕長崎入港、寧波船	【割符】
安政2（1855）年	唐船	牛深村	○	8月11日長崎入港、寧波船	【割符】・【江間】
安政5（1858）年	唐船	不明	不明		【Ⅳ-7】

安高啓明『上天草市史　姫戸町・龍ヶ岳町編』より、唐船のみを抽出。
以下に掲げる史料・文献をもとに作成される。なお、【　】には出典の略称を示した。

久保春香・安高啓明「享保期島原藩における唐船打ち払いと漂着船対応」（『西南学院大学博物館研究紀要』第7号、2019年）【日記】、安高啓明編『上天草市史　姫戸町・龍ヶ岳町編　近世資料集』第1巻　Ⅱ-1【Ⅱ-1】、前同　Ⅲ-13【Ⅲ-13】、前同Ⅳ-7【Ⅳ-7】、「割符留帳」（大庭脩編『関西大学東西学術研究所資料集』巻9　関西大学東西学術研究所、1974年）【割符】、『江間日記』【江間】、松田唯雄『天草近代年譜』（みくに社、1947年）【年譜】、東昇『近世の村と地域情報』（吉川弘文館、2016年）【地域】、『上田宜珍日記』【上田】、「﨑津村庄屋記録四」（九州大学記録資料館所蔵 C-3-5-4）【﨑津4】、「﨑津村庄屋記録六」（九州大学記録資料館所蔵 C-3-5-6）【﨑津6】、「﨑津村庄屋記録七」（九州大学記録資料館所蔵 C-3-5-7）【﨑津7】
漂着地の地名は原文に従っている。

また、唐船の長崎廻送では、漂着地から長崎までの寄港地の領主が挽船など
を手配する国送りの形式がとられた[11]。天草では、薩摩へ漂着した唐船を長崎
へ廻送する際に、挽船を手配していたことなどが明らかになっている[12]。表に
も薩摩から長崎への廻送のために天草へ入港した事例が確認され、入港した唐
船のうちの15件（20.5％）を占めている。前述したように、長崎入港までに漂
流する唐船の約半数が薩摩へ漂着していたことからも、薩摩からの挽送船が天
草を寄港地とした事例が数多く発生していたと推測される。

　この場合の入港地について、文化3（1806）年の時点で「薩州漂着唐船有之、
長崎挽送之節者、牛深・﨑津両浦之海上最寄湊江船繋仕候」と定められてお
り[13]、薩摩から挽き送りの任を引き継ぐことは通常業務として想定されていた
のである。この規定では、天草近海で漂流する唐船への対応と同様に、遠見番
所が置かれた牛深・﨑津が入港地に指定されている。両港は郡内でも薩摩に近
い南側に位置しているため、唐船の寄港地として機能したものと考えられる。
入港した15件の内訳は、牛深8件、﨑津5件、魚貫1件、不明1件である。
そのほとんどが、牛深・﨑津へ入港するという規定に従っているほか、1件の
入港が確認された魚貫は、遠見番所が置かれていた村にあたる。既存の遠見番
所の配置に則した漂流船対応が、薩摩との間でも築かれていたことがわかるの
である。

2　遠見番の職務と漂流船対応

　遠見番の職務内容を記したものに、天明3（1783）年卯10月付「定」がある。
これは天草遠見番人中へ宛てられたもので、遠見番の職務が13条にわたり明
記されている[14]。本文書を差し出した郡方勘定奉行は、島原藩で地方行政を担
当した役人だが[15]、この年に天草の預所支配は西国筋郡代から島原藩に移って
いる。これを受けて引継文書として遠見番の職務内容が改めて伝達されたもの
と考えられる。預所交替時には、従前通り滞りなく業務にあたるために、その
都度こうした文書が交わされていたのである。

　　　　　　　定
一公儀御高札之趣相守別而唐船抜荷・沖買御制禁之旨入念、若怪敷旅船繋
　旅人等船揚いたし難見届儀有之候ハ、押置早速注進可申事

一唐船漂着之定、別紙に有之故相守可申事

一所之商売物積候廻船長崎近国江罷出候節者、庄屋・年寄・五人組請負證
　文改之番所ニ取置庄屋往来にて出船番人見届、勿論往来手形扣帳ニ記
　之押切印形いたし可相渡、帰帳之節ハ承届可申長崎江参候船者船宿より
　出船之切手を番人方江相添可申、若出船之時分日限遅滞も有之ハ可遂吟
　味事

一旅船湊江繋候節ハ往来手形見届積荷物等も相改可申、勿論船頭・水主之
　内又者乗合之者ニ而も一切旅人陸江揚申間敷、若飛脚乗合慥成状箱往来
　等有之ハ見届通用可申事

一他所より参候売買人常々入来候者ハ格別宿五人組證文見届可指置、行掛
　り之もの又ハ胡乱者と相見へ候ハ、立宿為仕間敷事

一湊近辺遠掛の旅船有之ハ吟味出船可申付、潮待合の船は格別之事

一破損船有之候ハ、早々浦人指出し肝煎可申、難風ニ而難船見及候ハ、助
　船を可出、勿論浦御法相守差引可申事

一郡中より借船を出何方江渡海の旅人有之者相改、船揚候所之村役人添手
　形慥ニ有之候ハ、滞有間敷候、若添手形無之候ハ、其揚候場所江村送り
　に戻し可申事

一郡中より竹木買積出候旅船、山方役人申合船改入念、無運上積之船等無
　之様ニ可致、勿論竹木の外商売物有之においてハ唐物等ニ而無之哉入念
　改、若胡乱成筋も有之ハ差留置、役所へ早々注進可申事

一造船・解船・商売之船役所江申出指図之上申付儀ニ候間、右之船有之ハ
　改可申出事

一何事によらす支配之浦方違犯之儀有之ハ申出可得指図、私之裁許一切停
　止之事

一村方百姓に対し無依怙贔屓難渋申間敷、勿論聊音物一切受納申間敷事

一自分用事ニ付他村へ参候ハ、役所江改可申出事

　右條々堅可被相守者也

　　　天明三年卯十月

　　　　　　　　　　　　　　　　　　　郡方勘定奉行

　　　天草遠見番人中

遠見番の職務内容としてまず挙げられているのが、抜荷・沖買の取り締まり

である（1条）。抜荷は管理統制下にない異国人と接触するためにキリシタン容疑が視野に入れられた犯罪で重罪とされており[16]、天草で掲げられた高札でも抜荷を禁止している。そのため、停船し荷揚している不審な旅船があれば、すぐに報告するようにとある。また、岸から遠く離れた旅船、特に停泊中の船には吟味のために出船するようにとあり（6条）、これも抜荷を警戒した規定である。抜荷を禁ずる高札は天草各所に建てられており[17]、遠見番をはじめ郡中の百姓らにも厳禁を周知し、ならびに警戒を指示しているのである。

次に漂流船の対応が挙げられており、唐船漂着時については別紙に定められていることがわかる（2条）。唐船漂着については次節で詳しく取り上げるが、遠見番の職務で殊の外重要であり、実際に頻発していたため定式化しており、別途の文書が作成されたものと思われる。また、破船や難船があれば対応にあたることになっている（7条）。その際は「浦法」（浦触）を遵守するようにと伝えられており、国内の漂流船への対応にも従事していたのである。

さらに、天草を出入りする船や人の取り締まりが挙げられる。往来手形による廻船・旅船の改めをはじめ、積荷の確認、旅人の身辺調査を行なっている（3、4、8条）。一連の手続きが終わるまでは旅人らは上陸することを許されないなど、徹底して身元管理されている。また、天草の商売物を積載した廻船が長崎や近国へ訪れた時も、庄屋・年寄・五人組の請負証文が確認されており、入島者に対して厳重な対策がとられていたことがわかる。竹木を積んだ船の取り締まりにおいては、山方役人と協働して流通統制を図っていたことがうかがえる（9条）。なお、ここでも唐物を入念に改めるようにと規定され、抜荷が警戒されている。天草は平時から商売人の来島が多くあった場所であり、郡中の出入り全般を取り締まることが定められていたのである（5条）。

最後に船の管理がある。造船・解船・船の売買は富岡役所へ届けたうえ差図を受けることになっており、遠見番はこれらの船の見分にあたっている（10条）。船改が天草では実施され、所有者の確認が行なわれていたが、遠見番もその任にあたった。

以上の規則を経て、遠見番の行動規範で結ばれている。ここには百姓に難渋を申し付けないことや音物のやりとりをしないこと。また、私用で他村へ行く場合には富岡役所へ申告して確認することとある。いつ生じるかわからない遠見番の業務に支障がないような規則が設けられていた（13条）。

違犯が発生した場合には、差図を得るように指示され、遠見番の独断による裁許は禁じられている（11条）。これから遠見番の職務は、船や人の取り締まりまでを限度としており、その後の対応は島原藩役人が詰めた富岡役所、さらには島原本藩まで伺問するように求めていたのである。なお、抜荷犯の対処は長崎奉行に委ねられることも想定されており、遠見番の職務は違反者の捕縛といった初動対応に過ぎなかった。

このように遠見番は、海上・陸上の違反、さらには天草郡を出入する人々に対して警戒にあたっていた。抜荷の取り締まりをはじめ、唐船漂着や日本人漂流時の対応、廻船・旅船やその積荷の対応、郡中で保有する船の管理、郡中を出入する人の監視・捕縛などを主な職務としていた。島嶼部かつ離島であるため、長崎貿易との関係からも対外的行為にあたる専任役人として遠見番が配置されたのである。特に、船や人の出入り、不審な動きに対して詳細に定められているのは、制禁とされ重罪であった抜荷・沖買を警戒してのものであるとともに、キリスト教禁教を遵守させるために他ならない。鎖国体制を堅守する拠点として、こうした水際対策を強化していったのである。

次に示す「唐船漂着定書」は、卯10月付で島原藩郡方勘定奉行から天草遠見番人中へ宛てられたものである[18]。前述した遠見番の職務内容を記した「定」と同様に、天明3（1783）年に作成されたものであると推定され、全8条からなる。2条目の「別紙」に相当するもので、漂着船があった際の遠見番の対応が示される。

唐船漂着定書

一阿蘭陀船繋候者人質不可取之候、早速注進勿論遠かけに番船付置稠敷相守可申事

一右之船繋候旨致注進候跡にて得順風走出候者不致進船、何方江参候段方角見届可注進事

一右之船繋候節米薪等之類望候共不相渡其趣可致注進、指図無之何色ニよらす相渡申間鋪事

一右之船縦舟繋不仕候共、近所通候歟又者珍敷船相見候ハ、是又可注進事

一唐船漂着碇を入候者早速番人罷出、何国出之船与申儀来朝・帰帆・信牌所持且又入津之船ニ而挽船を望候哉、委細訳書簡を取其上番船付置質唐人取之可注進、勿論滞船中湊中旅舟改・陸人別改、昼夜酉刻・子刻前々

之通入念相改可申事
　　附、唐人相対にて米野菜諸事相渡申間鋪、望候品有之者得差図其上に
　　て渡可申事
一唐船来朝・帰帆共漂着節ハ、前々之通番船申付稠鋪相守可注進、其内順
　　風有之走出候ハ、長崎入津之船に而番船之差図を不用出帆申候者、遠
　　見番人・通詞并富岡役人致警固長崎江罷越、右之趣御奉行所江可申届
　　候、勿論帰帆之船漂着得順風出舟申候者、湊を挽出帰帆見届注進可申事
一唐船自然破損繕之道具望候歟、又者唐人之内死人等有之死骸陸江揚申度
　　与申候者、相窺得差図可申、病人有之薬種等願候も同前の事
一唐船帰帆之浦触有之者前格之通相守、胡乱成船相見候ハ、早々注進可
　　申事
　　右條々堅可被相守者也
　　　　卯十月　　　　　　　　　　　　　　　　　　　　　郡方勘定奉行
　　　　　天草遠見番人中

　ここには、唐船以外の異国船に関する規定も含まれており、特に日本と通商
関係にあったオランダ船の漂着も想定されていることが特徴である。本資料を
大別すると、1条から4条までがオランダ船をはじめとする異国船、そして、
5条目以降が唐船への対応に関する記述となっている。
　漂着した唐船が碇泊したら、すぐに番人が出動して唐船の出港地、長崎への
往航船か復航船、そして信牌の有無が確認される。とりわけ信牌の所持は長崎
入港の可否に関わるため、特に注意された。また、挽船が必要かどうか、詳し
い状況を書簡に記録することになっている。さらに、唐船には番船をつけ、人
質として唐人を預かり（質唐人）、注進することになっていた。唐船が港に碇泊
している間の酉刻（18時頃）と子刻（0時頃）に、「旅舟改」と「陸人別改」をし
ている。これは先例通りとあり、預所支配がかわっても継承された手続きとい
えよう。なお、陸地で人別改が行なわれたことから、上陸が許可された唐人が
いたことがわかる。また、唐人に直接、米・野菜の食料などを渡すことを禁
じ、所望された品があれば差図を得たうえで渡すことになっていた。破船した
時の修繕道具を望んだり、死亡した唐人の陸揚げを要求する場合、病人への対
応についても同様に差図、決裁を受けなければならなかった。
　往航船・復航船であっても漂着した時は、以前からの通りに番船をつけて厳

しく監視したうえで注進を要した。長崎へ向かう船で番船を必要とせず出航する時は、遠見番・通詞・富岡役人が警固して長崎まで同行している。そして、漂着から長崎到着までの経過を奉行所へ届けることになっていた。復航船の場合は、港から挽船して、帰帆を見届けてから注進させている。さらに、唐船が長崎から出航する旨の浦触があれば、以前からの取り決めの通りに遵守して、不審な船があればすぐに報告することと定められている。

　唐船漂着後、まず遠見番が初動的な対応をし、唐船の状況をはじめ様々な確認を行なうことになっていた。特に、信牌は長崎への通行許可証である。これを所持する唐船にのみ長崎での貿易が許可されていたため、漂着時の対応も所持しているか否かによって区別されている[19]。ここでも信牌の所持を最初に確認することが規定され、唐船への対応には信牌の有無が大きく影響していたことがわかる。また、各条で注進を行なうことと定められているが、富岡役所へ報告した後、島原藩役人からの差図によって唐船への対応にあたることが遠見番に求められている。これらの対応は先例に従ったものであり、前任の西国筋郡代からの引継事項だったことがわかる。

　一方でオランダ船への対応についても定められている。オランダ船からは人質を取ることはなく、すぐに注進したうえで、番船による警固を開始し、これも船から「遠かけ」に配置して一定の距離を保っていた。注進した後に天気が回復してオランダ船が出航した場合は、警固の船は進めず、船の行方を見届けて報告することにとどまっている。また、食料や燃料の補給を望んだ場合であっても、差図なく物品を渡してはいけなかった。さらに「珍敷船」として唐船やオランダ船以外の異国船とを区別し、オランダ船が漂着しなくても近海を通航した時や「珍敷船」を見かけた場合は注進するように定められている。これからは異国船を見極めるのが困難だったことのほか、付近を航行するあらゆる船が監視の対象だったことが示される。遠見番には、不審に感じられることがあればすぐに報告させるなど、警戒を強化したのである。

　以上のことから唐船とオランダ船への対応を比較すると、唐船からは質唐人を取ることとなっていたが、オランダ船に関しては「人質不可取之」とあり、規則に違いが見られた。また、番船についてもオランダ船からは距離をとって配置されており、明記されないが上陸も許されなかったと思われる。このように、唐船の場合に比べてオランダ船への対応では、船や乗組員との接触の機会

をできる限り避けていることがわかる。貿易のために長崎に来航するという同じ目的にある唐船とオランダ船ではあるものの、対応に違いが生じていることには、オランダがキリスト教国であることが関係しているだろう。

　異国船対応は外国人との接触をともない、さらにはキリスト教流入の可能性を内包した。航行するあらゆる船を監視対象とし、また唐人とオランダ人に共通して、上陸を認めることがほとんどなかったことからも、遠見番を含めた現地住民と漂流民との接触を忌避し、キリスト教の流入を防ごうとする意識がうかがえる。長崎でもオランダ人と中国人を出島や唐人屋敷に滞留させ、自由を制限することで接触を抑制していたが、天草では長崎のような十分の管理統制下にないため、極力近付けさせないことで接触をなくそうとしたといえる。対外的任務において実務を担う遠見番には、幕府の禁教政策を念頭に置いた動きが求められ、それを可能な限り遵守する体制がとられたのである。

3　遠見番の再編

　寛政年間になると異国船漂流に関する幕府での審議が本格化した。寛政3（1791）年には漂着異国船に対して、船具は取り上げ、長崎送りにするとし、さらにこれに従わない異国船には、船や乗組員も「打砕」とし、乗組員を切り捨て、召し捕えることのほか、大筒・火矢を用いても良いと指示している。また、異国人は「宗門之所も不相分」として番人以外に見物を禁じている[20]。ここに異国船への対応強化が図られているとともに、キリスト教禁教を射程にした規則が示されたのである。一方、長崎でも寛政2（1790）年に貿易半減令が出されており、変革期にあった[21]。そのようななか、天草では寛政11（1799）年、長崎奉行所直轄の見張番所が牛深村に設置されている。その目的は異国船漂着の取り締まりの強化であり、ここには長崎から派遣された普請役2名、遠見番4名、船番・町使3名が詰めた[22]。これによって、富岡・大江・﨑津・魚貫・牛深の5ヶ所に設けられた遠見番所に、牛深湊見張番所が新たに漂着船対応の拠点として加わることとなったのである。

　牛深湊見張番所が設置されて以後、長崎奉行所から唐船漂着時の対応に関する達書が渡されるようになる[23]。

　　其御預所肥後国天草郡浦方江唐船漂着致し候節、地役之者水夫等迄召連唐

船江乗下致し、且粮米・野菜等相渡候節ニ日傭之類之者も乗下致し候由ニ
候得共、此度牛深湊江見張御番所御取立ニ付而者、以来天草郡浦江唐・阿
蘭陀船共漂着致し候共乗下不致、早速右御番所江差図請取取計候様急度御
預所浦々江御達有之候様存候

　これまでは唐船が漂着した際、地役人が水夫などを連れて行き、対応のため
に唐船へ乗り移り、米や野菜などを補給する時は日傭の者も加わっていた。今
回、牛深湊見張番所が設置されたので、以降は、天草郡の浦方で唐船やオラン
ダ船が漂着しても乗り移ることはなく、すぐに牛深湊見張番所へ届け出て差図
を受けるようにとある。また、このことは必ず郡中浦々に達して周知させるよ
うにとしている。

　このように牛深湊見張番所の設置にともない、従来の唐船漂着への対応が変
更されていることがわかる。領主からの指図よりも、牛深湊見張番所からの指
示が優先される新しい体制となっており、牛深湊見張番所は長崎奉行所からの
指示を遠見番へ直接伝えることが可能となったのである。従来の仕組より、長
崎奉行所直営の取り扱いを求めるようになり、牛深湊見張番所の設置にともな
い、長崎奉行所は天草への関与を強くしていくことになったのである。

　これに対し、天草の預主である島原藩側からも遠見番へ向けて次の指示が出
されている[24]。

　　態と申触候然者唐・阿蘭陀船漂着之節、以来取計方之儀別紙之通長崎御
　　奉行所より被　仰出候間御達書之趣堅相守、右船漂着致し候ハバ各方始
　　役人・水夫等迄乗卸不致、早速其所懸り々各方より牛深御番所江注進致
　　し御差図之通取計可申候、勿論富岡江も早速注進可有之候
　一牛深近辺江漂着致し候節者、早速御番所江相達御差図相待取計候而も、
　　左而已間違ニも成間敷候得共、近頃之通此後富岡・二江江漂着有之候節、
　　里数十四・五里も隔り候場所より牛深御番所江注進、御差図之上萬端取
　　計候様致し候而者、間違之儀出来可致様被存候間、此度御達書之趣ニ付
　　而者、委細長崎御奉行所江相窺候筋も有之候ニ付、追而御下知可有之候、
　　右伺相済候迄萬端此度之御達書之通相心得取計可有之候、以上（後略）

　この文書の差出は、富岡詰の島原藩役人で、5ヶ所に配置された遠見番に宛
てられている。ここでは唐船とオランダ船が漂着した時の対応について、今後
は長崎奉行所からの通達を遵守して漂着船に乗り移らず、すぐに牛深湊見張番

所へ注進をして、差図の通りに取り計らうこと。あわせて富岡役所へも至急報告するように、各所の遠見番へ求めている。また、近年では、富岡・二江付近といった牛深から14、5里も離れた場所での漂着もあるため、牛深湊見張番所へ注進して差図を受けていては、対応に誤りが起きる可能性があると言及している。さらに、この達書の内容は、長崎奉行所へ伺いを立てていることもあるので、後日、下知があるはずで、伺済までは今回の達書を心得て取り計らうようにと伝えている。

　これからは、牛深湊見張番所の設置にともなう新たな指揮命令系統の確立によって、現場の対応に混乱が生じていることがわかる。また、富岡・二江付近での漂着を想定し、牛深湊見張番所に情報を集約することによる欠陥を長崎奉行所に伝えて検討を促しているように、更なる改正の余地を含む通達だった。なお、牛深湊見張番所の設置以前は、富岡役所の差図を受けて対応していたが[25]、これが変更されたことで、富岡詰の島原藩役人は遠見番へ報告を催促する必要が生じた。長崎奉行所―牛深湊見張番所―遠見番の指揮命令系統を認めるとともに、富岡役所を介した自藩への情報提供も求めたのである。

　同年8月には、さらに富岡詰の役人から遠見番へ次の指示が出されている[25]。

　　態と申触候、然者唐・阿蘭陀船漂着之節、以来取計方之儀長崎御奉行所より被仰出候御達書之趣先達而相触候処、牛深御番所より里数隔り漂着致し候節、右御番所御差図之上取計致候而者間欠之儀出来可致、且唐船乗卸不致候而者取計致しにくき儀等之儀以書付伺被出、則以伺書申達候処別紙之通長崎御奉行所より被仰出候間堅相守、漂着之船見請次第早々御番所江相届御差図被請候様、尤手延ニも難致義も候ハバ時宜ニ寄乗移可申候、何れニも漂着之船見出候ハバ早速御番所江申遣、長崎江注進も可致旨相心得候様被仰付候間、御達書之通り相心得萬端御取計、富岡江も早々注進可有之候、以上

　　　　八月廿四日

　　　　　　　　　　　　　　　　　　　　　　　　大嶋弥四郎
　　　　　　　　　　　　　　　　　　　　　　　　荒木左太夫

　　　富岡附・大江崎附・﨑津附・
　　　　　　　　（ママ）
　　　魚貫崎附・牛深崎
　　　　右遠見番人中

牛深湊見張番所から遠く離れた地点で漂着した際に番所からの差図を待って取り計らっていては間違いが起きる可能性があること。そして、唐船に乗降できなくては対応に支障が生じることなどを長崎奉行所へ問い合わせている。前者の問題点は先述した通りだが、乗降ができなくなったことによって、人命に関わったり船越での対応が難しくなるなど、遠見番たちは問題を抱えている。これについて、「来朝・帰帆之訳、信牌所持・不所持、或ハ湊内へ引入呉候様願之訳、長崎へ引送り方願之趣ニ難聞届、書簡取候義者勿論質唐人も請取難叶」こともあるなど、漂着唐船対応の根幹に支障をきたすことが遠見番によって指摘されている[27]。このように現場で対応にあたる遠見番の意見が伝えられると、再度、調整されていったのである。

今回の問い合わせに対して長崎奉行所からは、漂着船を見つけ次第、牛深湊見張番所へ届け出て差図を受けること、そして状況に応じて唐船への乗り移りも認めることが申し渡されている。また、富岡詰の島原藩役人である大嶋と荒木は牛深湊見張番所とともに、富岡へも注進するように遠見番へ命じている。長崎への連絡体制についても述べられており、現地からの報告を受けた牛深湊見張番所から長崎へ注進することになった。これに続いて、次の指示が出されている[28]。

> 追而申入候別紙御達書之内長崎江注進も可旨有之候者、各方より直ニ長崎江注進致し候振ニも相聞候へ共全左様ニ而者無之、御番所江計相届候得者長崎江御番所より注進可有之と心得、此方へ之注進抜候様相成候而者難成と之御心得ニ而御認之義ニ可有之と相見候ニ付、長崎注進者矢張是迄通、御役所江注進候様相心得各方へも可申聞旨、島原より申来候間左様御心得可有之候（後略）

ここでも「此方（＝島原藩の役人が詰める富岡役所）」への注進を怠らないようにと再度命じるなど、富岡役所から島原本藩への連絡体制を堅持する意向がみられる。さらに、富岡役所への情報集約を行なうように各所の遠見番へ申し聞かせることが島原本藩からの指示であるとして、富岡役所への報告を強く求めている。長崎・天草の防衛ラインの一端を担う島原藩にとっても漂流船の情報は不可欠であり、従前とは異なる体制による不利益を解消するよう、遠見番に直接指示していったのである。以上を踏まえて、牛深湊見張番所ができたことによる遠見番の体制は図1「漂着発生時の連絡体制」のように変化した。

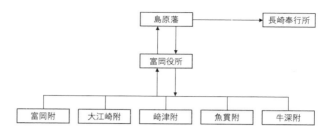

（寛政 11 年以前）

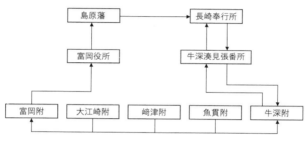

（寛政 11 年以降）

図1　漂着発生時の連絡体制

　牛深湊見張番所の設置によって、唐船漂着が起きた場合はすぐ牛深湊見張番所へ報告を行なうこと、そこで受けた差図に従って対応することが新たに定められている。寛政11（1799）年を境にして、それまで富岡役所の差図に依拠していた漂着船の対応を、牛深湊見張番所が主導することとなったのである。また、唐船漂着の報告について、以後の長崎への報告は牛深湊見張番所が行なっている。牛深湊見張番所は長崎奉行所直轄の機関であり、普請役をはじめ長崎の役人が勤務していた。天草における異国船対応に関して、長崎への情報伝達の強化・迅速化が図られるとともに、長崎奉行所の意向が反映されやすい体制を構築し、対外関係の変化に即応しようとしたのである。

おわりに

　天草には度々唐船の漂着が起こっており、遠見番はその対応にあたる専任の地役人として設置された。鎖国体制確立期から長崎と天草は紐帯した防衛機能

が与えられており、富岡役所を核とした指示命令系統が築かれていたのである。これに直接的かつ前衛的に従事するのが遠見番であり、唐船やオランダ船などの異国船対応では、特に唐船の漂着から長崎挽き送りまでを担うなど、幕府の禁教・鎖国政策の保持に尽力していたといえよう。

遠見番の職務は、常に富岡役所との報告と差図の遣り取りのなかで行なわれてきた。しかし、寛政11（1799）年の牛深湊見張番所の設置によってこの関係は変化してくる。長崎奉行所直轄の牛深湊見張番所の設置は、長崎奉行所が天草での漂流船対応に強く介入するきっかけとなった。唐船漂着に関して、設置後は牛深湊見張番所に情報を集約し、ここからの差図によって対応するように改められたのである。そこには異国船対応の強化を求める幕府の意向が反映されており、鎖国体制を堅持するための施策でもあった。

長崎奉行は長崎警備の指揮の範囲を天草まで拡大し、異国船対応、さらにはキリスト教禁教を後ろ盾にしながら、介入を強めたのである。他方で、現場で業務にあたる遠見番との調整を図りながら対応を画策しており、施策者と行為者でのすりあわせのなかで実行性のある体制を築いていった。また、天草を預所としていた島原藩はこれに従いつつも、自藩への情報収集のため、各所遠見番に指示するなど、体制変化に応じた動きをしている。このように天草を舞台に長崎奉行所、島原藩、そして遠見番の意趣が錯綜しながら漂流船対応策は確立していったのである。

[註]
(1) 長崎県史編纂委員会編『長崎県史』対外交渉編（吉川弘文館、1986年）262〜268頁。
(2) 安高啓明『近世天草の支配体制と郡中社会』（上天草市、2022年）144〜147頁。
(3) 安高啓明『近世天草の支配体制と郡中社会』前掲書、154〜157頁。
(4) 安高啓明「天草の大庄屋制と地方支配」（安高啓明編『上天草市史　姫戸町・龍ヶ岳町編　近世資料集　第3巻　村落・生活』上天草市、2021年）142頁。
(5) 荒野泰典『近世日本と東アジア』（東京大学出版会、1988年）104〜105、142〜143頁。
(6) 荒野泰典『近世日本と東アジア』前掲書、139〜155頁。
(7) 松浦章「江戸時代後期における天草﨑津漂着唐船の筆談記録」（『近世東アジア海域の帆船と文化交渉』関西大学出版部、2013年）94〜104頁。
(8) 安高啓明編『上天草市史　姫戸町・龍ヶ岳町編　近世資料集　第1巻　役儀・

　　支配』（上天草市、2021 年）34〜35 頁。

（9）「割符留帳」（大庭脩編『関西大學東西學術研究所資料集刊』9　関西大学東西学
　　術研究所、1974 年）。

（10）安高啓明編『上天草市史　姫戸町・龍ヶ岳編　近世資料集　第 1 巻　役儀・支
　　配』前掲書、376 頁。

（11）中村質『近世対外交渉史論』（吉川弘文館、2000 年）105 頁。

（12）久保春香・安高啓明「享保期島原藩における唐船打ち払いと漂着船対応」（『西
　　南学院大学博物館研究紀要』第 7 号　西南学院大学博物館、2019 年）49〜50 頁。

（13）「遠見番勤向書上帳」（天草古文書会編『天草古記録集 1　高田家所蔵遠見番関係
　　文書』天草古文書会、1979 年）35 頁。

（14）「御条目写」（天草上田家文書 3-88）。

（15）林銑吉編『島原半島史　下』（国書刊行会、1979 年）596 頁。

（16）安高啓明『近世長崎司法制度の研究』（思文閣出版、2010 年）132〜134 頁。

（17）島原藩の預所となっていた天明 3（1783）年から文化 10（1813）年寛政元年
　　において抜荷を禁止する旨の高札が確認できたのは、志岐村・都呂々村・福連
　　木村・下津深江村・小田床村・高濱村・大江村・﨑津村（天草古文書会編『天草
　　郡村々明細帳（下）』天草古文書会、1993 年）。文化 2 年では姫浦村・二間戸村・
　　樋島村・高戸村・大道村・御所浦村・浦村・棚底村・宮田村（「御高札并道法書
　　上帳」安高啓明編『上天草市史　姫戸町・龍ヶ岳町編　近世資料集　第 2 巻　秩
　　序・法制』上天草市、2021 年）である。

（18）「天草上田家記録」四（九州大学記録資料館所蔵 C-3-33）。

（19）荒野泰典『近世日本と東アジア』前掲書、104〜105、140〜145 頁。

（20）高柳眞三・石井良助『御触書天保集成』（岩波書店、1958 年）851〜852 頁。

（21）木村直樹『幕藩制国家と東アジア世界』（吉川弘文館、2009 年）216〜242 頁。

（22）森永種夫『続長崎実録大成』（長崎文献社、1974 年）413〜414 頁。

（23）「松平主殿頭様御預所之節長崎御奉行所より御達書写」（天草古文書会編『天草
　　古記録集 1　高田家所蔵遠見番関係文書』前掲書）21 頁。

（24）「松平主殿頭様御預所之節長崎御奉行所より御達書写」（『天草古記録集 1　高田
　　家所蔵遠見番関係文書』前掲書）21〜22 頁。

（25）「松平主殿頭様御預所之節長崎御奉行所より御達書写」（『天草古記録集 1　高田
　　家所蔵遠見番関係文書』前掲書）25 頁。

（26）「松平主殿頭様御預所之節長崎御奉行所より御達書写」（『天草古記録集 1　高田
　　家所蔵遠見番関係文書』前掲書）23〜24 頁。

（27）「御用書留帳」寛政 11 年（天草上田家文書 3-24）。

（28）「松平主殿頭様御預所之節長崎御奉行所より御達書写」（『天草古記録集 1　高田
　　家所蔵遠見番関係文書』前掲書）24 頁。

異国船対応と荒尾嶽烽火台

牧野寿美礼

　天草の地役人である遠見番は、初代天草代官である鈴木重成によって寛永18（1641）年に配置された。遠見番所の設置は、鎖国体制の確立に伴って西国諸藩において整備された長崎警備と連動しており、遠見番は幕府の対外政策の実務を担う役職である。遠見番の主な職務には、①異国船の来航監視・抜荷取締・漂着船の処理、②難破船の救助、③造船・解船・売船の監督、④浦方に関する違法行為の摘発、⑤旅船と旅人の入・出島の管理がある。当初、富岡に4人、大江崎・魚貫崎に2人ずつ、3ヶ所に計8人が置かれたが、享保元（1716）年には、頻発する唐船漂着への対応などを理由に、﨑津と牛深に番所が増設される。以後、人数の増減や配置替えを経て、享保2（1717）年以降は、富岡・牛深・﨑津に2人ずつ、大江崎・魚貫崎に1人ずつとなった。

　遠見番所の設置にあわせてつくられたのが烽火台で、有事の際に狼煙によって現地の状況などを伝達することを目的とした。享保5（1720）年に天草が島原藩の預所となると、寛永18年の遠見番所設置時から設けられていた烽火台に代わり、魚貫崎・高浜荒尾嶽・富岡白岩崎・富岡元袋山・二江通詞島の5ヶ所に改めて設置される。非常時が生じ、高浜荒尾嶽を狼煙の始点とする場合は、高浜荒尾嶽→富岡白岩崎→富岡元袋山→富岡陣屋→二江通詞島→口之津（島原藩領）という伝達が想定されたという。このように天草から

図1　荒尾嶽烽火台跡

図2　牛深遠見番所跡・烽火台跡

預主である島原藩まで、素早く情報伝達を図るための環境に再整備されたのである。現在でも牛深遠見山番所跡と荒尾岳には、当時の烽火台跡がある。

　文化6（1809）年に荒尾嶽の烽火台が実際に使用されていることを示す史料（『上田宜珍日記』）がある。同年1月、まず長崎の烽火台において試し揚げが行なわれた。このとき、「申刻」（16時頃）・「酉刻」（18時頃）に狼煙を揚げることが事前に近隣各領に周知され、この報せは富岡役所を通じて天草の各村にも届けられた。これを受けた高浜村庄屋上田宜珍は1月20日、狼煙の見え方を確認するために山へ登っている。しかし、狼煙をはっきりと確認することはできず、"星のような火"が3度上がったにすぎなかったという。このように、最初の試し揚げでは、狼煙による合図が他領へ正確に伝わらなかったため、日を改めて再度、行なわれることとなった。2度目の試し揚げは同年4月2日に予定され、長崎奉行所からこの報せを受けた上田宜珍は、再び荒尾嶽へ登っている。2度目の試し揚げでは、荒尾嶽から見た長崎の烽火台の様子として、事前の報せがなければ狼煙に気づかない程度であると報告している。

　荒尾嶽の烽火台はこの時、長崎での試し揚げに併せて使用された。事前に用意していた枯柴を烽火台で燃やすと、この狼煙は幅「七尺」（約2.1m）、高さ「六尺」（約1.8m）ほどになったとある。その後、枯柴を継ぎ足しながら1時間ほど燃やし続けたが、北東の風が強く、油を注いでみたものの火の勢いが増すことはなかったという。宜珍は狼煙の長崎からの見え方を伺っており、これに対して富岡役所を通じて、火の勢いは強く見えたとの回答を得ている。

　しかし、荒尾嶽の烽火台が使用された記録が残るのは、この文化6年4月の1度だけである。実際の有事に、狼煙を使って他領との情報伝達が行なわれた事例は確認されない。また今回、長崎奉行所が主導した烽火台の運用試験では、周辺の各所において、狼煙が確認できないなどの不具合が相次ぎ、異国船

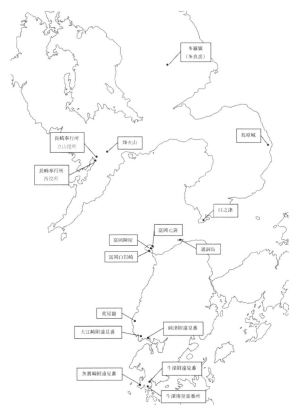

図3　天草・長崎遠見番体制主要図

来航時などでの運用には至らなかった。長崎と天草を含める諸地域との間で、狼煙で状況を知らせることは技術的に難しかったのである。しかし、唐船漂着のみならず、異国船の到来によって異国の脅威が増すなか、窓口である長崎を中心として防衛体制を強化しようと試みる動きと評価することができよう。

[参考文献]
松田唯雄『天草近代年譜』（みくに社、291947年）
平田正範『上田宜珍日記　文化6年』（天草町教育委員会、1990年）
平田豊弘「天領天草について」『天領天草大庄屋木山家文書　御用触写帳』第1巻（本渡市教育委員会、1995年）
安高啓明「天草の大庄屋制と地方支配」『上天草市史　姫戸町・龍ヶ岳町編　近世資料集　第3巻　村落・生活』（上天草市、2021年）

第 4 章

天草一町田村と高浜村における類族改の実態
——上田家新出資料の分析を通じて——

安 高 啓 明

はじめに

　幕府は、寛文4（1664）年に、諸大名に対して宗門改役の設置を命じ、同11年には、宗旨人別帳の作成を義務付けたことは周知の通りである。すでに寛文3（1663）年には、転宗者（かつてキリシタンだった棄教者）の子孫、「類族」の記録作成が制度化されていたともされ、類族を宗門改役のもとで管理させる体制がとられていた[1]。さらに、貞享4（1687）年の覚書では、幕命により類族帳の作成が改めて指示されると、キリシタンを血縁によって管理することを徹底する。幕府のキリシタン探索制度は、類族帳の作成によって完備することになったとも評価されている[2]。

　宗旨人別改は、現在の戸別管理の性格を有するのに対して、類族改は遡及的かつ血縁的に管理するものと定義することができよう。江戸時代のキリシタン統制は、大目付井上政重の「天主教考察」就任を機に[3]、幕府職制内において統括される一方、諸藩に宗門改役を配置させたように、地域の役人が実務にあたった。幕府は諸藩からの情報集約のもと指揮命令を下すといった、網の目のようにキリシタン禁制を全国で貫徹させる体制を整えたのである。そのため、類族の管理は一義的に地域委託されており、その状況は地域資料から詳らかにするほかない。

　類族に関する資料は宗旨人別改に比べると不足していることもあって、研究にも偏重がみられる。とりわけ、大分では類族資料の残存状況、及び新出資料から、その実態が明かにされている。例えば、日田藩領時代の大分郡・玖珠郡の類族の実態は、貞享4（1687）年7月付で松平大和守直矩から長崎奉行川口源左衛門・宮城監物宛てに提出した「豊後国大分郡玖珠郡宗門親類書」に

より知ることができる。同地区でキリシタンの嫌疑を受けたものの家族、親族（四親等まで）については、その家族と父方、母方、縁者にわたり、出身地、年齢、縁故関係、罪状、処分、年月などについて詳述される[4]。また、臼杵藩にあるキリシタン関係文書から、出生や死亡、結婚、養子縁組、離婚、離縁、転居、剃髪、出奔に至るまで、あらゆる管理を村役人や藩役人から受けていた実態が明らかにされている[5]。

　本稿で対象とする天草は、大分と同じキリスト教の布教の拠点であり、潜伏キリシタンが多かったことで知られる地域である。それにもかかわらず、類族改の実態については、資料の現存状況から不明な点が多く、その詳細を知り得ない。肥後国でみても、細川の飛地である豊後国とあわせた類族帳は確認されるが[6]、幕領である天草はここから遺脱している。類族の管理は、禁教期のキリシタン政策の根幹であり、潜伏キリシタンとの関係を探るうえで貴重な情報源にもなり得る。平成30（2018）年に「長崎と天草地方の潜伏キリシタン関連遺産」が世界文化遺産に登録され、潜伏キリシタンの信仰形態に光があたり、学術的評価が与えられた。しかし、その前提ともいうべき天草郡中における類族の管理体制を詳らかにできておらず、これを明らかにすることは潜伏キリシタンの信仰形態が形成されていく外形的な環境の提示につながる。

　天草崩れが起こった地域のひとつ高浜村で庄屋を勤めた上田家が作成した文書は、現在、熊本県指定文化財となっているが、ここに含まれない未整理の文書が見つかった。筆者が令和2（2020）年より調査を開始したなかでキリシタン関係文書を発見し、ここに類族に関する資料を含む22点が新出した。本論では、これらの新出資料をもとに、天草ではどのような類族の管理がなされていたのかを明らかにしていく。なお、調査の概要等については、拙稿「上田家文書第一次中間報告―新出キリシタン関連文書」を参照されたい[7]。

1　類族改の制度化

　幕府による類族改の指示は、前述した通り貞享4（1687）年7月付の覚書である。これは全8条からなるもので、類族改の実施、ならびに類族の帳簿化を指示したものである。キリシタンを血縁により把握するとともに、監視対象者として「登録」した。幕府による文書主義確立の最初期にあたり、キリシタンに

対する継続的管理が実現する。そして、万治・寛文期に起こった大村郡崩れや濃尾崩れ、豊後崩れを経て、体系化された宗門改の骨子としても評価できよう。そこで、類放改の画期となった貞享4年の覚書の条文について記すと、次のようになる。

【史料1】

　　　　　覚

一前々切支丹宗門之由にて本人有之におゐてハ、何年以前何方にて僉議有之て、何年以前ころひ候邪宗門之者にて候得共、切支丹を依訴人仕候、其科を被成御免、在所え帰罷有候哉、其わけ委細書付可被申事、

一右ころひ候前々切支丹之者有之、只今までも預被差置候哉、又ハ何にても面々職仕罷在候哉、其わけ一人宛別に委細書付可被申事、

一最前切支丹にてころひ不申以前之子ハ、男女ともに本人同前之儀候間、本人之内え書入可被申候、但ころひ候以後の子供ハ、男女共に類族之内え書付可被申事、

一前々切支丹ころひ候以後、檀那寺可有之候、何宗旨に成候て常々寺へ参詣仕候哉、其寺え付届常体に仕候哉、数珠等をも持、父母之忌日に寺えも参、又ハ持仏なとをもかまへ、香花をも備へ候哉、其趣檀那寺慥遂僉議、又ハ下人等召仕候者有之候ハヽ、其下々迄念を入、可被致穿鑿事、

一切支丹之儀ハ不及申、宗旨疑敷者於有之ハ、御料ハ御代官、私領ハ其地頭え可訴之、勿論切支丹奉行え早々可申遣之、品により急度御ほうひ可被下之、尤同類たりといふとも、其科をゆるし、あたをなささるやうに可被　仰付之、若隠置、後日に於顕ハ可為曲事事、

一類族之者忌掛り候親類并聟舅吟味有之て、書付可被申候、此外は不及書付候、尤諸親類等迄他国え差放遣之儀、堅可為無用候、但参候ハて不叶わけ於有之は、切支丹子孫のわけ参候所へ可申届候、御領は御代官、私領ハ其地頭え可相達候、何年過候とも、其わけ切支丹奉行へも申達、帳面をも書直し候様ニ可仕事、

一前々切支丹宗門之者果候ハヽ、死骸は塩詰に仕差置、切支丹奉行差図次第可仕事、

一類族之者相果候は、死骸等遂吟味、別条於無之ハ、檀那寺にて取置、其趣を帳面にしるし、毎年七月十二月両度に切支丹奉行へ差出、帳面除か

せ可被申事、

　　右之趣、早速相改、帳面に記之、切支丹奉行へ可被差出候、帳之奥書等
　　之儀は奉行中より可相達候、前々より切支丹宗門之者無之方へも、為心得
　　不残相触候之間、可被得其意候以上、

　ここには、キリシタン本人ならびに転びキリシタン一人ずつの状況や行動把
握、死骸の取り扱いなどについて列挙されている。以前、キリシタンだったも
のを取り調べるとともに、キリシタン訴人の放免についても定めている。3条
目に類族の規定があり、キリシタンで棄教する前に生まれた子供は男女ともに
「本人同前」とする。そして、棄教した後に出生した子供は、男女ともに「類
族」として書き付けることになった。ここに、キリシタンと類族とを区分する
概念が萌芽し、以降、これが各地で展開される類族管理に通底していく。「こ
ろひ」（転び）の前後によって、「本人同前」・「類族」とにわけて血縁管理がな
されたが、ここには男女の別はなかったことも特筆すべき点である。こうして
国内にキリシタンはいない社会を実現したという前提のもとで、血縁者を統制
していった。

　また、棄教して以降の檀那寺、宗旨、日常の参詣を確認するとともに、数珠
や仏の所持、さらに、忌日への対応などを調査している。これは、登録に基づ
いた日常監視の実務を指示したものであり、類族の忌掛りの親類を吟味して管
理するようにと記している。類族が死んだ時は、死骸の対処方法を定めてよく
吟味したうえで、特に問題がなければ、檀那寺で対応し、そのことを帳面に認
め、毎年7月・12月の2度、切支丹奉行へ提出することになっている。その
うえで、「類族帳」から除帳するように定められた。

　これは、類族の定義と登録化、日常監視、そして忌掛りという触穢概念を併
せた規定となっている。また、死骸の処理手続きを明示し、ここに「切支丹奉
行」の関与が認められる。そして、2度の届け出を要するなど、幕府と諸藩と
の間で綿密な報告、これにともなう情報集約が図られていたことがうかがわれ
る。なお、この覚書が出された3年前に、服忌令が出されて制度化されている
ため、類族改は、服忌令との関連性も指摘される[8]。

　先に示した、「本人同前」から男系5代・女系3代であれば、移動と生死を報
告・登録させた[9]。元禄8（1695）年6月付「切支丹類族一件」には、その詳細
な規則が収められ、本論に関連する事項のみを抜き出すと次のようにある[10]。

【史料2】

一父母不転以前之子幼少ニ而父母ニはなれるとも本人同前ニ立事ハ出生其まゝ其父ニ而も母ニ而も功徳の水といふ物をかけ、わか宗門になしかたむるによりて、本人同前に相立候由申伝候事、

一父母不転以前之子ハ男女共ニ本人同前也、孫ゟ男段々続候時ハ耳孫迄類族ニ可入、

一転候以降之子男段々続之時ハ玄孫迄類族ニ可入、

一転候以後之子男孫も男ニ而曽孫女之時ハ曽孫迄類族ニ可入玄孫ハ不入

一転候以降之子男ニ而も孫女之時ハ孫迄類族ニ可入曽孫者不入、

一本人并本人同前之者ゟ忌掛り候親類其外舅姑聟嫁者類族可入、

1条目は、父母が棄教する前の子が、幼少時に両親から離れていても「本人同前」とする。それは、「功徳の水」をかけてキリシタンになっているためとする。つまり、養子などによって出生後すぐに親がかわっても、すでに「洗礼」を受けているという認識にたっており、この規定に至っているのである。ここからは、幕府がキリシタンの作法を熟知していたとも評価できる。そして、2条目には、父母が棄教する前の子は、男女ともに「本人同前」とし、孫から継続して男が続いた時は耳孫までを類族とする。3条目には、棄教後の子で、男が継続した時は玄孫までを類族とする。4条目では、棄教後の子が男で、孫も男、曽孫が女の時は、曽孫までが類族に入り、玄孫は入らない。5条目は、棄教後の子が男で、孫が女の時は、孫までが類族、曽孫は入れない。6条目には、本人や本人同前の者から忌掛りの親類、そのほか舅・姑・婿・嫁は類族に

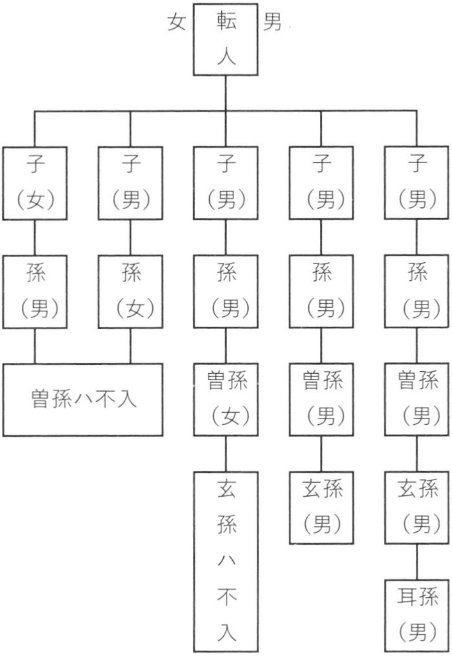

図1　類族規定

入れるとされた。血縁ならびに男系か女系、忌掛りをも包摂した類族規定が定められたのである。これには図も添付されており、それを示すと図1のようになる。

　図1をみれば、男系と女系の場合にわけて整理されており、先に記した通りの規定となっている。一瞥してわかるように、類族規定に関する文書が作成されていたのであり、全国で統一された類族規定として、各地で遵守させようとしたものと思われる。

　【史料1】の規定は、明和3（1766）年10月の書付にも継続性がみられ、『牧民金鑑』によれば、次のように記されている[11]。

　【史料3】

　　　右切支丹・転切支丹類族有之面々、生死其外異変等、年々七月。十二月無
　　　懈怠相改候儀者勿論之事ニ候得共、近来届後れも有之旨相聞候、左様者有
　　　之間敷候、向後二季之改異変無之候共、有無宗門改江可相届候、且又毎年
　　　十月ニ至り差出候宗門改証文も無遅滞宗門改へ差出可申候、右之趣向々江
　　　可被相触候、

　これは貞享4（1687）年「覚書」の7条の系譜をひくものであり、ここからは類族管理も等閑になってきている様子がうかがわれる。キリシタンや転びキリシタンの類族の生死に関わること、その他に異変があれば、毎年7月・12月に怠ることなく、改めるようにとある。近年、その届出が遅滞しているようで、その是正が図られているのである。また、今後は二季制の改めで異変がなくても、その状況を宗門改役に必ず届け出るように求め、さらに、毎年10月になって提出していた宗門改証文も遅滞なく、宗門改役に差し出すように要請している。弛緩している類族改と宗門改を再度、徹底・強化を図ったのである。絵踏が年中行事化、イベント化してきていたように[12]、類族改でも同じ状況になっていたのである。

2　類族の帳簿管理

　類族を管理するために作成された文書が「類族改帳」である。これは、かつてキリシタン、もしくは関係者と認定された者がいた地域でのみ作られる公文書であり、「宗門改帳」とは別に仕立てられている。いわば、「類族改帳」は、

遡及的にキリシタンを認可した淵源的血縁に依拠したものであり、現在を起点とし居住・身分に基づいた「宗門改帳」とはその性格を異にする。宗門改と人別改、さらに絵踏の三者は、同時に行なわれるため、事務的負担の軽減などを背景に統合されるようになる。その結果として、「宗門人別改絵踏帳」といった全ての要素を包含した文書が作成されたのはいうまでもない。一方、「類族改帳」はこれらと文書の作成意図が異なるために、両者は併存しており、キリシタン禁制下において重要な文書として取り扱われた。

　類族は、前述したように出生や死亡、転居、縁付などによる移動を管理する対象だった。これは「類族改帳」にも反映されることであり、厳密に登録されている。一方、時を経ると類族の人数が減少することはいうまでもない。そのため、類族の管理、帳簿の作成について相談することもあった。『肥後國天草郡地方演説書』には、次のように記されている[13]。

【史料4】
　　一天草郡転切支丹類族の義、追々死失いたし存命のもの壱人も無之、存命
　　　帳の内、追放・欠落、其外他国出いたし行衛不相知ものも年数相隔り存
　　　命可罷在ものに不相見候間、先御預所中宗門奉行へ相届け、帳面仕切り
　　　候段、申送り候に付、猶又申送り候、

　これによれば、天草郡中の転びキリシタン類族が死失したため存命している者は１人もいないとある。「存命帳」には追放・欠落・他出していて行方不明の者も記載されるが、年数も経っているため、存命者はいないと見做して、預所としている間に宗門奉行へ届出ている。それは帳面の仕切り、つまり、「類族改帳」の作成を終えるかどうかが申送り事項となっているのである。

　本文書は、天保３（1832）年に長崎代官高木栄太郎から西国筋郡代塩谷大四郎に預主が交代するあたり作成されたものである。そのため、前掲の「預所中」とは、長崎代官時代のことを指しており、これが西国筋郡代に引き継がれた。そして、天保３年に、「類族改帳」作成の是非が上申されており、その決裁を宗門奉行に求めているのである。江戸時代にこうした伺いが出されているように、「キリシタン類族帳は、毎年キリシタンの取締りとして宗門改帳・五人組帳と同様に、各地域で作成され提出されたが、全国的にも断片的にしか現存しない」と評価される所以である[14]。熊本藩でもこの時期になると、「古転切支丹類族病死御改帳」が作成されるようになり[15]、同じ傾向にあったことが

示唆される。

　「類族改帳」は、類族に異変があった時に照らされる台帳であり、永年にわたって厳重に保管された。村政に委任されたキリシタン管理の基礎台帳であり、類族と最初に認定した村落の庄屋は死失するまで、これを取り扱うことになっていたのである。天草では大江組で「転切支丹並類族死失帳」（松浦家文書）が作成されていることを確認でき、行政管理として徹底されている。

　ことさら村を越えて縁付する際には、その情報共有が不可欠だった。次に掲げる【史料5】は「類族改帳」をもとに筆写して、類族の本村（本籍）から他出先（現住）に宛てられた文書である[16]。

【史料5】

　　　　覚

　　四郎兵衛曽孫　杢右衛門五女

　一むめ　　　　　　　　　　　禅宗肥後国天草郡大江村江月院旦那

　　宝永弐年酉四月十九日病死

　此女肥後国天草郡高濱村百姓源右衛門妻ニ而御座候

　　杢右衛門聟　むめ夫

　一源右衛門　　　　　　　　　禅宗肥後国天草郡大江村江月院旦那

　　　　　　　　　　　　　　　当巳六拾八歳

　此者肥後国天草郡高濱村百姓ニて御座候

　　杢右衛門孫　むめ娘

　一いん　　　　　　　　　　　禅宗肥後国天草郡大江村江月院旦那

　　元禄十六年未三月十九日病死

　　四郎兵衛玄孫　杢右衛門孫むめ伜

　一長三郎　　　　　　　　　　禅宗肥後国天草郡大江村江月院旦那

　　　　　　　　　　　　　　　当巳三拾九歳

　　享保五子八月廿二日病死

　此者百姓仕父源右衛門手前ニ罷在候

四郎兵衛玄孫　杢右衛門孫むめ伜

一牛之助　　　　　　　　　　　禅宗肥後国天草郡大江村江月院旦那

　　　　　　　　　　　　　　　　　　当巳三拾六才

此者父源右衛門手前ニ罷在候

四郎兵衛玄孫　杢右衛門孫むめ伜

一権太郎　　　　　　　　　　　禅宗肥後国天草郡大江村江月院旦那

　　　　　　　　　　　　　　　　　　当巳三拾歳

此者父源右衛門手前ニ罷在候

四郎兵衛玄孫　杢右衛門孫むめ伜

一虎松　　　　　　　　　　　　禅宗肥後国天草郡大江村江月院旦那

　　　　　　　　　　　　　　　　　　当巳廿八才

此者父源右衛門手前ニ罷在候

四郎兵衛玄孫　杢右衛門孫むめ娘

一ひめ　　　　　　　　　　　　禅宗肥後国天草郡大江村江月院旦那

　　壱丁田へ縁付仕候　　　　　　　当巳廿五才

此女父源右衛門手前ニ罷在候

右類族根帳之通書付遣申候、源右衛門孫ゟ除リ申筈ニ候間、左様御心得可
被成候、巳上、

　　　　巳閏五月十九日

　　　　　　　　　　　　　　　　　　壱町田村庄や

　　　　　　　　　　　　　　　　　　　市左衛門（花押）

　　　　　高濱村庄や

　　　　　　　友右衛門殿

　これは、正徳3（1713）年に「類族帳」の通りに、一町田村庄屋市左衛門が筆
写した類族源右衛門一家の書付である。そもそも源右衛門が結婚した"むめ"
の父親で一町田村に居住する杢右衛門が類族であり、源右衛門は"むめ"と結
婚したことで、類族に加えられている。これは前掲した【史料2】にあったよ
うに、婿でも類族に加わっていたことを示している。杢右衛門の祖父四郎兵
衛からの系譜をひく類族の"むめ"は4代目にあたり、源右衛門の孫、つまり

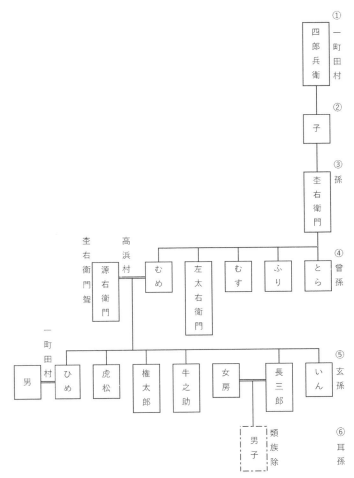

「書状」（上田家仮目録 2-51）、「書状」（上田家仮目録 2-52）、「覚」（上田家仮目録 2-57-1）、
「口上」（上田家仮目録2-57-2）より作成。

図2　四郎兵衛類族系譜

6代目から類族が除かれることになる。そこで、四郎兵衛からの系譜を示すと
次の図2のようになる。

　これは、前述した【史料2】にあったように、天草でも男系6代で類族から
除かれたことを示しており、ここで列挙された者は全て類族に該当する。類族
の"むめ"と婚姻関係を結んだ源右衛門も類族に加わっており、村方から監督
される立場になった。それは、婚姻にあたって「智」（妻の家系に入る）となっ
たためである。また図1では孫以降は女の次世から類族除となっているが、

ここでは次々世からとなっていることは看過できない。この"むめ"の事例から、当時の天草では類族と非類族との間で、婚姻関係を結ぶことに支障はなく受け入れられていた実態さえ看取される。

"むめ"が婚姻を機に高浜村へ転居したことを受けて、一町田村庄屋市左衛門が保管する「類族帳」の原本から関係箇所を抜粋し、この書付は大江組高浜村庄屋友右衛門へ宛てられている。それは組（一町田組・大江組）を越えた婚姻であるため、類族に関する情報を庄屋間で遣り取りしているのである。これをもとに、高浜村庄屋友右衛門は、源右衛門一類を監督していくことになり、"いん"や長三郎が死去した記録もここに追記していったのである。源右衛門の子供たちが、類族である"むめ"を基点とした記載になっているのは、むめが類族元だったためで、宗門改帳では戸主を基に記されていることと相違している。

類族の管理は、「類族改帳」だけではなく、「村明細帳」にも記録されていた。天草郡中で「村明細帳」が作成されると、これは富岡役所に提出されることになる。「村明細帳」は、天草郡中の情報を正確に把握するための基本台帳となるもので、庄屋・年寄の責任のもとで作成されている。この内容は、村高に始まり、家数、村人数、馬数、威鉄炮数、郷蔵、寺社などが列挙される。ここに、類族が記されることがあるとともに、天草は公儀流島であるがゆえ、預流人についても収めている。つまり、類族は、預流人と同等に別個に管理される対象だったのである。

具体的な事例をみてみると、今富村では、享保17（1732）の明細帳に「流人壱人　駿河国佐津村之者源兵衛　此者享保九年御預ニ而候」とあり[17]、また、同年の大江村の明細帳には、「流人壱人　是ハ下野国芳賀郡大沼村之者　元禄十五午年大江村江御預ニ而御座候」[18]、同じく高浜村では、「流人壱人　半之介是ハ播州明石　押郡庄木津村之者　享保十巳年高浜へ御預ニ而候」とあり[19]、各村が預かった年から差遣先の情報に至るまでが記されている。このなかでも高浜村の半之助について、寛延3（1750）年の『明細帳』に次のようにある。

【史料6】

当村御預ヶ流人壱人　　　　　　　　　　　　非人幡州木津村之者之由半之助

　　　　　　　　　　　　　　　　　　　　　　　　　　当午六拾七

右流人若病死仕候節ハ取置不申以前御役所江早速御届ヶ申上御下知次第ニ取置可申候、

流人が病死した時は取り置くことはせず、役所へすぐに届出たうえで、下知を受けて対処するようにと記されている。このように、「明細帳」のなかで流人は、惣百姓らとは別枠で管理されていたのである。

　預流人と同じく、類族がいた地域では、『明細帳』に記録されているのも特徴である。寛延3（1750）年の富岡町の『明細帳』では、惣人数1913人に対して、類族を次のように記している[20]。

【史料7】
一切支丹類族之者三百拾人　内男弐百三拾壱人　女七拾九人

　　但弐百弐拾七人　　内男百七拾九人　女四拾八人　当町人高之内

　　　五拾人　　　　　内男三拾八人　　女拾弐人　　在方江居住罷在

　　　三拾人　　　　　内男拾壱人　　　女拾九人　　長崎江居住罷在

　　　三人　　　　　　男　　　　　　　　　　　　　行衛不知

　右類族之者死失・出生・離別・縁組・寺替・養子・剃髪・儀絶・居所替・名替有之節者、六月・十二月二季ニ御届書差上申候、其節者通帳面差上押切印形被遊候、右死失届有之節者、旦那寺ゟ之証文相添差上申候、

　これによれば、富岡町では切支丹類族が310人（男231人・女79人）いた。このうちの227人（男179人・女48人）が富岡町におり、50人（男38人・女12人）は村方へ、30人（男11人・女19人）は長崎で居住し、3人が行方不明という。寛延3年時点で多人数の類族を富岡町では管理していた実態がわかる。そして何らかの理由で郡中の村方、そして長崎へも行っており、届出を要するものの比較的移動は広域に認められている。類族を認定した富岡町で、移動した後も貫属地として管理していたのであった。

　これにあわせて、死亡や出生、離別や縁組、寺替などといった事由があれば、6月と12月に届書を提出している。また、死亡した場合は、檀那寺からの証文を添えて差し出すことになっていた。同年の井手組上野原村に関しては、惣人高が402人（男204人・女198人）のうち、「転切支丹類族」が98人（男68人・女30人）いたことがわかっている。そして上野原村でも富岡町と同じように、二季の届書、死亡した際は檀那寺からの証文を添えて提出するようになっていたのである。

　そのほかの地域をみてみると、宝暦11（1761）年の『明細帳』から、宮地岳村では惣人数1034人のうち、「転切支丹類族」は男1人である。また、津留村

では、惣人数675人のうち、「転切支丹類族之者拾三人、内男八人・女五人」とある[21]。市ノ瀬村では、村人数311人に対して、「転切支丹類族」は男1人で、平床村では惣人数279人のうち、男3人が転切支丹の類族だった。一町田村では、寛延3（1750）年に惣人数1086人だったうち、転切支丹類族は、男が58人、女が9人の合計67人である。宝暦11（1761）年の一町田村の下田に関する『明細帳』によれば、男9人と女3人の12人であったことがわかる。

　次に天草崩れで検挙された村の状況をみてみよう。﨑津村では、宝暦11（1761）年の惣人高2165人に対して「転切支丹類族」は男3人・女1人の合計4人だった[22]。これ以降、明和5（1768）年の『萬覚帳』や寛政元（1789）年の『明細帳』には、切支丹類族の記載はなく、「類族除」状態になったと推測される。

　高浜村では正徳4（1714）年の『指出明細帳』によると、惣人数1272人のうち「切支丹類族」は5人だった。寛延3（1750）年には、「転・類族無御座候」とあって、高浜村に転切支丹や類族はいなくなったのである。そのため、宝暦11（1761）年の明細帳には、切支丹類族の項目さえもみられなくなっている。

　大江村では宝暦11（1761）年『手鑑』によれば、惣人数2699に対して、「転切支丹類族」は男女1人ずつの合計2人だった[23]。これ以降、明和5（1768）年『萬覚帳』、寛政元（1789）年『明細帳』、天保9（1838）年『明細帳』でも「転切支丹類族」の記載はみられない。前述した高浜村と同じように、類族がいなくなったものと思われる。

　今富村では、宝暦11（1761）年『手鑑帳』によると、惣人数1456人のうち、「転切支丹類族」は男4人・女1人の合計5人だった。これ以降、明和5（1768）年の『萬覚帳』、そして安永元（1772）年『手帳』などでは転切支丹類族の記載がみられない。

　このように、村の基本情報として、類族も郡中各村で厳密に管理されていたことがわかる。「村明細帳」とは別に、「類族改帳」が大庄屋の引き継ぎの際に授受されていたように[24]、類族の管理は組、ひいては各村で重要事項だった。また、類族の居住は、郡中でも偏りがあったことがわかり、前述したように富岡町には寛延3（1750）年には310人がいたこと、さらに、上野原村には98人ではあるものの、全住民の約四分一が類族だったことは看過できない。一方、文化2（1805）年の天草崩れで検挙された﨑津村・高浜村・大江村・今富村では、極めて少ない類族だった。これが天草崩れで捕縛された潜伏キリシタンた

ちを、「異宗」・「心得違」とみなす一因だともすることができよう。類族の徹底した管理実態が、彼らをキリシタンとは是認できなかったのである。

類族を含めた村内の情報は、富岡役所でも集約されている。『肥後國天草郡地方演説書』には、「村々明細帳、並高札写且員数帳引渡し申候」とある[25]。村明細帳は郡中各村の基本台帳でもあるため、預主が交代するにあたっても重要文書として引き継がれているのである。村明細帳に類族や流人が、惣人高とは別に記されていることに、両者が公的管理の下で重要視されていた実態が示されるのである。

3　類族の取り扱い実態

「類族改帳」が作成された背景には、類族の引越や死亡、生誕などによる流動性を確実に把握する必要があったためである。そこには、幕府の文書主義の成熟が「類族改帳」による管理の強化につながったと評価することができる。また、幕府による類族規定が示されるにあわせて、服忌令とも連動させた忌掛りによる系統付けは、類族の概念を日本社会に落し込み涵養させようとする意図が看取される。表面的には "キリシタンがいない" 世の中が形成された以上、幕府にとって宗門改による現状の把握と類族改による血縁管理を同時に行なうことが肝要だったのである。そこには幕府の政治的意向が村社会へも貫徹され、その担手として村役人や寺院を位置付けていった。

類族が移動するにあたっては、【史料5】にもあった「類族根帳」という、いわば「類族改帳」の原本から筆写して当該地域に送達して情報共有していた。次の【史料8】は、正徳3（1713）年5月21日付で類族の移動に関する文書が送られ、役所への届出を確認するために作成されている[26]。

【史料8】

　　　　　口上

一先日類族根帳之通写し遣申候処ニ、其元源右衛門娘壱町田へ縁付罷在候
　由、其程私不存候ニ付、根帳一通写し遣申候、定而当村へ縁付之訳ハ、
　其節其元ゟ御役所江御書上ケ被成候半与奉存候、於然ハ宗旨此方夫同宗
　ニて、其元之御世話無御座候間、左様御心得可被下候、先日書付相認申
　候節、市左衛門留主ニて様子相尋不申、根帳一通り写シ遣候ニ付、御不

審御尤ニ奉存候、右之趣貴様ゟ友右衛門殿御方へ宜被仰達可被下候、奉
畏候、以上、

白木河内村

傳右衛門（花押）

巳五月廿一日
　　　高濱村
　　　　権介様

追而右之趣友右衛門様方ゟ壱町田へ被仰越候段御尤奉存候、宜様御取成
可被下候、奉存候、且又右類族縁組之儀、此方ゟ書上候積りニ候ハ、、
其元ゟ御書上ニ及不申候、此段ハ追而可申含候、只今無之外取込申候
間、早々申進候、

　この文書は、【史料5】に関連するもので、一町田組白木河内村傳右衛門か
ら大江組高浜村の権介に宛てられている。先日、「類族根帳」の写を送付した
件について、源右衛門娘（ひめ）が一町田組内（一町田村）のものと縁付になっ
ていることを知らなかったため、根帳を一通り写して送ったとある。当村へ
縁付した理由は、高浜村から役所へ書き上げてくれるようにお願いしている。
また、宗旨については、夫と同宗であるとし、高浜村からの特段の世話もな
かったのでこのような措置をとったことを心得てくれるようにと伝えている。
　そして、先日書付を作成した際には、市左衛門が留守だったので様子を尋ね
ることができず、根帳を一通り写して送ったのを不審に思われたことは当然で
あるので、本件を権介から高浜村庄屋の友右衛門方によろしく伝えてくれるよ
うに求めている。なお、以上のことについて、高浜村庄屋友右衛門から連絡が
欲しく、取り計らってくれるようにともお願いしている。そして類族が縁組し
た件については、こちらから書き上げるので、高浜村はこれに及ばないと付記
している。
　【史料5】で記されている“ひめ”が高浜村から一町田村へ縁付となったこと
を受けて、文書を遣り取りした経緯が記される。傳右衛門と権介による内々の
相談であり、庄屋間で正式に行なう手続きの前に段取りを話し合ったものと評
価できる。類族が縁組した事実報告は、嫁ぎ先の村が書き上げている。そし
て、縁付した理由書には、元村である高浜村から富岡役所に届け出ることを確
認している。現居住地と元居住地との間で、事務手続きの確認がなされていた

のである。また、類族の宗旨に関しても、高浜村から特段の世話がなかったために一町田村によって差配しているようだが、換言すれば、類族元から宗旨の仲介があったこともうかがえる。また、傳右衛門は類族の縁付について知らなかったとも伝えており、移動にあたっては、村役人間で綿密な連絡をしておらず、等閑となっていた実態も示されよう。

　一方、類族が死去した時の遣り取りについては、次の史料から確認することができる[27]。

【史料9】

　　御使札致拝見候、弥御堅固ニ被成御座候□□（虫損）珍重御儀奉存候、然者類族権
　　太郎昨日病死いたし候付、早速被仰越、元帳今月五日病死之訳書入仕候、
　　御役所御注進、此□（節カ）被仰渡候趣ニ而、重而御注進可被成段、何方茂御同
　　前ニ相心得□（虫損）有候、重而絵踏之節御注進可被成候、
　一其村源右衛門娘ひめ当村罷越居候処、縁組帳終ニ書上無御座候、依之今
　　度絵踏之後、此方ゟ縁組之訳書上可申候間、左様御心得可被下候、追而
　　組々類族存命人数書上候ニ者、其村へ罷在候分ニ而、人数ニ御入置、御
　　書上可被成候、委細之儀ハ御使候上ニ申進候、重而御面談ニ得与可得御
　　意候、
　　類族存命人数組々ゟ書上候付、重而西目三組之義者筆者衆中御出会いやか
　　きなと無之様ニ申含致候、猶重而御面上ニ旁可得御意候、恐惶謹言、

　　　　九月十七日　　　　　　　　　　　　　　　　　　　壱町田村
　　　　　　　　　　　　　　　　　　　　　　　　　　　　　傳兵衛（花押）

　　　　　　高濱村
　　　　　　　　友右衛門様

　これは一町田村傳兵衛から高浜村友右衛門に宛てられたものである。ここには、類族の権太郎が昨日病死したため、すぐに連絡を受け、「元帳」には９月５日に病死の訳を書き入れたとある。富岡役所へも届け出たので、あわせて報告してくれるように伝えている。さらに、絵踏の時にもこの旨を伝えるように綴られている。また、源右衛門娘の“ひめ”に関しては、一町田村に来ているものの、「縁組帳」にまだ書き上げていなかった。そのため、今度の絵踏が終わった後に、一町田村から縁組の訳を書き上げるので、承知してくれるように求めている。また、類族の存命人数を書き上げる際には、その村にいる人数に

加えてくれるよう、詳しくは使に伝えたうえ、再度、面談を行ないたいという意向を示している。類族の存命人数を各組から書き上げるので、西目筋の三組のことは、「筆者衆」が集まって間違いがないように確認し、再び対面のうえで同意を得たいとしている。

　病死した権太郎は、【史料5】でも示されている類族にあたり、父親の源右衛門と高浜村で同居していた。しかし、その系譜の根本（本籍）である転びキリシタンが一町田村の者であったため、高浜村友右衛門から一町田村傳兵衛に連絡がなされ、その結果、元帳に病死の旨を記載し、さらに富岡役所にも連絡しているのである。つまり、他出の類族の管理は、転びキリシタンがいた村（本籍）と現住地の村の双方が任にあたっていた。さらに、絵踏がある時に、病死の旨を伝えるようにと重ねて報告されていることも看過できない。それは、類族改と宗門改の執行とが分離していた実態が示される。絵踏の時は別途、病死した旨を伝えるようにと記されていたように、宗門改と類族改を紐付けした管理とはなっていなかったことがうかがえる。

　また、"ひめ"は、【史料8】で取り上げた人物だが、いまだに「縁組帳」に記載されていないことが記されている。絵踏が終わった後に対応するとあるが、ここに一町田村の怠惰な対応が示され、類族管理が曖昧になってきている実態が看取される。その一方で、類族の存命人数については、西目の三組の筆者衆が作業にあたるなど、共同管理がなされるなど徹底している。つまり、複数の組が定期的に対面で確認する体制が築かれていたのである。「西目三組」の間での人流が多かったことを反映したものと思われる。

　また、病死した時の村方での一次対応にあたって、檀那寺がその証明をする必要があった。この状況について記したのが、次の【史料10】である(28)。

【史料10】
　　　　〔端裏書〕
　　長三郎病死寺手形

　　　　指上申手形之事
　一肥後国天草郡高濱村百姓長三郎当寺旦那紛無御座候、当子八月廿二日
　　　　　　　　　　　　　　　　　　　　　　　　　　〔見せ消ち〕
　　病死仕候右長三郎儀、同郡壱町田村転切支丹杢右衛門続　則　高濱村墓
　　　　　　　　　　　　　　　　　　　　　　　　　　　〔虫損〕
　　所ニ土葬取置申候、若宗旨之儀ニ付脇ゟ如何様之儀申出候□拙僧罷出、
　　其埒急度可申明候、為其仍如件、

天草郡大江村禅宗

江月院

享保五年子八月廿二日

　　富岡御役所

　これは、享保5（1720）年8月22日付で、大江村の江月院から富岡役所に届けられた文書の控えである。類族である長三郎が死亡したことの報告で、長三郎は【史料5】にも記されており、前掲した図にある源右衛門とむめの息子にあたる。父親源右衛門と高浜村で同居しており、正徳3（1713）年の時点では39歳で、檀那寺は一族全て大江村江月院だった。

　類族が死亡した場合は、檀那寺による添証文が必要だったことは前述した通りであるが、本文書はそれに相当しよう。この内容をみると、高浜村の百姓長三郎は江月院を檀那寺としていることに間違いない。8月22日に長三郎が病死したが、彼は「転切支丹」家系の杢左衛門の続柄であり、高浜村の墓所に土葬した。もし、長三郎の宗旨のことで、他所から問い合わせがあったならば、江月院の僧が出て説明するとある。本文書を以て、江月院が長三郎病死の件の責任者としての立場を明確にしている。

　こうして、類族長三郎の続柄を示したうえで、埋葬の手続きまでを執り行なった旨が江月院から富岡役所に届けられた。これは、事後報告であるものの、土葬に至る前には、大庄屋・庄屋らの立ち会いを経ていることはいうまでもない。最終的に富岡役所に届け出る時に、檀那寺である江月院がその証人として本文書を作成して提出した。そのため、以降の問い合わせを含めて、江月院が対応することが付記されたのである。こうしたことから、類族改の最終的な責任は、檀那寺にあったことがわかる。なお、類族長三郎の弟である権太郎が病死した文書も確認されており[29]、一貫して監視対象にあった。

　また、類族の子供についての確認も庄屋レベルで行なわれている。前掲した長三郎の子供の取り扱いについて遣り取りしている文書が次のものである[30]。

【史料11】

　一其元長三郎女房昨廿七日男子出生いたし候よし、右類族ニ而有之故、御
　　　申越被成御尤ニ存候、長三郎迄ニ而子どもハ帳面除り申候旨、左様御意
　　　得可被成候、被入御念候御事ニ御座候、以上、

　　　巳正月廿九日　　　　　　　　　　　　　　壱町田村庄や

市左衛門（花押）

　　　高濱村御庄や

　　　　友右衛門様

　これは一町田村庄屋市左衛門から高浜村庄屋友右衛門に宛てたものである。長三郎女房が男子を出生したため、高浜村から一町田村市左衛門に届けられているが、それは、長三郎が類族だったために他ならない。しかし、類族は長三郎までで、その子息は「類族改帳」から除くことになるので、その旨を理解してもらうとともに、念のために友右衛門にも連絡をしていたのである。先に確認した手続きと同じように、類族長三郎は高浜村で居住しているものの、類族としては図2で示したように一町田村四郎兵衛からの系譜をひくため、こうした文書の遣り取りがなされているのである。

　このように、現村（現住）と元村（本籍・類族認定地）との間で類族に関する情報共有が緊密に行なわれていたことがわかる。また、図1と比較すると、「転切支丹」から4代目が女であった場合、その子は類類から除外されるのが原則となっている。しかし、天草の場合は引き続き類族とみなされており、耳孫からが除外だった。つまり図1とは異なる類族管理がなされ、そこには地域的差異が生じていたのである。

おわりに

　幕府の類族改が天草地域でどのように行なわれているのかを、一町田村と高浜村との遣り取りを通じて確認していった。そこには、幕府の類族規定に従った管理を原則とするものの天草ではより厳しい範囲が定められている。そして、本人・「本人同前」が居住していた村は、後年に類族が他出しても、類族根帳を管理していたため、転居先と情報を共有していた実態がわかった。もし、異変があれば、双方から富岡役所に連絡する体制が築かれており、基本的には、郡中に委任して管理されていたことを確認できた。また、複数の組単位で筆者衆によって類族が管理されていたこともわかり、こうした共同体制は相互に情報共有化を図ることにつながった。ここには、宗門改が富岡役所の主導で行なわれる一方、類族改が郡中主導で実施されていたとみなすことができるのである。

　一方で、村落間での文書の遣り取りからは、管理に怠惰な状況がみられた。

絵踏の時に、病死や縁付などによる移動を役人に報告するなど、事前に文書を整えていなかったことがわかる。それは、宗門改と類族改が連動した管理体制になかったためで、両者は弁別された監視対象だったことを示し、非効率的な事務分掌が確認できた。

このように、郡中が主として類族を管理しており、「類族改帳」に記載されることで、「類族」として認可されることになった。類族根帳に転出や死失を追記していたのは、類族を永年管理するためである。そのため、天草崩れが起こった時は、類族が検挙されたのではなく、これとは一線を画した「異宗信仰者」であり、「心得違い」と位置付けられるロジックが生じた。もし、類族を起因としたキリシタン容疑とされれば、これまでの類族管理のあり方そのものを揺るがすことになる。これを認めれば歴代の天草代官や預主にとっても行政的瑕疵を認めることになり、ひいては、幕府のキリシタン政策の欠陥を露呈して抜本的改革も余儀なくされる事態となるのである。絵踏に応じていたことは、宗門改が現状確認として行なわれていたとみなされ、類族改は非キリシタン社会の実現を前提としているため、異なる扱いをしていたのである。

天草では、類族管理も厳密に行ない、かつ宗門改、ひいては絵踏・影踏も実施している。こうしてキリシタンがいない表層的状況が創出されていき、潜伏キリシタンは、類族とも異なる信仰や生活を保持していくことにつながったのである。類族は忌掛りと同系統的に把握されていたことに対して[31]、潜伏キリシタンは統制外の存在だった。換言すれば、類族も潜伏キリシタンとは一線を画していたといえ、双方は同じ地域社会の構成員でもあった。天草崩れによって、新たに「異宗信仰者」という"第三極"が生まれ、天草島内には、非キリシタン・類族・異宗信仰者が混成した社会が形成されたのである。また、類族を後ろ盾にしながら、潜伏キリシタンは生存していくことを可能にしたとも評価できるのである。

［註］
(1) 朝尾直弘編『日本の近世　7』（中央公論社、1992年）72頁。
(2) 五野井隆史『日本キリスト教史』（吉川弘文館、1990年）241頁。
(3) 清水紘一「宗門改役ノート」（『キリスト教史学』30号、1976年）。
(4) 甲斐素純「キリスト教の禁止と類族改め」（『大分縣地方史』177号、2000年）35頁。

(5) 大橋幸泰「キリシタン類族改制度と村社会―臼杵藩の場合」、三野行徳「臼杵藩宗門方役所とキリシタン統制」(『国文学研究資料館紀要　アーカイブズ研究篇』第 14 号、2018 年)。

(6) 矢島浩『熊本キリシタン類族の研究』(日本教育センター、1976 年)。なお、天草の類族については「肥後国天草郡転切支丹并類族死失帳」(松浦家文書)がある。

(7) 安高啓明「上田家文書調査第一次中間報告―新出キリシタン関連文書」(『天草キリシタン館年報』天草市、2021 年、55〜60 頁)。

(8) 大橋幸泰『近世潜伏宗教論―キリシタンと隠し念仏』(校倉書房、2017 年)60頁。

(9) 村井早苗『キリシタン禁制と民衆の宗教』(山川出版社、2002 年)56〜58頁。

(10) 史籍研究会編『内閣文庫所蔵史籍叢刊第 41 巻　憲教類典 (5)』(汲古書院、1984年)456 頁。

(11) 荒井顕道編・瀧川政次郎校訂『牧民金鑑』(刀江書院、1969 年)177 頁。

(12) 安高啓明『踏絵を踏んだキリシタン』(吉川弘文館、2018 年)90〜91 頁。

(13) 安高啓明編『上天草市史　姫戸町・龍ヶ岳編　近世資料集　第 1 巻　役儀・支配』(上天草市、2021 年)380 頁。

(14) H．チースリク監修　太田淑子編『日本史小百科　キリシタン』(東京堂出版、1999 年) 241 頁、矢島浩執筆「キリシタン類族帳」。

(15) 矢島浩『熊本キリシタン類族の研究』(日本教育センター、1976 年)。

(16) 上田家文書。仮目録番号 2-57-1。

(17) 『天草郡村々明細帳 (中)』(天草古文書会、1990 年)398 頁。

(18) 『天草郡村々明細帳 (下)』(天草古文書会、1993 年)415 頁。

(19) 『天草郡村々明細帳 (下)』前掲書、259 頁。

(20) 『天草郡村々明細帳 (上)』(天草古文書会、1988 年)39 頁。

(21) 『天草郡村々明細帳 (中)』前掲書、宮地岳村は 241 頁、津留村は 298 頁、一ノ瀬村は 303 頁、平床村は 308 頁。以下、「転切支丹類族」の人数は同書による。

(22) 『天草郡村々明細帳 (中)』前掲書、374 頁。

(23) 『天草郡村々明細帳 (下)』前掲書、420 頁。

(24) 服藤弘司『地方支配機構と法』(創文社、1987 年)1073 頁。

(25) 安高啓明編『上天草市史　姫戸町・龍ヶ岳編　近世資料集　第 1 巻　役儀・支配』前掲書、395 頁。

(26) 上田家文書。仮目録番号 2-57-2。

(27) 上田家文書。仮目録番号 2-58。

(28) 上田家文書。仮目録番号 2-2-150。

(29) 『天草キリシタン館年報』前掲書、55 頁。

(30) 上田家文書。仮目録番号 2-52。

(31) 森田誠一「『切支丹類族』に現われた血縁の概念」(『社会と伝承』4-2、1960 年)

第 **5** 章

天草への公儀流人の差遣と禁教政策

山田悠太朗

はじめに

　江戸時代、天草は幕府によって遠島刑に処された流人が差遣される公儀流島のひとつであった[1]。寛保 2（1742）年に将軍徳川吉宗の指示によって制定された公事方御定書には、「従前々之例」としたうえで、次のように規定されている[2]。

【史料 1】

　　一遠嶋

　　江戸より流罪之ものハ、大嶋・八丈嶋・三宅嶋・新嶋・神津嶋・御蔵嶋・利嶋、右七嶋之内へ遣、京・大坂・西国・中国より流罪之分ハ、薩摩・五嶋之嶋々、隠岐国・壱岐国・天草郡江遣、

　　但、田畑・家屋敷・家財共ニ闕所、

　ここには、江戸からの流人を伊豆七島へ差遣するとともに、京都や大坂をはじめとした西国から送られる流人の遠島地として、薩摩・五島の島々、隠岐、壱岐とならんで天草が挙げられている。このように、天草は公儀流島のひとつとして法的に位置付けられていたのである。しかし、御定書が制定される以前の天草には、江戸や長崎からの流人が差遣されており[3]、御定書制定以降は、長らく公儀流人の差遣が中断されていたことも確認されている[4]。天草への遠島は、公事方御定書の規定が必ずしも遵守されたものではなかったのである。

　以上のように、近世を通じて公儀流人が差遣されていた天草は、島原天草一揆や天草崩れに代表されるようにキリシタン関連の事件が多発し、幕府によるキリシタン政策が他地域と比べて厳しく行なわれたことでも知られる[5]。こうした土地柄でありながら、公儀流人が差遣され続けていたことは、天草の禁教

政策にも影響があったと推測される。幕府による天草への遠島を分析するうえでは、天草における流人に対する禁教政策にも目を向ける必要がある。

　しかしながら、先行研究においては、天草の公儀流人を対象とした宗教統制について言及されることは少なく[6]、詳細な分析を欠いている現状にある。そこで本稿では、公儀流島であった天草への流人差遣体制の変遷を明らかにするとともに、天草郡中における流人の管理実態を見出していく。そして、流人の状況と禁教政策を紐付けながら、天草における公儀流人への禁教政策の実態を、人別改や絵踏といった宗門改の分析から明らかにしていく。

1　公儀流人の受け入れ―享和元年以前―

　天草に早くから差遣されていたのは長崎流人である。明暦元（1655）年にはすでに差遣が開始されていたとみられ、当時の天草代官鈴木重辰により出された五カ条の触には次のような指示がある[7]。

【史料2】
　　一長崎ゟ流人共差越候間、浦々船の櫓かひ揚置、乗逃の者無之様に入
　　　　　　　　　　　念可申候、
　　（念カ　筆者注）

長崎から流人が差遣されるので、浦々の船の櫓櫂を揚げて置き、島外へ乗り逃げる流人がないように留意することを申し付けている。これは流人の島抜けを未然に防ぐために出された指示である。流人の島抜けは漁船の所有者が多い天草では特に注意されていた。天草は一揆鎮圧後の寛永18（1641）年に幕領に編成されるが、その直後に流人が差遣されるようになったという指摘もある[8]。

　また、長崎から天草への遠島については、長崎奉行所の判例集「犯科帳」にも次のものが収められている[9]。

【史料3】
　　　生所　長崎万屋町　仁兵衛父
　　一富永左兵衛　　　　　辰歳五拾壱　　　卯十二月十九日手鎖入町内預
　　　生所　長崎万屋町　仁兵衛弟
　　一富永瀬兵衛　　類族　辰歳拾七　　　卯十二月十九日左兵衛一所町内預
　　　生所　長崎万屋町　仁兵衛弟
　　一富永新太郎　　　　　辰歳九　　　　卯十二月十九日左兵衛一所町内預

生所　長崎万屋町　仁兵衛弟

一富永万太郎　　　　　辰歳六　　　　　　卯十二月十九日左兵衛一所町内預

　　生所　長崎万屋町　仁兵衛妹

一たか　　　　類族　辰歳十三　　　　　卯十二月十九日左兵衛一所町内預

　　右左兵衛儀度々召出遂穿鑿之処、仁兵衛悪事曽而不存候段申わけ雖相立
　　候大罪之者之父并弟妹之儀故、町内ニ預置之、江戸江相伺、依御下知辰
　　三月廿二日天草江遣之、就当地出入之儀堅令停止之、若於立帰ハ可為曲
　　事旨申含之、

　元禄12（1699）年、富永仁兵衛の父左兵衛ら5人は、仁兵衛の悪事による縁
座で天草へ遠島とされた。富永仁兵衛は阿蘭陀稽古通詞を勤めていた者で、オ
ランダ人から金子を借用したうえ、出島内で盗みを犯した罪により、町中引廻
しとなり、出島前にて磔刑に処されている[10]。仁兵衛が犯した罪が大罪であっ
たため、左兵衛ら親族が天草への遠島とされたのである。

　しかし「犯科帳」には、これ以外に天草への遠島の判例は確認されない。
当時の長崎奉行所は流人を五島へ一極集中的に差遣しており、左兵衛らのケー
スは例外的であると指摘される[11]。それは、天草が長崎と近接した場所であ
り、長崎流人にとって天草は島抜けして長崎へ立ち戻ることが容易な島だった
からである。また、長崎と天草は往来する者も多く、罪人を離島に隔離して懲
戒するという遠島刑が持つ本来の性格が希薄となる恐れもあった。こうした事
情から、長崎流人の天草への遠島は例外とされたのである。

　あわせて、近世前期に天草へ多数差遣されていたのは江戸流人である。史料
上確認されるもので最も古いのは元禄5（1692）年で、高野山の行人600人余り
が幕府から遠島処分を受け、うち140人が天草に差遣されている[12]。次いで元
禄15（1702）年に江戸の無宿者55人、翌年には同じく江戸の無宿者45人が差
遣されている[13]。このように、江戸流人は一度で50人前後、多い時には100
人以上の大人数が一括して差遣されていたことがわかる。寛文4（1664）年から
享保元（1716）年までの間に、天草には139人の流人が差遣されており、うち
108人が江戸流人であったという[14]。長崎流人が8人に過ぎなかったことと比
べれば、天草へ差遣されていた公儀流人の大半は江戸流人だったことがわかる。

　享保9（1724）年にも江戸から48人の流人が差遣された[15]。元々は50人が
差遣される予定であったが、一人が江戸で入牢中、もう一人が差遣途中の兵庫

で死亡している[16]。ここでも、江戸流人が50人前後に調整されたうえで、天草に差遣されていたことが確認できる。しかし、この年を最後に江戸流人の差遣はみられなくなる。享保10（1725）年にも流人の差遣があったようだが[17]、人数や差遣元などの詳細は判明しない。いずれにせよ、享保9年頃を境に江戸流人の天草への遠島は中断されたのである。

　これについては、のちに制定される公事方御定書が一つの要因であると考えられる。【史料1】で示した通り、公事方御定書は江戸流人の遠島地を伊豆七島と規定しており、天草に差遣してきた従来の法慣習を変更している。公事方御定書の編纂事業は、元文2（1737）年から本格的に開始されるが[18]、そこには、すでに享保年間から進められていた明律研究が密接な影響を与えたとされる[19]。さらに、吉宗による司法制度改革は、新井白石による「正徳の治」の系譜を引くものと評価されており[20]、長崎では正徳5（1715）年に出された正徳新例により奉行所への司法的権限の集中が実現している[21]。これらを勘案すれば、吉宗が将軍に就任した享保元（1716）年時点では、すでに幕府による司法制度改革の気運が高まっており、その一環として遠島刑についても制度的見直しが図られたものと考えられる。公事方御定書の制定過程で、江戸流人を伊豆七島に限定して差遣する方針が固められ、天草への差遣が停止されるに至ったのである。

　このように、天草には近世初期から江戸・長崎の公儀流人が差遣されていた。しかし、長崎流人の差遣は例外的であり、かつ江戸流人の差遣も享保9年頃を最後に中断される。以降の天草には、公事方御定書の規定があるにもかかわらず、それに基づく流人の差遣は行なわれず、再開は享和年間まで待つことになるのである。

2　天草への差遣再開と天草崩れ—享和元年以降—

　享和元（1801）年、幕府の遠島刑の執行方法に変更を加える老中下知が発令された。これにより、それまで隠岐・壱岐の2島に限り差遣してきた京都や大坂をはじめとする西国の流人は、薩摩・五島・天草を加えた5カ所へ分散して差遣されることとなった[22]。この老中下知には、公事方御定書の規定を改めて遵守しようとした幕府の政策的意図もみられる。その遂行のためには対象地か

らの了解を得る必要があり⁽²³⁾、天草の村々にも次のように伝達された⁽²⁴⁾。

【史料4】
（享和元年）
七月廿九日公事方御勘定奉行菅沼下野守様ゟ御呼出、御預所天草郡江前々
者流人差遣候事ニ候処及中絶候、向後京・大坂・伏見・奈良・堺ニ而申付
候遠嶋者可被遣候間、可被得其意候、尤差遣候節々右奉行所ゟ相達次第、
隠岐国流人之通大坂ゟ御雇船を以差遣ニ而可有之候、右之趣伊豆守殿依
御差図申渡候間、可被得其意旨御口達之上御書付御渡被成候、然処公用人
ゟ外々様江も流人被遣候儀御沙汰有之候様申候ニ付、写貰候由にて、別紙
江戸ゟ差越申候、右被仰渡候趣村役人江申聞置候様、右之通島原表ゟ申来
候間、村役人一統不洩様可被申通候、

　　　　　九月　　　　　　　　　　　　　　　　　　　　　　　林　鉄兵衛

　　　　　　　　　　　　　　　　　　　　　　　　　　　　　　宮川銀太夫

　　　　　会所詰大庄屋中

　当時、天草を預所としていた島原藩の役人林鉄兵衛・宮川銀太夫が、享和元
年に天草の郡会所詰大庄屋らに宛てた書状では、中断していた公儀流人の差遣
を再開し、今後は京都や大坂など西国からの流人を送るので、村役人らにも洩
れなく伝達するようにと達せられている。この史料にある「隠岐国流人之通」
というのは、大坂町奉行所が差遣の費用を負担し、天草までの流人船を準備す
ることを意味している⁽²⁵⁾。幕領である隠岐・天草への遠島にあたっては、大坂
町奉行所が遠島に要する費用や流人の差遣業務などを負担していた。一方で、
藩領である薩摩・五島・壱岐への遠島では、これらの一切を藩が負担すること
になっている⁽²⁶⁾。天草は島原藩の預所であったため、同じく松江藩の預所（大
名預所）となっていた隠岐を先例とした差遣形態が導入されたのである。この
老中下知をもって、長く中断されていた天草への遠島が再開され、京都や大坂
などの西国から流人が差遣されることとなった。

　こうして、享和3（1803）年6月には、再開後初めてとなる西国流人8人が
差遣された⁽²⁷⁾。

【史料5】
態申触候、此度従大坂被差出候流罪之者八人名前・年齢并居村等委細別紙
之通ニ候処、右之者共他所江罷出候儀堅停止之趣申聞、居村役人ゟも相制
候事ニハ有之候得共、万一心得違ニ而他出致度存、渡海船等之儀相頼候儀

も有之候ハ、差押置、早々可訴出候、右之趣船頭漁師者勿論、浦方之者
共一統相心得罷在候様急度可申聞置候、以上、

　　　　　六月廿八日　　　　　　　　　　　　　　　富岡御役所

　天草への8人の流人の名前・年齢・配所される村名といった詳細は別紙の通
りであると示されている。また、流人が配所された村から他出することを堅く
禁じており、このことを村役人からも制するように命じている。もし他出を企
てた流人がいれば取り押さえ、早々に訴え出るようにと指示している。流人の
島抜けへの警戒は【史料2】で示した明暦元年頃から一貫しており、長崎や熊
本などと近接した天草が公儀流人の島抜けへの対応に苦慮していたことがうか
がえる。なお、8人の流人は志岐村や佐伊津村などに配所されている⁽²⁸⁾。

　5年後の文化5（1808）年閏6月には天草への2度目の遠島が執行され、9人
の西国流人が各村へ配所されている⁽²⁹⁾。この差遣を前にした同年4月、島原藩
の川鍋次郎左衛門は幕府の役人である羽田藤右衛門に対し⁽³⁰⁾、流人の差遣中止
を求める歎願書を提出している⁽³¹⁾。長文にわたる歎願書には、享和3年に差遣
された流人たちが農業稼ぎすら行なわず、他の百姓の困窮につながっているこ
と。流人によって島内の治安が悪化しており、特に御領村に預けられた丑之
助は人柄が悪く、喧嘩口論を引き起こしていることなどが挙げられている。
この歎願書の一節には、文化3（1806）年に大江村・﨑津村・今富村・高浜村
にて多数のキリシタンが露顕した「天草崩れ」に関連した次のような記述が
ある⁽³³⁾。

【史料6】

（前略）先年切支丹之違風ニ而も可有之哉と相見へ、怪敷異法内密ニ信仰仕
来候者五千余人相顕、吟味伺之上、去々寅年御裁許被仰渡候、右体之場所
柄故、兼而他方之人為入込不申候様申附、殊更所業も無之、狼狽仕候旅人
抔村方へ差置不申様誠請取り心配仕候義ニ而、右異法回心之者以後心得
違等無之様、此節教諭一途ニ仕候時節ニ御座候、流罪被仰付候者数多く入
込、聢と所業ニも有付兼、村方徘徊罷在候而ハ、人気混雑仕候儀も難計候
得ハ、御高不相応多人数ニて兎角困窮仕候ニ付、既ニ去卯年ゟ格別之御引
米御救として被下置候様奉伺候所、伺之通り被仰付候義ニ御座候間、何卒
郡中百姓共此儀御平穏ニ渡世之而已仕、一統困窮取直し、往々騒立候風俗
等相止メ候之様仕度奉存候、依之可相成ハ流人被遣候義、先年相止ミ居候

節之通ニ被仰付候様仕度、此段申上候、以上、

　　　　　辰四月　　　　　　　　　　　　　松平主殿頭家来

　　　　　　　　　　　　　　　　　　　　川鍋次郎左衛門　印

　先年、キリシタンの「違風」があるのではないかとの疑いがあったところ、
怪しい異法を信仰していた5000人余りが検挙され、吟味伺のうえ、文化3
(1806) 年に裁許を受けたとある。そのような土地柄であるため、旅人など他所
から入り込んだ者を村方に差し置かぬよう注意を払い、「異法回心」の者たち
にも心得違いがないように教論していた。こうした時節に流人が多く入り込ん
でしまっては「人気混雑」になるのも計り難く、所業にありつけなかった流人
たちによって、他の百姓が「兎角困窮」することになってしまう。そのため、
流人の差遣は先年の通り差し止めていただきたいと歎願している。

　これには、流人の動向を監視し、彼らの生活を援助することを求められた天
草の村方から出された要望が反映されたと考えられる。村方では享和3 (1803)
年から再開された天草への公儀流人の差遣を、その直後に発生した天草崩れと
関連付け、以降の流人の差遣を中止するように要請したのである。

　また、島原藩としても、預所である天草への公儀流人の差遣は負担となって
いた。そこで、郡中の要望を汲み取り、天草の百姓が困窮し、治安も乱れてい
るということに加え、天草崩れまでも交渉の切り札として、幕府に対して流人
の差遣中止を要求したのである。

　これに対し羽田藤右衛門は、天草における流人の諸問題について一定の理解
を示しながらも、次のように返答している(34)。引用するのは、羽田の返答の要
旨について川鍋から天草へ達せられた書状の写である。

【史料7】

　(前略) 天草郡ニ而難渋致候儀ハ訳ケハ相分リ居候得共、御料殊ニ御物入ニ
　而連越候ヶ所を相止〆候様被仰付候而ハ、私領之難渋申立候得者御料之
　方ゟ無拠筋ニ相成候、天草之儀ハ国風人気之差引を以被伺候ニ而至極尤ニ
　ハ候得共、右之訳合ニ而何分相止候儀ハ難成候間、得斗承知有之候 (中略)
　右之訳合奉承知候上ハ天草郡之流人被遣候儀、此節伺之趣迚も御聞済可有
　御座候筋ニ者無御座候間、伺書ハ御下被成候様仕度申達候処、御下被成候
　ニ付受取罷帰候、

　　　　　五月十八日　　　　　　　　　　　　　　　　　川鍋次郎左衛門

幕領の遠島地には、幕府の費用で送致している一方、藩領の遠島地には藩の負担で差遣している。そのため、預所である天草への差遣を差し止めてしまえば、負担の重い藩には説明がつかなくなってしまう。申し立て自体は正論であるが、藩の流人受け入れとの関係もあるので、差遣を中断するわけにはいかないと述べている。

　このように、幕府は公儀流人の差遣によって発生する問題については否定しなかったものの、それだけでは差遣を差し止める理由にはならないとした。また、薩摩・五島・壱岐といった他の藩領の遠島地との兼ね合いも含めて、天草だけの事情で流人の差遣を中止するわけにはいかないとも主張している。公事方御定書の規定を遵守するために享和元年に改正された制度を、天草だけの事情で見直すことはできなかったのである。換言すれば、天草の要望を受け入れれば幕府の司法制度そのものの見直しを迫られることになるため、幕府は慎重な姿勢を貫いたのである。

　このように、幕府は流人による治安の悪化、百姓の困窮については認めたが、一方で、差遣中止を要請する根拠の一つとして挙げられた天草崩れについては全く言及していない。幕府は天草崩れで検挙された者たちをキリシタンとして厳罰に処すのではなく、「心得違」の者として処罰した(35)。すなわち、天草崩れは当時、キリシタンの露顕ではなく、異宗を信仰した心得違の者たちを処罰した事件として処理されたのであり、幕府が本件を特別に取り上げる必要もなかったのである。

　西国流人は、天草崩れ以降も変わりなく差遣され続けた。天草への遠島は史料上で確認されるだけでも安政4 (1857) 年まで続けられている(36)。幕末に至るまで天草は西国流人の遠島地のひとつとなっていたのである。

3　公儀流人への禁教政策

　西国から差遣され、各村に配所された流人は、自力で渡世するように申し付けられ、相応の稼ぎをすることを求められた(37)。流人が配所された村は、居住する小屋を設け、稼ぎのための道具を支給し、流人の生活が苦しい時には少々の食料も与えている(38)。配所された村から無許可で他出することは厳しく禁じられたものの、不法なことを起こさず、預村の中で平穏に過ごしてさえいれば、

流人でも一般村民とほとんど変わらない生活を送ることができたのである。

　禁教政策の根幹であった宗門改についても、一般の百姓らと同様に公儀流人にも課されていた。文化10（1813）年、預所天草が島原藩から長崎代官へと支配替となるのに伴い、長崎代官はこれまでの流人の取り扱い方について問い合わせている。これに対し、十組の大庄屋は連名で全8カ条にわたる返答書を提出しており、そのうち流人の絵踏について次のように述べている[39]。

【史料8】

　　一流人共儀は毎春人別御改之節ハ、惣百姓済候上ニ而別段御呼出踏絵被仰
　　　付、猶村役人共之差図請、如法ニ仕可罷在旨、被仰渡来候儀ニ御座候、

　このように、毎年春の人別改の際は、惣百姓が済んだ後に別途流人を呼び出し、絵踏を行なわせていた。惣百姓とは区別したうえで、流人にも同じように絵踏をしていたのである。

　また、絵踏が終わった後に作成される絵踏（影踏）帳については、流人のものが一般の百姓らとは別帳化して作成されていた。文化元（1804）年には、4月5日に高浜村が村内の宗門改を終えているが、同月15・16日には同村に配所されていた利八の影踏帳を次のように取り扱っている[40]。

【史料9】

(四月一五日)
　一流人利八影踏帳江月院江寺印願ニ立会、元蔵ニ為召連、帳面相認為持遣
　　ス、一筆啓上仕候、然者当村江御預流人利八宗旨御改ニ付、此間影踏
　　被仰付候処、右影踏帳旦那寺御印達之御案帳　被仰付候間、貴寺旦那ニ
　　被成下度、右為御願流人利八召連、年寄差遣申候間、宜敷被仰付、右帳
　　面御印達被成下候様奉頼候、已上、

　　　　　　　　四月十五日　　　　　　　　　　　　　　　　　上田源作

　　　　　江月院様

(同月十六日)
　一富岡江飛脚

　一流人影踏帳一冊差上ル

　高浜村庄屋の上田源作は15日に江月院に対して、先日利八の影踏を終えたので、利八を旦那に入れ、影踏帳に寺印を捺すように要請している。その後、江月院が影踏帳に捺印したと思われ、翌日には富岡へ飛脚を送り、利八の流人影踏帳一冊を提出している。こうした手続きを経て、流人も寺請制度に組み込まれ、寺院を通じた監視体制の下に置かれたのである。この時の利八の影踏帳

は現存していないが、嘉永3（1850）年に内田村が作成した仙吉の踏絵帳から、その内容を知ることができる[41]。

【史料10】

内田村預り流人

仙吉

四十七

右之流人拙僧旦那ニ紛無御座候、依之名書の頭ニ印形仕候、若宗門之儀ニ付不審成儀ニ御座候者、早々御訴可申上、為其仍而如件、

嘉永三戌年　　　　　　　　　　　　　肥後国天草郡志岐村国照寺末
　　　　　　　　　　　　　　　　　　同国同郡冨岡町

禅宗瑞林寺

　　　　冨岡御役所

右之流人宗門御改ニ付踏絵仕候処、紛無御座候、常々行跡等迄怪敷儀無御座、尤被　仰渡の趣少茂無相違相守申候、若向後御法度之宗旨ニ志シ不審成儀御座候歟、御制禁之趣相背候ハヽ、加判之もの及見届候者、早々御訴可申上候、仍而証文如件、

嘉永三戌年　　　　　　　　　　内田村百姓代　　　米　吉
　　　　　　　　　　　　　　　同断　　　　　　　市次郎
　　　　　　　　　　　　　　　同村　年寄　　　　兼兵衛
　　　　　　　　　　　　　　　同村　庄屋　　松江代次郎
　　　　　　　　　　　　　　　志岐組大庄屋　平井為五郎

　　　　冨岡御役所

　絵踏の結果、仙吉には紛らわしいことはなく、日頃の行跡などにも怪しい点はないと記されている。この旨を内田村の百姓代・年寄・庄屋、志岐組の大庄屋らが証明し、連名で富岡役所に提出し、江月院からも利八が旦那であることに相違ないことが報告されている。一般的な宗門改帳とは異なり、キリシタンではないということだけでなく、日常から法度を守り、慎んで生活をしていることまで確認されているのが流人踏絵帳の特徴である（第Ⅲ部第2章）。

　このような絵踏帳の内容もさることながら、嘉永年間に至っても流人の宗門改が実施され、流人帳が別帳化され続けていた事実は看過できない。預所であった天草は、島原藩や長崎代官、西国筋郡代などと度重なる支配替を経験し

ており、先述の利八の絵踏帳が作成された文化5（1808）年は島原藩が、嘉永3（1850）年は西国筋郡代が預所としていた。こうした支配替にともない、長崎や西国筋郡代の支配地では「絵踏」、島原藩領では「影踏」と呼称されていたことにあわせて、宗門改帳の表題を「絵踏帳」「影踏帳」と区別して作成されていた[42]。こうした細かな変更を経ながらも、公儀流人の宗門改は滞りなく行なわれ、流人踏絵帳の別帳化も徹底され続けたのである。

　公儀流人の宗門改は惣百姓の後に実施され、踏絵帳は別帳化されるなど一般百姓とは区別されていた。しかし、寺請制のもとで人別改や絵踏を課す宗門改の本質的な手続きは、流人にも例外なく適用されたのである。このようにして、公儀流人は初めて絵踏を経験することになり、一般島民と同様の宗門改を受けることは、公儀流人の差遣が禁教政策に抵触していないことの担保とされた。宗門改によって公儀流人がキリシタンではない証明となったからこそ、天草の村方で憂慮されていた流人と島民との雑居が理論上は可能となったのである。

　また、富岡役所へ提出される宗門改帳に公儀流人が記載されていたということは、流人が公的に村の管理下にあることを示している。これは、宗門改帳に記載されない無宿などとは異なる待遇である。預かり村に所属することが公的に示されているからこそ、その村は流人の生活を支援し、不法なことを起こさないように監視する必要があった。一方で、流人の宗門改帳が別帳化されたのは、彼らがあくまでも幕府からの“預かり流人”であったためである。遠島地領主にとっては、公儀流人を幕府から預かっているに過ぎず、他の一般百姓とは取り扱いを区別する必要があった。別帳化された流人踏絵帳からは、公儀流人が公的に位置付けられながら、“預かり流人”として一般島民とは区別されていた状況が浮かび上がるのである。

おわりに

　天草には近世を通じて公儀流人が差遣されたが、その時期は①前期、②中断期、③後期の三つに区分できる。①前期では江戸流人が主に差遣され、例外的に長崎流人も差遣された。しかし、享保9（1724）年頃の江戸流人を最後に公儀流人の差遣はみられなくなる。②中断期は、享保9年頃から享和元（1801）

年までの約78年間である。この期間は、江戸や長崎に限らず、いかなる公儀流人も差遣されなかった。③後期では、享和元年に発令された老中下知を受け、新たに京都や大坂をはじめとした西国の流人が差遣されることとなった。

③の西国流人の差遣再開直後に、天草では多数のキリシタンが露顕する天草崩れが発生した。島原藩は、天草における治安の悪化などを理由に流人の差遣中止を要望し、その根拠の一つとして天草崩れによる影響を取り上げた。しかし、幕府は公儀流人の差遣と天草崩れとの関連性には触れず、老中下知で規定した通りの差遣を継続した。以降、幕末に至るまで上方流人は天草に差遣され続けたのである。

各村に配所された流人は、その村内であれば、村の援助を受けながら一般の百姓とほとんど変わらない生活を送っていた。それは、人別改・絵踏についても同様で、惣百姓が済んだ後に別途呼び出され、漏れなく宗門改を受けている。流人の踏絵帳は他の惣百姓とは別帳化して作成されており、その慣習は度重なる支配替を経ても継続されていた。作成された流人踏絵帳では、キリシタンでないことはもとより、法度の遵守や素行の良好さも証明されている。

このように、一時的な中断をはさみながら、近世を通じて公儀流島であり続けた天草では、公儀流人に対しても一般百姓らと同様の宗門改を行なう体制が整えられていった。一定の区別をしながら、幕府は公儀流人にも例外なく禁教政策を適用し、寺請制度を通じた天草郡中の管理体制下に置いたのである。

[註]
(1) 服藤弘司「遠島地天草」（同『刑事法と民事法——幕藩制国家の法と権力Ⅳ——』、創文社、1983年〔初出1963年〕）430～431頁。
(2) 石井良助編『徳川禁令考　別巻』（創文社、1961年）129頁。
(3) 森永種夫『流人と非人』（岩波書店、1963年）4頁、安高啓明『近世長崎司法制度の研究』（思文閣出版、2010年）419～422頁、松田唯雄編『天草近代年譜』（みくに社、1947年）。
(4) 服藤弘司「「遠島」地天草」（前掲書）430～431頁。安高啓明『近世天草の支配体制と郡中社会』（上天草市、2022年）416～419頁。
(5) 村井早苗『キリシタン禁制の地域的展開』（岩田書院、2007年）39～46頁、大橋幸泰『近世潜伏宗教論——キリシタンと隠し念仏』（校倉書房、2017年）205～213頁、安高啓明「浦上四番崩れ——長崎・天草禁教史の新解釈」（長崎文献社、2016年）100～109頁。安高啓明『踏絵を踏んだキリシタン』（吉川弘文館、2018年）171～189頁。

（6）鶴田文史『現代に問う西海義民流人衆史』（長崎文献社、2014 年）207〜215 頁、安高啓明『近世天草の支配体制と郡中社会』前掲書、309〜310 頁。

（7）天草郡教育会編『天草郡史料　第 1 輯』（名著出版、1972 年）86〜87 頁。安高啓明「近世天草における司法構造と調整機能」（『汲古』第 80 号、2021 年）では、郡中での警戒態勢を整える指示が出される点を評価している。

（8）服藤弘司「遠島地天草」前掲書、429 頁。

（9）森永種夫編『犯科帳』第一巻（藤木博英社、1958 年）88 頁。

（10）森永種夫編『犯科帳』第一巻前掲書、87〜88 頁。

（11）安高啓明『近世長崎司法制度の研究』前掲書、419〜422 頁。なお、五島への一極集中的な差遣は享保元（1716）年に改められ、壱岐・薩摩を含めた三島への分散的な差遣に転じる。なお、島抜けについては、安高啓明「天保期における長崎代官預所天草の支配形態と司法手続き ― 流人の管理と処分の観点から」（長崎市長崎学研究所紀要『長崎学』第 6 号、2022 年）を参照。

（12）松田唯雄編『天草近代年譜』前掲書、92 頁。天草への流人一覧については安高啓明『近世天草の支配体制と郡中社会』前掲書、417 頁参照。

（13）松田唯雄編『天草近代年譜』前掲書、102〜103 頁。

（14）森永種夫『流人と非人』前掲書、4 頁。

（15）松田唯雄編『天草近代年譜』前掲書、130 頁。

（16）松田唯雄編『天草近代年譜』前掲書、130 頁。

（17）天草郡教育会編『天草郡史料』第 1 輯前掲書、119 頁。

（18）高塩博『江戸幕府法の基礎的研究　論考編』（汲古書院、2017 年）67〜74 頁。

（19）高塩博『江戸幕府法の基礎的研究　論考編』前掲書、264〜265 頁。

（20）安高啓明『トピックで読み解く日本近世史』（昭和堂、2018 年）172 頁。

（21）安高啓明『近世長崎司法制度の研究』前掲書、93〜96 頁。

（22）服藤弘司「遠島地天草」前掲書、433〜434 頁、服藤弘司『『公事方御定書』研究序説』（創文社、2010 年）172〜173 頁、藤井嘉雄『大坂町奉行と刑罰』（清文堂、1990 年）341 頁。

（23）安高啓明「公事方御定書の受容と運用 ― 長崎奉行の「江戸伺」を通して ―」（『日本歴史』第 809 号、2015 年）89〜91 頁。

（24）「御用書留帳　寛政十三年酉」（天草アーカイブズ蔵、史料番号 36-1）。

（25）藤井嘉雄『大坂町奉行と刑罰』前掲書、339〜346 頁。

（26）藤井嘉雄『大坂町奉行と刑罰』前掲書、339〜346 頁。

（27）「御用書留帳　享和三年亥」（天草アーカイブズ蔵、史料番号 36-2）

（28）「御用書留帳　享和三年亥」（前掲資料）。

（29）「御用書留帳　文化五年辰」（天草アーカイブズ蔵、史料番号 38-2）

（30）羽田藤右衛門の文化 5 年時点での役職は判明しないが、寛政 8 年 4 月に寺社奉行吟味物調役に任じられている（高柳光寿・岡山泰四・斎木一馬『新訂寛政重修諸家譜』第十八（続群書類従完成会、1965 年）394 頁）。この役職は新任の寺社奉行に評定所から派遣されるものであるため（大石学編『江戸幕府大辞典』

（吉川弘文館、2009 年）240 頁）、この時はすでに評定所に出戻っていたのではないかと推測される。

(31)「御用書留帳　文化五年辰」（前掲資料）。

(32)「御用書留帳　文化五年辰」（前掲資料）。

(33)「御用書留帳　文化五年辰」（前掲資料）。

(34)「御用書留帳　文化五年辰」（前掲資料）。

(35) 大橋幸泰『近世潜伏宗教論　キリシタンと隠し念仏』（校倉書房、2017 年）71 〜76 頁、安高啓明『浦上四番崩れ—長崎・天草禁教史の新解釈』前掲書、100〜109 頁。

(36) 松田唯雄編『天草近代年譜』前掲書、556 頁。

(37) 原田博二ほか編『長崎代官手代控　金井八郎備考録』（長崎文献社、1980 年）288 〜289 頁。

(38) 原田博二ほか編『長崎代官手代控　金井八郎備考録』前掲書、288〜289 頁。

(39) 原田博二ほか編『長崎代官手代控　金井八郎備考録』前掲書、288〜289 頁。

(40)『上田宜珍日記　享和四年（文化元年）』（天草町教育委員会、1998 年）78〜79 頁。

(41)「嘉永三戌年　流人踏絵帳」（天草四郎ミュージアム蔵）。

(42) 安高啓明『踏絵を踏んだキリシタン』前掲書、175〜176 頁。

コラムⅡ-3

流人となった定舜上人と天草

山田悠太朗

　享和元（1801）年以降、天草には西国の流人が多数差遣されたが、そのなかでも他とは大きく異なる扱いを受けた流人がいる。それは、天保3（1832）年に差遣された定舜上人である。享和元年に尾張国の百姓の家に生まれた定舜は、14歳の時に京都へ上り、剃髪得度し、江戸増上寺での修行を経て18歳で帰京した。その後は出世を遂げていき、文政12（1829）年に華頂宮家住侶、その翌年には権少僧都に昇進し、天保2（1831）年には権大僧都に任命されている。定舜自身も「不図も大僧都の法眼迄昇進」したと述べているように、百姓出身としては異例の出世であった。

　しかしながら、定舜は天保3（1832）年に遠島の処分を受け、天草に差遣されることになった。新参の装束師であった丹後屋徳兵衛に葵御紋が施された五條袈裟を与えたこと、御用達商人の銭屋吉兵衛への褒賞として御紋付の盃を与えたことが身分不相応な振る舞いであるとして処罰されたのである。これが表向きの罪状であるが、百姓出身の定舜が出世を遂げていく姿は周囲の反感を買い、事実無根の讒言によって遠島に処されたともいわれている。

　こうして、定舜は他の流人らとともに流人船に乗船し、天保3年9月1日、天草に到着すると、一町田村に配所される。しかし、彼の島内での待遇は、他の流人とは大きく異なるものであった。

　当初、定舜が居住していたのは簡素なあばら屋であったが、やがて村人らの支援により「臨川庵」と呼ばれた草庵が設けられたという。ここはのちに定舜を師とする私塾となっている。また、一般的に流人は配所された村から無許可で他出することを禁じられ、ましてや島外に出ることは厳禁であった。一方、定舜は天保5（1834）年から安政2（1855）年までの間に、のべ5回にわたり、九州各地をはじめ、故郷の尾張や信州・善光寺、鎌倉や江戸など全国を巡っているのである。この旅では、かつての高僧時代を過ごした京都や大坂にも訪れ

図1　定舜墓（天草市河浦町信福寺内）

ている。このような長期間にわたる旅行が5度も行なわれていることから、定舜は公式な許可のもとで旅をしていたと考えられる。定舜ほどの自由な移動が許されたのは異例だが、それも、毎年の宗門改で、公儀の法度を守り、分限をわきまえて生活していることが証明されたからこそ可能だったのである。

　こうした特別な扱いを受けていた定舜は、地元の人々にも大いに慕われていた。定舜が存生中の嘉永2（1849）年には、現在の天草市河浦町にある信福寺に彼の墓碑が建立されている。その碑文は次の通りである。

清浄香院法眼前大僧都定舜和尚諱念誉字眞空号大通兮、専蓮社稱阿則傳燈之嘉名也華頂山誠誉大僧正之孫常三昧院観誉上人之資也、姓源稱脇田兮、尾陽金鱗城北丹羽郡尾埼邨人也、有田緒而為石井中納言行宣卿猶予也、夙浄宗之業成而拝請賜誉上人之綸命兮、曾奉事於浄土之門主照耀法親王累年也、頻蒙勅詔被補王室之住侶院家遂叙法眼任少僧都転任大僧都而三参内拝賀兮、又為宗主之使節即下于東武而詣柳営而拝謁臺顔也、師修道之餘暇殊好吟哦性愛風流矣、天保壬辰之秋有故而来于此境更稱残夢道人、

　　即有偈有歌曰、

　　　　身猶如毛　意廣如空
　　　　王城春花　邊境秋露
　　　　一世浮沈　百年吟集
　　　　思焉惟焉　是夢是夢
　　　　　雲となり雨ともなりし旅の空
むかへたまへよ南無阿弥陀仏
今茲巳酉春華頂法王忝染革毫而手書六字宝号兮
特命侍臣正六位下播州刺史藤誠之道人之墓碑然以為清瀧山十七主禅誉揩定

法系納於遺骨寺中故以立梅矣

　　大学頭　　　藤原實嘉

　法印千手院　英隆

　碑文には、定舜の経歴が綴られたあと、天保3（1832）年の秋に「訳」があって天草へやってきて、自身を「残夢道人」と称したことが記されている。末尾には詩歌で自身の人生を表現しており、彼の文化人としての側面を垣間みることができる。「身はなお毛の如く、意は空の如く廣し」との漢詩の一節からは、流人の身分となりながらも、高潔に生きた彼の生き様が浮かび上がる。

　定舜は明治元（1868）年の恩赦によって赦免され、流人としての暮らしから解放されることになった。この時、京都本山から呼び戻しを受けているが、定舜は自身が老齢であることはもとより、天草にいる60人ほどの門人が墓石まで建立してくれているため、ここで生涯を全うする覚悟であるとして、復帰の誘いを断っている。こうして定舜は、明治8（1875）年11月25日に多くの門人に慕われながら天草で没した。

　現代に生きる私たちにとって、流人には悪いイメージがあり、つい遠島地に大きな害悪をもたらした存在だと考えてしまう。しかし、なかには定舜のように村人から慕われ、地域の文化的発展に寄与した流人も存在したのである。定舜上人の墓碑は、天草の人々に迎え入れられ、慕われた流人の一例を示してくれている。

［参考文献］
鶴田文史『現代に問う西海義民流人衆史』（長崎文献社、2014年）
安高啓明『近世天草の支配体制と郡中社会』（上天草市、2022年）

第 **6** 章

天草キリシタンと長崎・外海・五島系 キリシタンの繋がり

島　　由季

はじめに

　日本におけるキリスト教禁教期に、密かにその信仰を守り続けた潜伏キリシタンたちは、長崎県下や天草地方を中心に信仰生活を送っていた。その信仰は、"潜伏"という形態で、特殊な状況に適応し一見するとキリスト教とは分からないようなものだった。

　その変化は、キリシタンであることが公にならないよう配慮されていることが前提にあるが、その詳細は地域によっては差異が生じている。特に長崎では、長崎・外海・五島系（長崎系）と平戸・生月系（平戸系）の2系統に大きく分けることができる。さらに、そこから狭い範囲での信仰共同体が形成されており、潜伏キリシタンたちは基本的にその共同体ごとに役職を設けて信仰生活を維持していたのである。

　長崎・外海・五島系の共同体に特徴的なのが、聖人の祝日や典礼暦を記した暦（日繰り、バスチャン暦、お帳などと称す）を所持し、その暦によって信仰生活を規定している点である[1]。上五島から移住したとされる、平戸の一部の共同体もこの暦を所持しているが、これを有する共同体は、典礼暦という性格から行事を重視し、1週間のうち働いてはいけない日（安息日）を守る傾向にある。

　平戸・生月系の共同体は、信仰の中心を「納戸神」に置く。納戸神とは共同体内で特別な役目を持つ家に祀られる信仰対象である。この家が、所属するキリシタンたちの支配役となり共同体を指揮しているのである。

　長崎の信仰共同体はこれら2系統に属しているが、そのなかでも、それぞれが重視する行事や継承するオラショに多少の違いがあり、潜伏期の信仰を詳細に検討する際には、その共同体のものであるかを考慮する必要がある。

天草でも地域ごとに信仰共同体が組織されていたことが明らかにされている[2]。中心人物の他に仏像を所持する者など、共同体のなかで特に重要な役を持つ家が確認されている。

天草の信仰形態は長崎系に近いと考えており、特に五島キリシタンの信仰具やオラショに関連性が見受けられる。そこで本稿では、天草キリシタンの信仰と長崎系キリシタンの信仰とを比較するなかで、その共通性を探り、キリシタンの繋がりについて考察していきたい。

1　潜伏するキリシタン

天草の潜伏キリシタン

天草では、主に﨑津・今富・大江などに潜伏キリシタンが存在していた。布教期には、河内浦にカトリックの教育機関であるセミナリヨやコレジョが移転を繰り返しながらも数度設置され[3]、天草では信徒も増え、カトリックが繁栄した。さらに、天正19（1591）年頃には同じく河内浦に活版印刷機が導入され、さまざまな印刷物が出版された。そのなかには、カテキズム（要理問答）のひとつである「ドチリナ・キリシタン」の天草版（ローマ字版）も含まれている。志岐には宣教師の住居が置かれ、1591年には画学舎も設置された。

しかし、天草も他の地域と同様に禁教令によってキリシタンの取り締まりが行なわれ、信仰を公にしたまま棄教しなかったキリシタンたちは殉教の道を辿ることとなった。宣教師の活動は、寛永10（1633）年、マニラから密入国してきたパウロ斎藤神父が上島で捕縛されたことを最後に、次は明治時代、パリ外国宣教会神父の来島を待たねばならなかった。

一方、潜伏によってキリシタンの信仰を守り通すことを選択した人々もいた。彼らは自らが所属する信仰組織において「善人様」と呼ばれる役職者から洗礼を授かり、信仰生活の指導を受けながら教えを継承してきた[4]。典礼関係では「春の入り（四旬節のはじめ）」「春の上り（復活祭）」の他、特に「霜月の御祝」と呼ばれる降誕祭前夜（クリスマスイブ）を重視していたことが指摘されている[5]。

布教期のカテキズムである『どちりな　きりしたん』[6]には、司祭不在時、緊急に必要な場合、誰でも正しい手順に則って洗礼を授けることができると記

されている。また、降誕祭など特に重要な典礼を除き、生活に支障が出る場合には、祝日を守らずとも規律違反とはならないとしている。潜伏を選んだ天草キリシタンたちも、このような教理書の内容を拠り所にしながら信仰生活を送っていたと考えられる。

キリシタンの五島移住

　現在、長崎県下でも特に多くの教会堂が建つ五島列島であるが、その信徒の祖先の多くは18世紀に大村藩やその周辺地域から移住してきた潜伏キリシタンたちである。18世紀後半、五島藩は旱魃や風水害などの自然災害に見舞われ、疱瘡などの病気も流行していた。死者も多く、藩財政も困窮し家中倹約令が出されるといった状況で、藩主の五島盛運（もりゆき）は、大村藩主であった大村純伊（すみこれ）に、開墾のため領民を移住させてもらえるよう願い出た。その当時の大村藩は五島藩と対照的に、人口の増加による田畑不足に悩み、分家の制限や結婚年齢について定めた法令が出されていた。そこで寛政9 (1797) 年、第1回移住として大村藩の黒崎村・三重村から108人が送られ、五島藩福江島の六方へと上陸し、そこから平蔵、黒蔵、楠原などの地域で生活を始めたのである(7)。この後、第2回の移住が行なわれ、さらには非公式の移住者もあったことから、3,000人以上の人々が五島へ渡ったとされている。

　寛政11 (1799) 年の移住の際には、移住者の宗旨について家族ごとに記された「宗切手」を所持することで公式移住の証としたとされる(8)。この当時はすでにキリシタンも潜伏の状態となっており、寺請制度によって所属する寺院があった。そこで、潜伏キリシタンたちは表向きの宗旨を記載したうえで、五島へと渡っていったのである。

　大村藩から五島藩へ移住が行なわれた理由は先述した通りであるが、潜伏キリシタンたちが積極的に移住した目的は他にあった。それは、大村藩の厳しいキリシタン禁制から逃れるためである。布教期には、藩主もキリシタン大名であった大村藩には多くのキリシタンが存在していた。しかし幕府によってキリスト教が禁止されるとその状況は一変し、厳しい取り締まりが実施された。五島藩では大村藩に比べ、キリシタンの取り締まりが緩やかであったとされ(9)、キリシタンたちは自分たちの信仰を守るために移住を決意したのである。

　大村藩からの公式移住者は、当初、福江島に居住していた。しかし開墾すべき土地は不良で、良い土地を求めて移住を繰り返していった。また、非公式の

移住者は先に五島へと渡った人の伝手を頼りにしたこともあり、彼らは宇久島を除く五島列島全域に広がっていった[10]。

2　オラショで繋がる天草・五島キリシタン

「今日の御じき」のオラショ

　天草キリシタンと長崎系キリシタンの信仰に共通性がみられることは先に述べたが、これら地域のキリシタンたちの繋がりが示唆される資料に「今日の御じき」というオラショがある。これは、カトリック長崎教区（現在は大司教区）の神父であり、キリシタン研究にも力を注いでいた浦川和三郎氏がその著書のなかで翻刻文を紹介している[11]。聖母マリアをはじめとして、イエスや諸聖人の名前が連なるこのオラショは、執り成しの祈りに類するものと考えられる。執り成しの祈りとは、祈りを捧げる人が自分自身のためではなく他人のために祈ることで、その祈りによって神やイエスとその他人とのあいだを執り成すものである。「今日の御じき」の詳しい内容は後に検討するが、祈りの返報を死者へと与えてくれるように願っていることから、死者のための執り成しの祈りと考えられる[12]。浦川氏は本書のなかでこのオラショが伝わった地域を浦上、外海、五島地域とするのみで、掲載したオラショの詳細な地域や所有者などは不明である。また、内容の検討もなく、ただ「迷信じみた所がある」とだけ述べるに留まっている。

　この「今日の御じき」と同内容のオラショが他に2点確認されている。それはどちらも五島のキリシタンが伝えてきたもので、その地域は奈留島と福江島の黒蔵である。また、同様の文言がいくつか見受けられるオラショが﨑津に伝わっていたことが分かっている[13]。この﨑津のオラショは現在、長崎の日本二十六聖人記念館で所蔵されている。

　大村藩やその周辺地域から五島藩へと移住してきたキリシタンたちが、さらに五島列島中へと再移住を繰り返したことは前に述べた通りである。奈留島（奈留町）もその再移住先のひとつであり[14]、潜伏キリシタンおよびかくれキリシタンの組織が存在した。現在それらの組織は解散してしまっているが、大切に継承されてきた遺物やオラショ本などは、個人での保管・展示がなされているほか、福江島の堂崎天主堂キリシタン資料館（浦頭小教区）へと寄贈されてい

るものもある。

　この島のある家で保管されてきたキリシタン遺物に「絹のオラショ」と呼ばれるものがある。これは、オラショが紙ではなく絹に書かれていることから、資料自体を指してその名称が付けられた。絹が年代測定によって1700年代のものであると判明したことも看過できないが、本稿で取り上げたいのはそのオラショの内容である。オラショは、同島出身の柿森氏を中心として研究がなされており、先述の浦川氏が紹介した「今日の御じき」と同じ内容であることが紹介されている[15]。

　また、福江島の黒蔵地域は、大村藩からの移住者が直接居住した地域のひとつであり、ここにも潜伏キリシタンの集落が形成された。しかし、キリスト教解禁後もその多くはカトリックへと復帰せず、かくれキリシタンとしての信仰を続けるか、神道になったとされている。現在ではかくれキリシタン組織も解散してしまったが、遺物などは組織のリーダー役の家から譲り受けた個人所有者が保管しており、信仰具や見立て像と思われるもの、オラショ本などが残されている。そのオラショ本のひとつに、「今日の御しぎの御やしない」から始まるオラショが収録されていることが確認された[16]。タイトルにあたる記述はないが、続く内容からこのオラショも「今日の御じき」であると判明した。

　現在オラショ本の実物が残されている「今日の御じき」は、奈留島のもの（以下「奈留本」）、黒蔵のもの（以下「黒蔵本」）の2点と、﨑津のもの（以下「﨑津本」）1点である。さらに、浦上・外海・五島地域のいずれかのものとされる浦川氏の翻刻（以下「浦川本」）は、五島の2点と比較すると、単語や文末に細かい違いが見受けられる。したがって浦川氏が参照したオラショが別にあったと考えられ、現在の所蔵は不明であるが、合計4点の存在が確認されることになる。

天草キリシタンの移住

　ここでは、主に黒蔵本【資料1】と浦川本[16]を用い、適宜、奈留本と﨑津本を参照しながら内容を検討していく。﨑津本は他3点のオラショと形式が異なっており、祈祷文も短くなっているため、内容の検討に用いることができなかったことを付記しておく。

【資料1】今日の御じき（黒蔵本）

　　今日の御しぎの御やしないどうまの国ゑきれんじや寺のあるじりうすの御
　　母びるじんさんたまるや殿御さゞげ上奉り。二番につきそゑましたるちよ

くハ天地にまします御なるりうす様、御子りうす殿、てんにござるごいち
たいのあるぢ殿、せんじぎりしぎりしとう殿へ御あげ奉り。りうす御母び
るぢんさんたまるや殿御上ヶ被下候様ニつゝしんて願頼奉り。三番つき
そへましたる御ちきの御ぢひの御やしない、四拾八人の御ミでしがた、四
拾八かのあるぢ殿あるぢ殿、御三人のみでし、御三人殿、しひりすさんと
う殿、さからめんと殿、あんじやべうと殿、四五あんじやひろのさんたさ
んどれんそ殿へ御さゝげ上ヶ奉る。どうまちりんさんへいろう殿、雪の三
太丸や殿へあげ奉る。ミちのさんとめい殿、どうみつさんとめい殿、さん
ちわん殿、さんミぎる殿、御さゝげ上奉る。一天てらす日てれす殿、おて
ん日殿、てんがいちへうとろ殿御さゝげあげ奉る。四番ニつきそへました
る御しぎおんやしないちうの御しはいにさんへいどろ殿、さんばくろう殿、
朝あミ夕あミ御しはい人、さんばくるす殿、あくるす様、せんちうの御し
はい人、へうとろ様御さゝげあげ奉り。天ちの御しはい人、あめ風の御し
はい人、つくりこうさく野山の御しはい人、いきたる人の御しはい人、し
たる人の御しはい人に御さゝげ上ヶ奉り。五番につきそへましたる御しき
の御しひの御やしない様御しはい人様さゝげ奉り。てるな殿、るりな殿、
あだんな殿、さんぢわんな様、からのあかた殿、からのをめんぢう殿へ御
さゝげ上ヶ奉り。六番につき添ましたる御しぎの御じひの御やしない殿、
とミをがの千人つかの御役人様、拾弐人様御さゝげ奉り。おうへのだいら
御かのあるじ殿、あかさき六兵衛様、つれ合女房ひいな殿、ふる寺の御役
人さんしやをんこうべ殿おんさゝげ上ヶ奉る。さしのつ弐本松の御役人、せ
ん人様、ぢあんだ様、さんたくるす様、あくるす様、中町の川上にござなさ
るゝ御両人の御きやうだい様、三べひとろ様、さんはうろ様、川をこんりう
さしたおりへさんとめい殿、つれ合女房、唐人殿、川のをんやく人様、とう
三つさんとめい様、丸や殿、今とめのつかのあるぢ殿、天被殿、ひるやす
殿、おさゝげ上ヶ奉る。むかへの御松にござなさるゝぼうびなんやすな殿、
しまこつかのあるぢ様、御さゝげ上ヶ奉り。日本かいさんたまもの御かさ
んさんふらんすゝこ殿、どうまぢわん、さんへいろう様御さゝけ上ヶ奉る。
神浦のつかのあるぢ様、ぜんがたへ御さゝけ上ヶ奉る。をんくるす様江あ
へ奉る。池嶋のつかのあるぢ様江ぜん人方江をんくるす様御さゝげ上ヶ奉
る。今日の御ほうこうとしてをんさゝげ上ヶ奉る。御請取被下ましたるそ

の跡をしゝたる人へ御あたへ被下るゝようにつゝしんて願奉り。

【資料2】今日の御じき（﨑津本）

諸色上申官事壱番上奉、天の御母子びろじん参た丸や様、ろまの国之え
きれんさの寺ゆきの三た丸や様ニそなえ奉御文、取被下ましよふにあな
たさまの其おさかりわ天の御あろじ礼様そなえ奉、御受取被下ましよに
一しんにねがいたのみ奉、あなさまの其をさかりは、四十八人のみぎり
様、四十八ヶ所の御あろじさま、御三人様、御三人のみきりさま、御三
たいさますひりす三藤様、三ばふさま、風の御やく人どんらさま、日本国中
五百九拾壱人めのきりしたんのみよのつづく御前様、天草し嶋﨑津村の中
の御前様也、今日の御じひの御やしからな﨟藤様

まず「今日の御じき」とは、浦川本にタイトルの形で付されているものであ
るが、他の3点には見当たらないことから、浦川氏が仮に名付けた可能性も考
えられる。これはオラショの書き出し部分にあたり、浦川本では「こんにちの
ごじき」とルビがふられている。奈留本では「御じき」、黒蔵本では「御しぎ」
となっており、濁点の位置も定かではない。ここで考えられるのは「ごじぎ
（御時宜）」もしくは「をんじき（飲食）」である。時宜とはあいさつをすること、
頭を下げて礼をすること、つまりお辞儀のことを指す。飲食はそのまま、食べ
物と飲み物、食べること飲むことを指す。どちらもオラショを唱える側から神
や聖人たちへ捧げるものとして適切なものであるが、それに続く「御やしない」
という言葉を食事の意味で取り、「をんじき（飲食）」と読んでおきたい(17)。

﨑津本を除く3点はオラショ中に2番、3番…と順番を示す単語が使われて
いるが、これは、聖人や崇敬する人々に祈りを捧げる順番である。「二番に付
きそゑましたるちよくハ」とあるが、浦川氏はこの「ちよく」に「猪口」とい
う註を加えている。潜伏期の信仰において、神や聖人たちに初穂や神酒など
の祭儀的な飲食物を供えることは一般的であり、このオラショを唱えながら、
文言中の諸聖人、崇敬する人々に酒などを捧げていたと考えられる。

はじめに聖母マリア、2番には三位一体の存在である神へと捧げられる。
3番は「四拾八人の御ミでしがた（御弟子方）」「御三人のみでし」など詳細不明
の人々や「さからめんと殿（サカラメント：秘跡）」など人ではない言葉が現れる
一方、「あんじや（アンジョ：天使）」「べうと（ベアト：聖人・福者）」や「さんへい
ろう（聖ペトロ）」「雪の三太丸や（雪の聖母）(18)」「さんとめい（聖トマス）」「さんミ

ぎる（聖ミカエル）」などカトリック教会において正式に認められている存在が連なっている。4番目から潜伏キリシタン独自の崇敬対象が多くなっていくが、特に注目したいのが6番目である。

6番目にまず登場するのは「とミをがの千人つかのお役人様」であるが、これは「富岡の千人塚のお役人様」を指すと考えられる。天草郡苓北町の富岡には、千人塚と呼ばれる「富岡吉利支丹供養碑」の建つ場所がある（第Ⅰ部コラムⅠ-3）。ここには天草島原一揆で亡くなったキリシタン約3,300人の首が葬られており、いわゆる殉教者の眠る地となっている[19]。この後にも「おうへ（大江）」や「さしのつ（﨑津）」といった天草各地の地名が見受けられる。

こういった地域特有の崇敬対象は、潜伏期のキリシタンの信仰生活において一般的な存在であった。カトリック教会においても、例えば日本二十六聖人や高山右近など、ある地域で特に崇敬される福者や聖人がいる。彼らは正式に教会から崇敬されるべき人物であると認められているが、潜伏期にはキリシタンたちが模範とすべき人物を独自に決定し、崇敬していたのである。

このオラショにおいて、富岡の千人塚の他にも確認できる地名としては次の場所が指摘されている[20]。まず「ふる寺」は、かつて神父が殉教した場所として、今でも大江の人々に「古寺さま」として大切にされているという。またオラショのならびから「さしのつ」にあると考えられる「中町」であるが、実際に﨑津集落に中町という地名が存在している。さらに「今とめのつか」は今富キリシタン墓のことと考えられ、潜伏キリシタンにとって聖地であった今富の「弓取りの墓」ではないかとも指摘されている。このように、「今日の御じき」のなかには、天草各地の地名が複数確認されるのである。

ただし、これらは各地名の「お役人」など、人を対象としていることに注意しなければならない。このオラショはキリシタンにとっ

「古寺さま」（天草市天草町大江）

ての聖地や崇敬対象に思いを馳せる祈りではなく、あくまでその人物に、自分の祈りを神へと取り次いでくれるよう願うものである。

　ではなぜ、天草の地名が書かれたオラショを五島のキリシタンが所持しているのだろうか。その理由はオラショの後半に現れている。天草の地名の後には「神浦」と「池嶋」という名称が登場するが、このふたつは長崎の外海地方[21]の地名であり、布教期にはキリスト教が栄えていた場所である。このことから考えられるのは、外海地域から五島へとキリシタンが移住する以前に、天草の一部のキリシタンが外海地域へ渡って来ていた可能性である。その時期は富岡の千人塚の殉教者たちが崇敬対象となっていることから、島原天草一揆以降であろう。

　﨑津本をみると、他と比べて崇敬対象の数が圧倒的に少なく、また外海の地名も見当たらない。五島地方に残るものは、天草キリシタンたちが故郷を離れる際に、自分たちに関係の深い崇敬対象をもともとあったオラショに付け足して伝えてきたと推察される。もしこのオラショが単なるキリシタンの交流によって作られたものであれば、地域独自の崇敬対象を取次役とするような祈りの形式が模倣された、外海地域特有のオラショが確認されてもよいはずである。しかし、そのような外海版「今日の御じき」は現在のところ確認されていない。

　また、オラショのなかに五島の地名が見受けられないのは、五島では、布教期のキリシタンが一度すべていなくなってしまったことが理由として考えられる。五島においても日本二十六聖人のひとりである五島ジュアン（ヨハネ五島）[22]など、崇敬に値する人物は存在しており、おそらく聖地のような場所もあったと思われるが、その地にキリシタンがいない以上、移住者たちがそれを知り、積極的にオラショに加える可能性は低い。本格的な潜伏の時期に入り、五島では慶応4（1868）年までキリシタンの露顕や殉教事件などは起こらなかったため、五島の潜伏キリシタンたちの間で新たに崇敬対象が生まれることはなかったと考えられるのである。

3　信仰具の共通性

神仏像を用いた信仰

　潜伏期の信仰具は、布教期に宣教師などから授かったメダルや十字架など

の、カトリック教会公認のものの他に、潜伏期のキリシタンたちが独自に制作したり、信仰具とみなしたりした非公式のものがある。地域によって差がみられるのは、後者の潜伏キリシタン独自の信仰具である。

　長崎・外海・五島系の信仰具としての特徴は、元々の属性としてカトリックに関係のないものに対して、イエスや聖人の名前を付けている点である。これは、平戸・生月系のキリシタン信仰具にはあまり見られない現象である。特に生月島のキリシタン組織は像ではなく、布教期の聖画像を元に日本の習俗を取り入れながら描き直した軸装の絵（お掛け絵）を信仰対象に用いる。

　一方の長崎系キリシタンは、他宗教の神仏像などにカトリックの聖人の名を付け、名付けた聖人そのものとみなして信仰対象にしている。例えば、浦上の信徒たちは、主に中国製の白磁観音像を聖母マリアとして拝んでおり、これらは後に研究者によって「マリア観音像」と名付けられた[23]。このマリア観音像には、白衣を纏った観音が用いられており、特に子を抱いた子安観音像は、幼児イエスを抱く聖母マリア（聖母子像）と関連付けられる。

　このように、外見的な特徴をカトリックの聖人イメージと重ね合わせて信仰に用いる方法を「見立て」と称している。禁教期、宣教師から授かった正式な像や信仰具がほとんどが没収され、新たなものは手に入らないという状況で、キリシタンたちは代替品を用いることを選択した。カトリックにおいては、祈りの手助けとしての信仰具の所持を推奨しており、キリシタンたちもその重要性を理解していたと考えられる[24]。その結果として、イメージを持ちやすい見立て像が使用されていた。また、見立てほど外見的イメージの一致はないが、「丸や（マリア）」という言葉の連想から丸鏡や銭が聖母マリアとして信仰具化された例もある。

　天草でもキリシタンたちは神仏像に対し聖母マリアなどの名前を付け、自身の信仰生活に用いていた。文化２（1805）年、天草でもキリシタンが露顕する事件が起こった。この「天草崩れ」では、高浜・大江・﨑津・今富の潜伏キリシタンが異宗（異法）信仰の疑いで取り調べを受けている。その際、彼らの信仰具も没収され、その記録が残されている。記録のなかから、高浜村のキリシタンの没収品について例を挙げてみたい。

　【資料3】文化二年丑六月　高浜村宗門心得違者於村方調日記
　　　（前略）

デイウスサマ

　一、銭壱門　　　　　友七

　同断

　一、同弐門　　　　　市平

サンタ丸ヤ

　一、大黒天一ツ　　　弥吉

丸ヤ

　一、弁財天　　　　　只助

（中略）

丸ヤサマ

　一、大黒天壱ツ　　　福松

（中略）

マルヤサマ

　一、木仏地蔵　　　　とめ

（後略）

　この資料では、略した部分も含め、信仰する対象は聖母マリアが多いことが分かる。そして、マリアとして用いられたものは前述したような銭や大黒天、弁財天、地蔵などであった。ここで挙げられた神仏像とマリアとのイメージは、ほとんど重ならないように感じられる。天草のキリシタンたちは、浦上村キリシタンよりも緩やかなイメージで、他宗教の神聖視されている像を代替品として使用していたと考えられる。

　同じく没収品調書のなかに「ジュワンサマ　一、大黒天壱ツ」という記述がみられるが、女性であるマリアと男性であるジュワン（洗礼者ヨハネか使徒ヨハネと考えられる）の像がどちらも大黒天となっていることが分かる。こういった現象も、天草キリシタンが外見的イメージに重きを置いていないことの表れであると考えられる。当時の天草のキリシタンがどの像を手に入れることが出来たかといった、流通上の制限があった可能性も考慮すべきではあるが、多くは元から神聖視されていた存在を用いていたことは指摘できるだろう[25]。

アワビの貝殻を用いた信仰

　天草と五島に共通する信仰具に、アワビの貝殻がある。天草においては、その使用方法について、パリ外国宣教会神父の記録が残っている[26]。

この貝がらは、水方は貝がらの中の方を見て、あるいは筋を見い出せばこれを海に捨てられたる御影御像のベアトス様方はその形になりかわりておりなさるところというて、これに御水を授けてキリシタンに祭られたり

「この貝がら」は、アワビの貝殻のことを指している。貝殻の内側には、貝柱が付いていた場所に傷のような模様ができていることがあり、その模様（筋）は聖人たちが成り代わった姿であるとして祀っていたというものである[27]。実際に﨑津地域に伝わる貝殻は、聖母マリアであるとされている。さらに、天草コレジヨ館の資料や、個人で所有されているアワビの貝殻を確認すると、確かに内側に模様のあるものが信仰具として選ばれているようである（図1）。そのなかには、聖人の姿だけでなく、十字が見えるといわれるものもあり、キリシタンたちは、教義に関係する図像を貝殻の模様に見出していたようである。

　このような貝殻の用い方は、模様を聖人たちの姿と重ねた「見立て」の一種であると考えられる。貝殻そのものよりも、そこにある模様が重要とされている。一方で、五島キリシタンもその信仰にアワビの貝殻を用いていたが、その使い方は天草と異なる部分がある。

　五島の堂崎天主堂キリシタン資料館には、五島キリシタンが信仰に使用していたアワビの貝殻が寄贈され、展示・保管されている。それをみると、貝殻の内側に模様が確認されるものの、その模様の上からイエスや聖人の名前が書かれた紙が貼り付けられていることが

図1　殻の内側に傷がみられる
（天草市立天草コレジヨ館）

図2　「天のあるじ様」と付札のある
アワビ貝（堂崎天主堂キリシタン資料館）

分かる（図2）。五島キリシタンの貝殻の具体的な使用方法は明らかになっていないが、聖人の名前があることから、その聖人として崇敬されていた可能性が高い。ただし、模様を隠すように貼られた付札をみると、その模様を聖人像に見立てていたのではないようである。

　天草キリシタンは、貝殻の内側に聖人の姿を見出し、その一方五島キリシタンは、おそらく貝殻自体の聖性に基づく、聖人たちの依代的存在として捉えていたと考えられる。しかし、どちらのキリシタンも、アワビの貝殻の聖性を意識していたことは疑いようがないことであろう。大場俊雄氏の調査によれば、アワビの貝殻は全国的にみても神聖視される存在であったことがわかっている[28]。また、天草においては、海に関わる事物が神聖視され、宗教的行事が執り行なわれている。そのような理由から、アワビの貝殻が信仰具のひとつとして選ばれたのである。

　この共通性は、すでに指摘したように、天草キリシタンの移住の可能性が考えられる。アワビの貝殻を用いた信仰は、「今日の御じき」と同じく外海地域ではみられない信仰具である。したがって、最初から大村藩や外海地域に居住していて、18世紀に五島へ移住したキリシタンたちは、元々の信仰生活のなかにアワビ貝を用いることはなかったと考えられる。そのようなか、移住先の五島において、元は天草から外海を経て移住してきたキリシタンたちとの交流があり、彼らもアワビ貝を信仰具として用いるようになったのではないだろうか。

　「今日の御じき」が伝わる黒蔵地域には、アワビの貝殻も信仰具として残されている。また詳細な地域は確認できていないが、同じく「今日の御じき」が残される奈留島にもアワビ貝を用いた信仰があったようである[29]。オラショの現存する数が少ないため、天草と関係のあるキリシタン組織についてはさらなる調査が必要であるが、天草からキリシタンが移住してきたと考えるひとつの理由としてここに挙げておきたい。

おわりに

　天草と長崎系のキリシタン信仰に共通性がみられることは、以上の検討から明らかとなった。また、その共通性は禁教によるキリシタン取り締まりと、五

島藩への移住を契機として、各地のキリシタンたちが関わり合った結果である可能性を指摘した。

「今日の御じき」のオラショについては、これほど多くの天草の地名が挙げられていることから、オラショを所持するキリシタン共同体にとって関わりの深い重要な場所であることが考えられる。例えば、外海地域では東樫山の赤岳が、平戸・生月では中江ノ島が彼らにとっての聖地であるように、多くは自分たちに縁のある場所が聖地としてみなされてきた。それならば、天草の地名が多く列挙される「今日の御じき」を所持する人々は、これらの地域と深い関係のあるキリシタンだったと考えられるのである。このオラショは亡くなった人のために神へと捧げられるものであるが、その亡くなった人とは、自分たちの先祖や親しい人々のことである。故人のための祈りは、その故人の魂が天国へ迎えられるようにと死後の世界（煉獄）で行なっている償いを助けるものである。天草キリシタンたちは、そのような故人の助けを、彼らに馴染み深く、崇敬していた故郷の人々に求めていたのだろう。

また、神仏像やアワビ貝殻など、見立てや依代的信仰具に用いられる代替物は、元々の聖性が重視されていたようである。外見的特徴からのイメージはあまり考慮されず、聖なるものの依代には聖なるものを用いるという認識だったのではないだろうか。

潜伏キリシタンの信仰形態は、地域や共同体によって異なることが指摘されている。しかし、その比較において、地域同士の繋がりや共通点をも検討することによって、より彼らの信仰生活を理解することができると考える。またその検討はオラショ、信仰具、典礼などさまざまな視点を含んで行なわれるべきである。本稿では、オラショと見立て信仰具の検討に留まってしまったが、崩れ資料などからうかがえる天草キリシタンの教義認識についても比較検討を行なっていきたい。

[註]
(1) 田北耕也『昭和時代の潜伏キリシタン』（日本学術振興会、1954年）7頁。
(2) 東昇「天草における潜伏キリシタンの実態」（天草市観光文化部文化課資料館管理係『「天草の﨑津集落」と今富・大江、長崎外海―禁教下での祈りと復活　ハルブ神父、ガルニエ神父、ド・ロ神父たちの活躍―』2017年）。
(3) 五野井隆史「天草におけるキリシタンの歴史」（天草市観光文化部文化課資料

　館管理係、前掲書）。

(4)　浦川和三郎『切支丹の復活』後編（国書刊行会、1928 年）776 頁。

(5)　浦川和三郎『切支丹の復活』後編、前掲書、776 頁。

(6)　海老沢有道校注『長崎版　どちりな　きりしたん』（岩波書店、1950 年）。

(7)　五島藩と大村藩の協定以前に、福江島三井楽へ大村藩の百姓が移住した記録
　　がある。非公式でも比較的簡単に移住が認められていたようである（岩﨑義則
　　「五島灘・角力灘海域を舞台とした 18〜19 世紀における潜伏キリシタンの移住に
　　ついて」九州大学大学院人文科学研究院『史淵』2013 年）。

(8)　浦川和三郎『五島キリシタン史』（国書刊行会、1973 年）88 頁。

(9)　『外海町誌』（外海町役場、1974 年）591〜593 頁。

(10)　なぜ潜伏期以降の宇久島にキリシタンがいないかについてはっきりと分かっ
　　ていない。

(11)　浦川和三郎『切支丹の復活』前掲書、854 頁。

(12)　これまではこのオラショについて、崇敬対象や聖人たちに対して食物などを
　　供える際の祈りと考えられてきた。確かにオラショとともに酒などを供えてい
　　ると思われるが、祈りの文言から考えても、死者のための祈りである。

(13)　東昇「﨑津オラショの比較」（天草市観光文化部世界遺産推進室『﨑津・今富
　　集落報告書Ⅱ─葬送儀礼編─』2017 年）。

(14)　五島列島を構成する島のひとつで、現在は五島市に属する。

(15)　2018 年度、大浦天主堂キリシタン博物館が依頼を受け、資料調査を行なった。
　　これら資料群については以前から知られており、そのうち「馬小屋」とされる
　　ものは、「聖母が見守った奇跡」展（2015 年、長崎歴史文化博物館）において展
　　示された。また、オラショは以前に翻刻されていたが内容の検討まではなされ
　　ず、キリシタン博物館の調査の際に、当時の研究部長であった大石一久氏の指
　　摘によって「今日の御しぎ」の収録が明らかとなった。

(16)　浦川本が収録されている『切支丹の復活』後編は国立国会図書館オンライン
　　にてインターネット閲覧も可能であるのでそちらを参照いただきたい。https://
　　dl.ndl.go.jp/info:ndljp/pid/1171097/1

(17)　布教期のカテキズムである『どちりな　きりしたん』にも食事として「をんじ
　　き」という言葉が使われている。海老沢有道校注『長崎版　どちりな　きりし
　　たん』前掲書、24 頁。

(18)　雪のサンタマリアは、布教期に日本人絵師が描いたとされる軸装の絵が残さ
　　れている。また、外海・五島キリシタンに伝わる「天地始之事」と題された教
　　理書のなかにもエピソードが紹介され、キリシタンにとって重要な崇敬人物で
　　あったと考えられる。

(19)　安高啓明『近世天草の支配体制と郡中社会』（上天草市、2022 年）27 頁。

(20)　熊本県天草市役所総務部秘書課広報広聴係『市政だより天草』No.288「天草
　　のキリシタン遺産」（2019 年）13 頁。

(21)　現在はどちらも長崎市に所属している地域である。

（22）五島出身のイエズス会員。慶長元（1597）年、長崎にて処刑された。

（23）この「マリア観音像」は、正確には安政3（1856）年、浦上三番崩れと呼ばれるキリシタン検挙事件において、長崎奉行所が潜伏キリシタンから没収した観音像を指す。ただし、広義には潜伏・かくれキリシタンが聖母マリアの見立てとして用いた観音像全般を含んでいる。

（24）天草や長崎系のキリシタンの間には「ルソンのオラショ」という、贖宥のための信仰具を所持した祈りの方法を推奨する文書が伝わっている。

（25）天草の潜伏キリシタンの信心具については安高啓明『潜伏キリシタンを知る事典』（柊風舎、2022年）の「天草崩れにおける没収品一覧」（195頁）を参照。

（26）竹柴明治「崎津教会 神父ノート」（天草の民俗と伝承の会『あまくさの民俗と伝承』第5号、1982年）72頁。

（27）ベアト（ス）は現在のカトリック用語で厳密には福者のことを指すが、典礼書などにおいては、聖人も含めて崇敬対象としてベアトと表記する場合がある。

（28）大場俊雄『あわび文化と日本人』（成山堂書店、2000年）。

（29）2021年にオープンした奈留島世界遺産ガイダンスセンターには、地域のかくれキリシタンの信仰具が展示され、そのなかにアワビ貝殻も含まれている。資料所有者は堂崎天主堂キリシタン資料館である。

コラム II-4

大江教会がつなぐ鉄川與助とガルニエ神父

山田悠太朗

　長崎県南松浦郡の新上五島町は、明治時代後期から大正・昭和期にかけて、数多くの教会建築を手がけた鉄川與助（明治 12（1879）年〜昭和 51（1976）年）の出生地である。

　與助は、大工であった鉄川與四郎の長男として生まれた。明治 27（1894）年に榎津尋常高等小学校を卒業後、大工の修行に入った。以降、故郷の五島列島をはじめ、長崎県、熊本県、佐賀県、福岡県において多くの教会、寺院、学校などを設計・施工している。

　なかでも、教会建築は現在でも高く評価されている。與助が手がけた教会のうち、青砂ヶ浦天主堂（新上五島町）、頭ヶ島天主堂（同町）、今村天主堂（福岡県大刀洗町）、田平天主堂（長崎県平戸市）、江上天主堂（同五島市）の 5 件は国指定重要文化財となっている。また、平成 30（2018）年に世界文化遺産に登録された「長崎と天草地方の潜伏キリシタン関連遺産」の構成資産にも、頭ヶ島天主堂や江上天主堂、旧野首天主堂（長崎県小値賀町）など、與助の建設した教会が含まれており、その技術力の高さはいうまでもない。

　與助による教会建築は、明治 32（1899）年に上五島の曽根教会の新築工事に関わったのが最初とされる。この時、20 歳だった與助は、建築指導にあたったペルー神父に師事している。また、同 39（1906）年に建設会社・鉄川組を設立すると、同年

図1　鉄川與助居宅跡（新上五島町丸尾郷）

にはペルー神父の依頼を受けて曽根教会の修繕工事にあたっている。與助の教会建築の原点は上五島にあったといえよう。

　與助は、ペルー神父のほかにもド・ロ神父ら外国人宣教師の指導を受けながら、教会建築の技法を独学で修めていった。これまでに與助が手がけてきた教会をみれば、「リブ・ヴォールト天井」と呼ばれるアーチ型の天井は次第に高くなり、高窓が設けられるようになっている。経験を重ねるごとに、技法が、より精巧で複雑なものへと変化しているのがわかる。

　また、建築の依頼が多数寄せられるようになると、複数の設計や施工を同時に進めるようにもなる。ある現場では建設を進め、また、別の現場では現地の神父と相談して建設資材の受注や納入を行なうなど、経営者としての優れた一面も垣間みえる。生涯仏教徒であった與助に、教会の建築依頼が多数寄せられた背景には、確かな技術力をもって積み上げられた信頼と実績があったのである。

　こうして数々の教会建築で名を残す與助は、天草にも関係が深く、昭和8（1933）年に大江教会、同10（1935）年には﨑津教会の設計・施工を手がけている。大江村と﨑津村は、文化2（1805）年に、異宗を信仰したとして5,205人が検挙された「天草崩れ」が発生した場所であり、﨑津教会は、かつて絵踏が実施された旧庄屋宅に建設されている。両教会は、天草のキリスト教史の転換を示すシンボルである。

　大江教会の建設には、フランス人宣教師のフレデリック・ルイ・ガルニエ神父が尽力している。ガルニエは、パリ外国宣教師会の宣教師として明治18（1885）年12月に来日し、京都で日本語を学んだ後、長崎の伊王島で司祭を務め、同21（1888）年からは3年半の間、與助の故郷・上五島の魚目村教会で司祭を務めた。ガルニエの来島時、與助は9歳で、ガルニエが天草へ移った2年後に15歳となった與助は大工の修行を始めている。

　明治25（1892）年、ガルニエは32歳で大江教会の司祭に赴任した。当初は﨑津教会の

図2　ガルニエ神父聖書バック
（天草四郎ミュージアム蔵）

司祭も兼任していたが、昭和2 (1927)年にハルブ神父が﨑津教会の司祭に赴任すると、大江教会専任となっている。以降、同16 (1941) 年に没するまでの49年間、天草の地で生涯を全うした。ガルニエは、住民とともに質素な暮らしをしながら、孤児院を営むなど、地元に密着した布教活動を展開し、地元信者からは"パーテルさん"と慕われていた。また、「五足の靴」（与謝野鉄幹・木下杢太郎・北原白秋・吉井勇・平野万里）もガルニエのもとを訪れている。

図3　ガルニエ神父像
（天草市天草町大江教会内）

　こうしたなかで、ガルニエは大江教会の建設に注力している。大江教会の建設費用は、当時の価格で2万5千円であったが、そのうち2万円はガルニエが負担した。また、祭壇には、画家であったガルニエの姪が描き、フランスから天草へと送られた「お告げの聖母」の油絵がある。まさに、大江教会は、ガルニエの献身的な布教活動の結晶である。

　このように、地元信者に寄り添い、大江教会の建設に力を注いだガルニエは、死の間際に、自身の墓にお金をかけないようにとの遺言を残した。しかし、彼の死後、信者らは天主堂のそばに立派な墓を建立している。ガルニエがいかに地元の人々から慕われていたかを示していよう。

　こうして、大江教会をみてみると、上五島に生まれ、教会建築で数々の功績を残した鉄川與助の姿と、天草に根づき、地元信者の信仰心を支え続けたガルニエ神父の姿が交錯する。大江教会は、與助とガルニエを結びつけるとともに、両者にゆかりの深い信仰の島、上五島と天草をつなぐ〝架け橋〟ともいえるのである。

［参考文献］
喜田信代『天主堂建築のパイオニア・鉄川與助―長崎の異才なる大工棟梁の偉業』（日貿出版社、2017年）
安高啓明『潜伏キリシタンを知る事典』（柊風舎、2022年）

第 III 部

禁教解禁の胎動

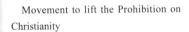

Movement to lift the Prohibition on Christianity

Japan, opened its country to the world with the collapse of the national isolation system. We will give light on the Religious Policy and Domestic Movements as a result of unavoidable transformation from the Prohibition on Christianity in the past.

第 **1** 章

安政五ヵ国条約の締結と居留地の造成
── 天草郡中の関わりを中心に ──

安高 啓明・原田 吉子

はじめに

　安政5（1858）年6月19日、日米修好通商条約がポーハタン号の船上で調印
され、神奈川・箱館・兵庫・長崎・新潟の開港と自由貿易、そして各開港場に
外国人居留地を造成することなどが定められた。日米修好通商条約は、欧米諸
国がアジア各国と結んでいた不平等条約を基本としていたため、アジアと西洋
社会との間で結ばれた不平等条約のひとつとして評価される[1]。その後、オラ
ンダ、ロシア、イギリス、フランスとも通商条約を締結していったため、これ
を安政五ヵ国条約と総称される。条約締結により、日本は華夷秩序（日本型華
夷秩序）から脱却することを余儀なくされ、条約体制、ひいては万国公法（国際
法）の枠組みに入ることとなった。また、キリスト教主義国家のなかで形作ら
れた国際的枠組みを受け入れたことは、禁教政策を掲げる幕府にとって、今後
の外交交渉を含めて障壁にもなっており、これは天草の地にも如実にあらわれ
ている[2]。

　条約の締結、そして開国に至ったことで、日本国内の状況はこれまでとは
一変する。鎖国体制下においては、出島と唐人屋敷に両国関係者を居住させ
ることで、日本の対外政策を強要していたものの、居留地が設けられたことで
その様相を変容することになった。長崎では市中から離れた大浦地区に居留地
造成が計画されると、万延元（1860）年10月15日に完成する。居留地内には、
多くの洋館や礼拝堂が建てられるなど、西洋文化の交錯する社会が営まれる。
まさに、近代的萌芽ともいうべき環境を居留地から見出すことができよう。

　安政五ヵ国条約の締結によって進められた長崎の居留地造成や居留地内の建
築には、天草の人々が大きく貢献している。これについて、小山秀之進と北野

織部の関与が示唆されているが[3]、さらに天草郡中が一体となって居留地は造成されていたことがわかった。それは、天草の砥岐組内でも、居留地造成に関与していたことが指摘されている[4]。なお、そのなかでも特に大浦天主堂は潜伏キリシタンたちのシンボルにもなったことは周知のところであろう。

　江戸時代初期から長崎・天草は関係が深く、開国後も両者の間では相互に影響を及ぼしていたのである。そこで本稿では、先学の成果に基づきながら、長崎居留地の形成過程と天草との関係を再検討し、日本近代化や禁教解禁の素地に天草が果たした役割を検証する。

1　居留地の造成と天草の関与

　安政五ヵ国条約が締結されると、長崎の開港期日は安政6（1859）年6月2日に決定される。開港にともなって、外国人が常在するための居留地の造成が急務となるが、広大な面積を要するため、用地買収などを含めて難事業だった。さらに、技術力の高さを求められたことも相まって、大浦の居留地造成を請け負う者がなかなか現れず、期日までの居留地造成どころか工事未着手という状況にあった。

　そのようななか、安政6年7月、長崎商人の藤屋弥吉ら3名が計画地内の梅ヶ崎の一部埋め立てを請け負う申し出を行なうと、その実務は天草の赤崎村庄屋北野織部が担当することとなった。北野織部は、天草下島北部東岸の御領大島（現在の天草市五和町御領）を拠点とする商家であった小山家の5代目時雍の三男にあたり、赤崎村庄屋北野家の養子となった人物である[5]。北野織部が居留地の埋め立てに関わっていた様子を次の史料から見ることができる[6]。

【史料1】

　　　　御請奉申上候書付

今般外国人居留地ニ相成候長崎戸町村の内大浦地先新規埋立御普請、赤崎村北野織部御領村小山良輔身元請人ニ□（虫損）立御□（虫損）御請負被仰付候付、見当質物織部持地赤崎村の内、ヶ所々差出居候処、此節右見当の地所村並質代銀下紙を以奉申上候通相当仕候ニ付、御普請中織部御下金遣込候歟、猶不行届の儀有之、万一御引揚ニ相成候節者、右見当質代銀ニ而村方ニ引請銀上納可仕候、依之惣代私共連印仕候、此段書付を以、御請奉申上候、以上、

安政七年申二月　　　　　　　赤崎村
　　　　　　　　　　　　　　　　　小前惣代
　　　　　　　　　　　　　　　　　　　　　孫助
　　　　　　　　　　　　　　　　　同
　　　　　　　　　　　　　　　　　　　　　治助
　　　　　　　　　　　　　　　　　同村百姓代
　　　　　　　　　　　　　　　　　　　　　謙蔵
　　　　　　　　　　　　　　　　　同村年寄
　　　　　　　　　　　　　　　　　　　　　啓七

　これによれば、外国人居留地となった長崎の戸町村の大浦を新規に埋め立てるにあたり、北野織部が小山商会の代表であった良輔を身元請人として大浦地先埋め立ての普請を仰せ付けられたこと。さらに、織部が北野家の所有していた赤崎村の土地を担保にして、普請の準備金に充てていることがわかる。また、普請中に織部が「下金」を遣い込んだり、不行届があって、引き揚げる事態となれば、質代銀は村で引き請けて上納すると記している。つまり、北野織部が普請するにあたり、赤崎村が後見的な役割にあったことが示され、これを年寄・百姓代・小前百姓が連署したのである。北野織部個人ではなく、大浦の埋め立てにあたり、天草郡中、ひいては赤崎村が深く関わっていたことが示される。また、北野家文書のなかには、織部が行なった造成事業で天草から長崎に赴いた人夫に対する賃銭取立帳簿があり、その記録によると阿村・今泉・大島子・小島子・下浦・須子など天草各村名が見られ、天草87ヶ村のうち、53ヶ村が人夫を出している[7]。これにより、居留地の造成に郡中一統であたっていたことがわかるだろう。それを示すように次の史料からは、天草において居留地の造成が最優先事項とされていたことがみてとれる[8]。

【史料2】
　天草郡村々ゟ長崎大浦海岸外国人居留場埋地御普請所江罷越居候夫方之もの者、長崎表ゟ掛合之趣も有之候間、<u>此度人別改ニ付呼戻ニハ不及不申、追而相改候ニ付、名前而已取調、他出帳之内へ可書出候</u>、追而此書付可相返もの也
　　　閏三月廿日　　　富岡御役所印
　　　　　　申ノ中刻ニ出ス　　　本戸馬場村　町山口村

<table>
<tr><td>櫨宇土村</td><td>食場村</td></tr>
<tr><td>亀川村</td><td>楠浦村</td></tr>
<tr><td>大宮地村</td><td>小宮地村</td></tr>
<tr><td>宮ノ河内</td><td>深海</td></tr>
<tr><td>久玉村</td><td>牛深</td></tr>
<tr><td>魚貫</td><td>亀浦</td></tr>
<tr><td>早浦</td><td></td></tr>
</table>

　　　　　　　　　　　村々役人中

　別紙御廻状之趣被得其意不限昼夜刻付ヲ以無遅滞御継立可被成候　為其添書如斯御座候、以上

　　　閏三月廿日　　　　　会所詰大庄屋
　　　　　本戸馬場村始
　　　　　　早浦迄
　　　　　　大庄屋
　　　　　　庄屋　衆中
　右御触午下刻ニ到来早速町山口村へ継

　これは、富岡役所から本戸馬場村などに宛てられたもので、普請にあたっての夫役者への対応を指示したものである。そして、本文書は、郡会所詰大庄屋から各組大庄屋、各村庄屋に廻達している。ここには、外国人居留地埋立の普請に関わっていた天草夫役方の人別改について述べられており、特に傍線部には、夫役として関わっている者は、人別改を追って行なうため、今回、天草に呼び戻すには及ばないとしている。そして、関係者の名前のみを調べ上げて「他出帳」に書き出すように指示されている。毎年行なわれる人別改は、幕府においては最重要だったものの、「他出帳」に書き出すことで今回は対応し、一時的ではあるが帰参が免除されている。それだけ外国人居留地の造成が早急に取り組まなければならない課題だったことを意味し、本件が国家事業として優先されていたことがわかる。

　こうして取り組まれていた居留地の造成には、天草の石材が使用されている。次の【史料3】から天草の石材が使用されていた様子を推察することができる[9]。

【史料3】

添触之写し

長崎普請方役

初村孫四郎

此度天草郡村々石切出場為御見分右之もの罷越候条御定之賃銭請取之宿々
人馬幷川越渡船場等無滞差出さるへく候、尤人馬幷休泊等之義ハ別紙先触
之通可被相心得候、已上

長崎奉行支配調役並出役

申正月十八日　　　　　　　　　　　　　　　沼間平六郎

長崎ゟ天草迄

村々役人中

尚以帰郷之節も此添触を以罷通へく候間本文之通可被相心得候、以上、

覚

一両掛壱荷

人足壱人

右者此度天草郡村々石切出場見分御用ニ付明十九日暁六ツ時長崎出立其筋
罷越候条御定賃銭ヲ以書面之人足宿々無遅滞継立らるへく候且川越渡船場
等無差支様手当可有斯候

一上下弐人旅籠料之儀ハ壱人前休百文泊り弐百文当相払候条宿所壱軒手当
可有之候

右之通被相心得宿々早々順達可給候以上

申正月十八日　　　初村孫四郎印

長崎ゟ天草郡阿村迄宿々問屋年寄中

正月十九日昼茂木村　　　同日泊り冨岡町

廿一日昼鬼池村　　　　同日泊り町山口村

廿二日昼上津浦村　　　同日泊り大浦村

廿三日泊り柳浦

　この史料は、長崎普請方の役人である初村孫四郎が天草の石切出場を見分す
る際に必要な人足について記した先触である。ここでいう長崎普請とは居留地
の造成であると考えられ、初村が見分の際に茂木村・富岡町・鬼池村・町山口

村・上津浦村・大浦村・柳浦村などを回り、居留地造成での天草石の使用が検討されている。また、石材は現在の上天草市域にあたる高杢島・樋合島・大矢野島の飛岳石等を石船で運搬しており、他に「天草石」という石材も使用されていた[10]。

このように、長崎居留地の埋立工事は、雨天による作業停止もあり竣工は遅れたものの、万延元（1860）年10月15日に総請負金額1万6,166両という膨大な予算を要して完成した[11]。こうして、開国を象徴する居留地の造成には、天草の人々が関わるとともに、天草の石材が用いられるなど、天草島内の総力を結集して取り組まれていたのであった。

2　居留地造成と天草郡中の請負

居留地は、かつての出島造成に倣って市中の町人たちから希望者を募い「請負」によって造成する計画だった。完成したらそこに居住する外国人からの賃料を以て償還する予定でいたものの、長崎町人のなかから請負に申し出る者はいなかった。そうした状況で名乗り出たのが天草赤崎村庄屋の北野織部だったのである[12]。大浦の居留地造成にあたっては、次の契約書が交わされており、その請負実態が示される[13]。

　　　　　　　請申上候一札之事
此度大浦御築地方私儀江御用被仰付難有奉存、随而仕様の儀者別紙書面を
以申上候通仕度奉存候、殊ニ大造の御普請御請負申上候儀ニ付、於御当地
兼而本博多町荒木屋作兵衛儀証人相立為意、皆成就迄為御見当、私実家
御領村の内大島小山清四郎跡私実弟小山良輔所持田畑山林、大道村の内字
大作山一円、別紙ニ而反別絵図面通リ為引当差上候、自然間違故障等有之
節は、作兵衛・良輔両人ニ而引受、取計候儀ハ勿論、右田畑山林御引上相
成候共、決而異議不申上候、為後証一札差出申処、如件、

　　　　　未九月

　　　　　　　　　　　　　　長崎本博多町

　　　　　　　　　　　　　　　　証人

　　　　　　　　　　　　　　　　　荒木屋作兵衛㊞

　　　　　　　　　天草郡御領村大島

請人

小山良輔㊞

同郡赤崎村庄屋

本人

北野織部㊞

御掛
　　浜武治兵衛殿

　安政6（1859）年に請け負うことになった北野織部のほかに、御領村小山良
輔が請人（保証人）となったほか、長崎・本博多町の荒木屋作兵衛が証人とな
り、長崎側の担当者である浜武治兵衛に文書が宛てられている。ここで、長
崎・本博多町の荒木屋作兵衛が証人となっているのは、本事業が長崎奉行所管
内のものであるために他ならない。居留地造成を請け負うにあたり、小山良輔
が所持する御領村（御領組）の田畑山林、さらに、大道村（砥岐組）の大作山一
円が抵当となっていることがわかる。そして、なにか支障があれば、荒木屋作
兵衛と小山良輔が責任を負うとし、土地が引き上げられても異議を申し上げる
ことはないと認めている。このように、小山良輔は、広域に土地を所有してい
た実態に加え、長崎大浦海岸の造成にあたっては、天草郡中の不動産が抵当に
入れられ、事業が展開されていることがわかるのである。

　第1期と第2期工事をあわせて1万8,000坪を請け負うことになったが、こ
れは、村請の形態で進められている[14]。しかし、村請による居留地造成事業を
進める人夫の手配には、苦戦していた。次に示す安政7・万延元（1860）年と
比定される「乍恐奉申上候書付」（上天草市蔵「藤田家文書」）によれば[15]、事業主
体である北野織部だけではなく、富岡役所を通じた人夫の召集を図っていたこ
とがわかる。

　　　　乍恐奉申上候書付
　　長崎大浦海岸埋地御普請の儀、人夫無数ニ而揃取兼候ニ付、人足差出方の
　　儀其御筋江御掛合相成候旨ヲ以、砥岐組ゟ百人差出候様御廻状ヲ以被　仰
　　達、承知奉畏候、早速村々取調候処、当時田方共芋作根付屈竟之時節ニ付、
　　兼而日雇稼いたし候もの共ハ近国所々ニ出稼罷居、銘々日用の人夫雇入も
　　出来兼候折柄ニ付、人夫五拾人ニ而御減少被　仰付度段奉願候処、御普請
　　御成就御日限も有之、是非差出不申候て者難相済段、精々御利解被　仰付、

無拠猶組方ニ引取、再調仕候処、別紙帳面名前之通漸七拾人迄人撰出来仕
候、此上ハ何分操出方行届不申候ニ付、何卒御減方被　仰付、別紙名前七
拾人ニ而御許容被　仰付被下置度、乍恐此段以書付奉申上候、已上、

　　　申五月朔日

　　　　　　　　　　　　　　　　　　砥岐組惣代

　　　　　　　　　　　　　　　　　　　宮田村庄屋

　　　　　　　　　　　　　　　　　　　　中村内蔵之助

　　　　富岡御役所

　これによれば、大浦海岸の埋立普請にあたって、人夫を取り揃えることが難
しい状況が述べられている。そして、差し出す人足の問い合わせをした結果、
砥岐組からは百人を差し出すようにと記された廻状が富岡役所から達せられて
いたことがわかる。これについては、砥岐組で承諾されており、すぐに村々で
着手されている。その人夫の確保に砥岐組であたったのが宮田村庄屋の中村内
蔵之助だった。一町十組制の行政組織に従えば、十組の長である大庄屋が惣代
としてあたるべきところであろうが、別の担当者が本件にあてられているた
め、純然たる公共事業というよりは、「半官半民」的な性格の強い請負体制が
とられていたものと推測される。

　中村内蔵之助は人選に着手して各村を取り調べたところ、ちょうど田方では
芋作の根付けで忙しい時節であるのに加え、以前から日雇稼しているものは近
国各所へ出稼ぎに行っている状況だった。日用の人夫を雇い入れることもでき
ない折柄であるので、人夫50人に減らしてくれるようにお願いしている。こ
れにより、富岡役所からは天草郡中の状況を無視した人夫の取り立てが命じら
れており、砥岐組で苦労していた様子がわかる。

　郡中の申し出に対して、普請が完了する期限もあるので、どうしても差し
出さないといけないことはよく理解しているとも中村内蔵之助は述べている。
そのうえで再度、組内で調査したところ別紙の帳面の名前の通り70人までは
人選することができたという。これ以上は、選出することが厳しい旨を記し、
なんとか人数を70人に減じてくれるようにお願いできないかと富岡役所に申
し出ているのである。

　富岡役所によって人夫確保の指示がなされ、郡中がこれに応じている実態が
示される。そこからは、単に北野織部による個人事業としての形態でなく、郡

中、ひいては富岡役所も積極的に関与していたことがうかがえる。造成にかかる費用にあたっては、北野織部と後述する小山秀之進により展開されていたが、居留地事業そのものは富岡役所も積極的に介入することで遅滞ない普請の完了が目指されていたのであった。そのため、前述したように人別改の延期を認める通達がなされているのである。

　しかし、村請も順調には進まなかったようである。次に示す「宮川家文書」（個人蔵）からは、砥岐組大道村から出された費用の受け取り実態がわかる[16]。

〔包紙上書〕

　　　　請取書　　　壱通
一九五銭九拾貫百八十三文　　　　大道本郷廿三本分
一同　　三拾弐貫八百十四文　　　池浦郷七本
一同　　四拾三貫七百六十五文　　葛崎郷六本
一同　　五拾五貫七百十九文　　　赤崎郷十七本
　〆
惣　弐百廿弐貫四百八十一文
　　　　　　　内
　　　四貫九百七十六文　　　跡絶八拾
　　　　　　　　　　　　　　三人分引
　　　七拾三貫五百五文　　　惣高之内勘弁引
〆百四拾四貫文　此金弐拾両也
丑ノ閏五月十八日限請取済約定之事

　　　覚
一金弐拾両也
右者今般御出訴仕候長崎外国人居留地御普請人足賃銭前借大道村四ヶ郷分
熟談金辻書面之通慥ニ受取、無出入相済候ニ付、御上表　右之趣拙者方ゟ
御届可被上候、為念請書如此御座候、以上、
　　　　　丑閏五月十八日　　　　　　　　　　　　　　　　　小山清四郎印
　　　　　大道村
　　　　　　　年寄衆中

これは、慶応元（1865）年閏5月18日付で作成された文書である。ここには、

出訴に至った件について、両者の間で示談に至ったことを記している。大道村本郷・池浦郷・葛崎郷・赤崎郷から金に換算して20両が受領されていることがわかる。これは、長崎で造成している外国人居留地の普請人足賃の前借りとして大道村で熟談して割り出されたものである。そして、最終的には訴訟に至らずに済んでおり、公儀には小山清四郎が届ける旨が記されている。

　このように、北野織部が小山家の支援を受けながら事業が展開されていたものの、諸事順調とはいかなかったことがわかる。天草郡中の土地を抵当に入れた請負体制は、結果として天草郡中の事業として行なわれていくようになったのである。そこに、富岡役所も加わり、行政的意向を含みながら進められており、その事業形態は、個人的事業の域を出た大規模なものとなっていたのである。

3　小山秀之進と大浦天主堂

　万延元（1860）年10月の居留地造成後、織部は下水道工事や波止場2ヶ所の整備等、居留地付帯工事を請け負い施工したが、それからは北野織部名義での事業請負はほとんどみられなくなり、長崎での最前線からは退いたと考えられる[17]。居留地造成事業は近代日本が国際社会に対峙したものであり[18]、さらなる事業的飛躍を予見させる。北野織部は、長崎外国人居留地造成を達成して以降、「国民社小山商会」を設立、土木建築業界の実力者の地位を確立していき、長崎での建設事業等に従事していくようになったのである。

　小山良輔は小山商会の代表としてその手腕を発揮し、文久元（1861）年5月のフランシス＝グレームの洋館建築を請け負ったのが良輔名義の最初の仕事とされている。また、小山商会のなかでも末弟の秀之進は居留地周辺での西洋建築に才を発揮した。

　安政5（1858）年の日米修好通商条約の調印以来、各国と相互間における信教の自由が承認された。フューレ神父は、大浦郷南山手乙一番地を手に入れて住み込み、文久3（1863）年12月に天主堂建設計画書を携え、同地への天主堂の建築を小山秀之進に請け負わせた。元治元（1864）年の「子年中長崎出張所会計目録」には、小山商会が請け負った建築について、その代金が支払われた案件が記載されており、「天主堂残り　七拾三両」とあることから、大浦天主

堂の建築を小山商会が請け負っていたことを証する記録と評価されている[19]。

　大浦天主堂は、長崎港を見下す南山手のゆるやかな斜面の中腹に建ち、ゴシック式とバロック風を混合した木造三廊一廊であった。土蔵に用いられるナマコ壁や和小屋による小屋組等は日本の伝統建築の技法により建築され、祭壇も、神父の設計図をもとに、秀之進の指物大工が日本的手法で作り上げていった。困難な西洋建築に自らが培った技術で挑戦した小山秀之進の矜持が反映されている。このように秀之進が手掛けた大浦天主堂は、元治元（1864）年12月1日に完成した。これは、現存する日本最古の教会建築であり、江戸時代の禁教下で信仰を継続した潜伏キリシタンの存在が明るみになった「信徒発見」の地としても知られている。天主堂は国宝に指定されており、世界文化遺産「長崎と天草地方の潜伏キリシタン関連遺産」の構成資産のひとつである。また、長崎の人々は、この大浦天主堂をフランス寺と呼んでおり、潜伏キリシタンにとってはシンボルとして、彼らの拠り所となっていった。

　こうした変化に対応するため、長崎奉行所は、警備の強化を図っている。元治元（1864）年の「手頭留」によれば次のようにある[20]。

小口　御役所附触頭江
芸術掛江

　　先般相達候通此度立山御役所并外国人居留所警衛の人数凡弐百五拾人余被
　　仰付、御手当の儀は三人扶持より壱人半扶持迄被下、尤乃武館泊番をも為
　　相勤泊日員ニ応し、一日壱人銀四匁より三匁迄等級相立被下候間、其段相
　　心得、同所稽古人より相撰候様可致候、右人撰の儀は教授方のもの江も申
　　談、早々取調可申聞候事、

　　　　　子二月

　　右の通被仰渡候間、五拾歳以下のもの人撰名前書早々取調差出可申候、

　以前に伝えている通り、今回、立山役所や外国人居留所を警衛する人員として約250人が仰せ付けられたとある。ここに、立山役所と同列的に居留地を位置付け、警衛強化を図っていることがわかる。また、軍事かつ警察部隊の屯所として乃武館泊番を勤めさせ、等級を定めた上で相応の手当を支給している。なお、稽古人からの選出も想定し、人選には教授方へも相談してあたるように申し聞かせている。そこで、50歳以下の者を早急に選んで名前書を提出するように求めているのである。居留地は公的事業として造成されたゆえに外国人

へも相応の警衛を整えていたのである。

　その後、秀之進は大浦天主堂の建築のほかに、取り付け道路の石畳や石段等の附帯工事も行なっている。『居留地埋立並普請向桁付帳』（長崎歴史文化博物館蔵）には、元治・慶応年間にかけて小山秀之進名義で多数の工事を受注している状況が確認されている[21]、慶応元（1865）年、大浦海岸通りや川筋通りの敷石の敷き直しを請け負い、同2年には大浦外国人居留地の地揚げ置き土と新規下水仕立てを施工するに際し、それに伴う石畳補修や往来筋大補修を行なった。また、これら長崎人の請負による大浦街路やオランダ坂の石畳舗装工事には、天草の石工が動員され、膨大な量にのぼる天草砥石の平材が用いられたとされている[22]。

　元治元（1864）年の『子年中長崎出張所会計目録』によれば、「青赤地復石五拾六間　一貫二八八匁」という記述がある。これは、小山商会、小山秀之進らが下浦石を実際に取り扱っていたことを証明する記述であり、「青赤地復石」は天草産下浦石を表しているとされている[23]。下浦石は上島南西部の下浦地区で産出する砂石で、江戸時代後期から明治期にかけて、海路により九州一円へ搬出された。下浦石はその成分・色調から大きく2種類に区分され、堅固で石肌のキメが細かく乱れの少ない灰白色の石を「アオテ」と呼び、やや軟質で土成分を含むためマーブル状の独特の模様を見せる淡黄色の石は「アカテ」と呼ばれる。石造物や石橋の素材としては、加工時の肌面が白く美しく、また耐久性が求められるため、アオテ石が使われている。このような2種の石質があることから「青赤地復石」は下浦石を指しているという。

　以上のように、天草石工と天草人夫が多数動員され、天草石材は、北野織部や小山秀之進だけでなく、長崎の仕事師たちにも活用されていたようである[24]。また、天草の石を使用することで、天草に経済的な面でも寄与することになった。ここからは、近世以来、長崎と天草の連綿と紐帯をなしていた事情を裏付けるものといえよう。

　秀之進の請負仕事は、長崎会所筋や奉行所の外国人居留場掛筋などの公的な事業だけでなく、外国人居留民の私的建築まで広範囲に及んだ。文久3（1863）年、南山手三番地に日本最初の洋館住宅であるトーマス＝B＝グラバーの住宅が建築される。これは、グラバーがグルームと強い関係にあったこと。屋敷のベランダに下浦石が使用されていること。そして、秀之進とグラバーの関係を

示す資料があること等の状況証拠から、グラバー邸を秀之進が建築したと考えられている[25]。また、グラバー邸独特の外観を特徴づけるベランダには縁石・柱礎石に天草の下浦石が多用されている。秀之進は、天草石でその基壇を設け、故郷御領村大島の船大工を監督してこの建築にあたった。

このほか大浦七番地は、イギリス人ウィリアム＝ジョン＝オルトの所有地であった。現在はグラバー園内に残る彼の邸宅も慶応元（1865）年、秀之進によって建築されている。オルト邸の構造をみると、外壁が直方体の石を積み上げて構成された石造りの家屋になっており、従来の日本家屋にはない構造であったが、この壁を美しく仕上げるために、秀之進は石肌のキメの細かい天草の下浦石を使用している。扉のパネルには、大浦天主堂に用いたのと同じ唐草模様の浮き彫りもほどこされている。また、同じグラバー園内にあり、明治元年（1868）頃建築されたフレデリック＝リンガーの居宅であった旧リンガー邸も石造平屋建ての洋館で、よく似た構造であることから、秀之進の手によるものと推測されている。

外壁はオルト邸同様、下浦石が利用されており、石造外壁をとり巻くベランダの支柱も、天草石が用いられている。オルト邸など長崎の洋館壁面材としては、自然が織りなす流麗な模様があるアカテ石が多く使用されている。秀之進が施工し、現存している西洋建築である大浦天主堂・グラバー邸・オルト邸・リンガー邸は、その全てが現在、国宝または重要文化財に指定されており、その貴重さを今日に伝える。

このように小山秀之進は、大浦天主堂をはじめ、長崎居留地の建築を数多く手掛けており、その発展に大きく貢献していた。長崎を取り巻く環境の変化に、天草が物的・人的に深く関わっていたのである。天草の職人技術が長崎で発揮された一方、居留地造成を機に、天草にも経済的に波及するなど、双方でウィン・ウィンの関係にあったともいえよう。

おわりに

安政五ヵ国条約の締結により、これまで対外交渉の要衝であった長崎は開港場として鎖国体制下の様相から一変する。条約締結国の拠点となる居留地の造成を喫緊に求められるなかで、北野織部ら天草の人々が尽力していった。大浦

天主堂をはじめとして、居留地内の数多くの建築が小山秀之進によって施工されるなど、開国にともなう必要な施設が整えられていったのである。これは、長崎と天草の連綿とした歴史的由縁が大きく作用したといえ、人材はもとより技術や資材など、多方面にわたって居留地造成に天草が寄与していったことがわかる。

　開国を象徴する居留地造成の形態としては、北野織部による請負として受注しながら、実質的には富岡役所による人夫差出の指示が郡中に出されて事業は進められていった。また、郡中の村役人らもここに関与するなど、半官半民的事業だったと評価されよう。私領となることを拒み、幕領であり続けることを望んだ島民の気風が[26]、居留地造成にも反映されたといえる。その後、居留地を管理する長崎奉行所も、精鋭部隊である乃武館から人選して、官舎同等に警備させるなど、公的に準じて扱われていたのである。

　現存する秀之進が施工した建築物は重要文化財に指定され、そこからは当時の外国人居留地の様子も垣間みることができる。長崎と天草は、キリスト教布教期から歴史的に関係があり、同じ時を刻んでいった。鎖国期にも同じ幕領として長い年月を共有し、長崎代官による預所となったほか、長崎奉行からの支配も受けていた[27]。異国船への警戒やキリスト教禁教対策、長崎貿易の商品である俵物の生産など、両者一体とした姿が浮き彫りとなる。鎖国から開国という転換点においても、長崎と天草は相互に補完し合う動きが確認されるのである。特に、長崎居留地の造成にあたってはそれが顕著であり、天草と長崎は一体して本事業を推進していったのであった。

[註]

（1）森田朋子『開国と治外法権』（吉川弘文館、2005 年）1〜12 頁。
（2）安高啓明『近世天草の支配体制と郡中社会』（上天草市、2022 年）493〜515頁。
（3）重藤威夫『長崎居留地と外国商人』（風間書店、1967 年）、世界文化遺産登録記念特別展第 2 弾『長崎居留地と大浦天主堂を造った天草の兄弟―小山秀之進と北野織部―』展示リーフレット（天草市観光文化部世界遺産推進室、2019 年）。
（4）安高啓明編著『上天草市史　姫戸町・龍ヶ岳町編　近世資料集　第 2 巻　秩序・法制』（上天草市史編纂委員会、2021 年）8〜9、19 頁。
（5）世界文化遺産登録記念特別展第 2 弾『長崎居留地と大浦天主堂を造った天草の兄弟―小山秀之進と北野織部―』前掲書、4 頁。
（6）安高啓明編著『上天草市史　姫戸町・龍ヶ岳町編　近世資料集　第 2 巻　秩

序・法制』前掲書、400頁。

(7) 世界文化遺産登録記念特別展第2弾『長崎居留地と大浦天主堂を造った天草の兄弟―小山秀之進と北野織部―』前掲書、6頁。

(8) 「安政七年　御用触留帳　四月ゟ万延元年ニ成ル　申正月吉日」（『天領天草大庄屋　木山家文書　御用触写帳』第6巻、本渡市教育委員会、2001年）177頁。

(9) 「安政七年　御用触留帳　四月ゟ万延元年ニ成ル　申正月吉日」前掲書、153頁。

(10) 世界文化遺産登録記念特別展第2弾『長崎居留地と大浦天主堂を造った天草の兄弟―小山秀之進と北野織部―』前掲書、5頁。

(11) 長野潮「小山秀之進物語」（『潮騒』第5号、天草文化協会、1989年）118頁。

(12) 重藤威夫『長崎居留地と外国商人』前掲書、174頁。

(13) 菱谷武平「外人居留地に関する若干の長崎の古地図について（2）」（『社會科學論叢』15号、1966年）。

(14) 安高啓明『近世天草の支配体制と郡中社会』前掲書、500〜504頁。

(15) 藤田家文書仮目録1-1459。

(16) 安高啓明『近世天草の支配体制と郡中社会』前掲書、507〜508頁。

(17) 世界文化遺産登録記念特別展第2弾『長崎居留地と大浦天主堂を造った天草の兄弟―小山秀之進と北野織部―』前掲書、6頁。

(18) 安高啓明『近世天草の支配体制と郡中社会』前掲書、504頁。

(19) 中山　圭「小山社中に関する新史料〜大浦天主堂・グラバー・下浦石〜」（『潮騒』第36号、天草文化協会、2021年）80頁。

(20) 森永種夫校訂『長崎幕末史料大成3』（長崎文献社、1970年）446〜447頁。

(21) 世界文化遺産登録記念特別展第2弾『長崎居留地と大浦天主堂を造った天草の兄弟―小山秀之進と北野織部―』前掲書、8頁。

(22) 北野典夫「偉大なる棟梁―長崎開港と小山秀之進―」（『天草海外発展史』上、葦書房、1985年）160頁。

(23) 中山　圭「小山社中に関する新史料〜大浦天主堂・グラバー・下浦石〜」前掲書、80頁。

(24) 北野典夫「偉大なる棟梁―長崎開港と小山秀之進―」（『天草海外発展史』上、葦書房、1985年）170頁。

(25) 世界文化遺産登録記念特別展第2弾『長崎居留地と大浦天主堂を造った天草の兄弟―小山秀之進と北野織部―』前掲書、6頁。

(26) 安高啓明『近世天草の支配体制と郡中社会』前掲書、45〜48頁。

(27) 安高啓明「近世天草における司法構造と調整機能―長崎奉行と大庄屋の司法的役割を通じて」（『汲古』第80号、2021年）19頁。

再布教のはじまり ——パリ外国宣教会——

島　由季

　元治元（1864）年、長崎の居留地に隣接する場所にカトリックの教会堂が建設された。いまだ日本が禁教のなか、長崎に住む外国人のために建てられたこの教会堂が、現在国宝として、そして世界遺産「長崎と天草地方の潜伏キリシタン関連遺産」の構成資産のひとつとして知られる大浦天主堂である。

　大浦天主堂の建設や同地の司祭職を担っていたのは、パリ外国宣教会（Missions Etrangères de Paris/ M.E.P.）の神父たちであった。この宣教会は修道会ではなく、フランス語を母国語とする司祭によって構成される布教団体で、アジアを中心に活動を行なっている。ローマ教皇庁は、日本の開国を契機とみて、日本における再度のカトリック布教をパリ外国宣教会に指示した。

　天保2（1831）年から、パリ外国宣教会は日本布教を目指し、まず琉球への上陸を試みていた。そして天保13（1842）年には日本宣教団を設置しており、ここからパリ外国宣教会の日本に対する活動が始まったとされている。

　安政5（1858）年、五カ国条約締結によって、宣教師は再び日本へと入国できるようになった。パリ外国宣教会の神父のひとり、ジラール（Prudence Seraphin-Barthelemy Girard, 1821-1867）は、フランス領事館付司祭兼通訳として来日した。日本を訪れるパリ外国宣教会の宣教師たちは、まず琉球へと入り、そこで日本語を学んでいたが、彼らのなかには、時機が悪く、日本への上陸が叶わなかった者もいた。

　そのような状況での念願の日本入国であったが、依然として日本は禁教下にあったため、司祭の主たる役割は、日本に居住する外国人信徒の信仰生活の保障であった。そして、開国後初めてのカトリック教会堂が文久2（1862）年、横浜に完成した。この教会堂は現存していないが、ゴシック様式と寺院式の折衷で、塔の上には十字架が立てられていた。この教会堂も横浜に住む外国人信徒のために建てられたものであったが、宣教師たちにとっては、日本布教のた

めの第一歩であった。ジラールは「我々の教会は来訪の対象となって日本の地方からも訪ねて来る。日本人にとってごく自然な好奇心が第一の目的ではある事は確かではあるが、これらの訪問は神と主キリストと福音を大衆に告げる機会を我々に与えている」と書簡で述べている。

　さらにジラールは、多くの参観者が教会堂にいることに対して、幕府側が何も対応をしていないことに大いに驚いていると述べている。また、集まった人々は教会での質問のみならず司祭館まで訪れる事態であるが、これが続くようなら明らかに権力側の反対が見られるだろうとも報告している。宣教師たちは当初、日本が禁教下であることを考慮し、参観者に対しての説教などは行なっていなかった。しかし、カトリックに興味を持つ日本人の様子を見て次第に説教を開始し、実際に、熱心に教理を学びに来る者や、仏教をやめるという者もいたと報告されている。しかし、ジラールの予想通り幕府がこの状況を看過するはずもなく、参観者が捕らえられる事態へと発展した。

　捕らえられた人々は、フランス公使ド・ベルクーの熱心な懇願によって、宣教師が日本人に対して布教を行なわないということを条件に解放された。宣教師もそれに従い、横浜での布教は諦めざるを得ない状況になった。

　長崎においても、大浦天主堂が建設されると多くの人々が見物に訪れた。漆喰で塗られたなまこ壁と、屋根に瓦が用いられた教会堂正面には、大きく「天主堂」の文字が掲げられていた。しかし、プティジャンを始めとする長崎で活動していた神父たちは、横浜での事態を受け見物人に対しての説教を行なわな

大浦天主堂

いようにしていた。しかし横浜の状況と異なるのは、長崎の地に密かにカトリックの信仰を継承し続けた、潜伏キリシタンが存在していたことである。そして元治2年2月20日（1865年3月17日）、大浦天主堂の献堂式からおよそ1ヶ月後、浦上

村の潜伏キリシタンがプティジャンにカトリック信仰を打ち明けた「信徒発見」へと続いていった。

　長崎地方を中心としたキリシタンと神父の接触と、それに伴う再受洗（潜伏キリシタンから正式なカトリック信徒への復帰）は、当初内密に行なわれていたが、信徒たちの信仰表明によって権力者側も看過できない事態へと発展していった。天主堂が完成し、そこにいる外国人こそ自分たちが待ちわびていた「パードレ（神父）」だと知った潜伏キリシタンたちが、それぞれの信仰共同体のなかから代表者を神父のもとへと送り出した。神父から改めて教義を学び、正しい洗礼の方法を教えられたその代表者たちは、共同体へと戻ると、次々と洗礼を授けていったのである。正式なカトリック信徒となった人々は、その教義に従って神棚を廃し、仏教式の葬儀を拒否し、カトリック信仰を表明しはじめた。そして、浦上村の信徒が捕らえられた「浦上四番崩れ」、五島の信徒が捕らえられた「五島崩れ」へと発展していくこととなった。

　日本はすでに、弘化3（1846）年には、代牧区（司教区には至らない教区）として教皇グレゴリウス16世によって認められ、パリ外国宣教会にその布教が任された。本格的な邦人司祭の養成開始は明治6（1873）年以降となるが、パリ外国宣教会の神父たちは邦人司祭を重要視し、慶応元（1865）年から数人の少年たちが司祭になるべく教育を受けていた。その場所は大浦天主堂敷地内に建てられた司祭館の屋根裏であった。

　しかし、浦上四番崩れや五島崩れが発生し状況が悪化すると、当然長崎において教育を続けることはできず、プティジャンは神学生たちをペナン（マレーシア）の神学校へと送ることを決めた。当時10名の神学生と引率の神父たちは、密かに計画を実行し、まずは上海へと移動、その後香港、シンガポールを経てペナンへと到着した。この避難は神学生にとって過酷なもので、約5年を国外ですごしたが、病気によって4人が亡くなった。

　彼らの国外避難の後も、長崎において引き続き神学生の養成が行なわれていたが、浦上四番崩れにおける信徒の2回目の移送が決定し、長崎の神学生たちも避難することとなった。彼らは香港の神学校で生活していたが、マラリアによって3名が亡くなった。残りの神学生たちは、明治4（1871）年の時点で、病気の者は帰国し、片岡源次郎と深堀丑松の二人はペナン神学校へと移動した。しかし、ペナンの神学生たちも気候にあわず病気がちであったため、同

5 年には横浜へと戻った。

　明治 6（1873）年、キリシタン禁教を周知する高札が撤去され、キリスト教信仰が黙認状態を迎えることとなる。パリ外国宣教会もまた積極的に布教や司牧を開始し、大浦天主堂が長崎地域布教の最初の拠点となった。明治初年にはすでに教理書類の印刷が行われていたが、布教のため、要理教育のための書籍などが本格的に制作されていった。

　このとき神学校は東京へと移転し、神学生の数も 70 名ほどに増加していた。さらに明治 8（1875）年には大浦天主堂横に神学校の校舎が建設され、東京にいた長崎の神学生が呼び戻されている。そしてついに、明治 15（1882）年 12 月 31 日、国外避難を経験した 3 人の神学生が再布教後最初の邦人司祭としてプティジャンから叙階を受けた。この後も邦人司祭は次々と誕生し、長崎や天草、九州各地を中心として派遣された。幕末から始まった日本へのカトリック再布教であったが、明治 15 年には邦人司祭を擁し、本格的な全国布教へと発展していくこととなった。

［参考文献］
パリ外国宣教会 Web ページ https://irfa.paris/en/zonesgeographiques/japan/
浦川和三郎『切支丹の復活』前編・後編（日本カトリック刊行会、1927 年）
松村菅和・女子カルメル修道会訳『パリ外国宣教年次報告Ⅰ（1846‑1893)』（聖母の騎士社、1996 年）
中島政利『福音伝道者の苗床─長崎公教神学校史─』（中島政利、1977 年）

第 2 章

絵踏廃止による宗門改と宗門帳の変容
—— 天草大庄屋文書の分析を中心に ——

安 高 啓 明

はじめに

　幕府の禁教政策は、鎖国（海禁）の確立にともなって、法による後ろ盾を得て次第に制度化されていく。島原天草一揆の終結以降、寺請制度の定着は顕著となり、宗門改も地域によって独自に進展していった。長崎をはじめ九州の一部の地域でのみ行なわれていた絵踏や影踏は、その代表的なものと位置付けられる。絵踏は、人別改とあわせて実施されることが多いため、両者の性格を兼備した「宗門人別改踏絵帳」などの名称の文書が作成されている。

　宗門人別改帳の作成の前提には、百姓や町人が檀那寺と寺檀関係を結び、寺請制度下に組み込まれていることがある。そのため、各藩における宗教政策のあり方や寺檀関係の状況、人民管理の実態は宗門人別改帳により詳らかになる。例えば、家内全員が同じ寺院に属する一家一寺制、戸主と配偶者、子供によって檀那寺が異なる半檀家制といった、当時の寺檀関係の形態がわかる[1]。そのほか、各藩における人口統計の基礎史料としても分析されており[2]、藩政の基幹となる情報が集約されている。つまり、宗門人別改帳により、領内の町村の動静を見出すことができるのである。

　また、幕末期になると、檀那寺が宗門人別改帳に印形することで、檀那であることを証明し、キリシタンではないことを請け負うという従前の役割に加え、檀家を教化する任務を帯びているという指摘もある[3]。明治5（1872）年の「壬申戸籍」を宗門改帳に系譜をみるという見解もあるように、様々な研究利用がなされているなかで、宗門人別改帳と絵踏を関連付けた視点について、十分な検討がなされていないように感じる。

　本論で取り上げる天草は、天草崩れによって作成された「異宗回信之者踏絵

帳」の存在がすでに指摘され、村明細帳の分析から下島の地域情報を明らかにしている[4]。ここでは先に示した研究成果に従った宗門人別改帳の性格が確認でき、天草の村内状況が把握されていた実態がわかる。また、村明細帳には、村高や人高だけでなく、類族に関する情報も含まれているため（第Ⅱ部第4章）、あまねく情報を統括しようとした村政の実情が看取される[5]。しかしながら、天草での禁教政策として不可欠な絵踏と連動した宗門人別改帳への具体的論証までには至っておらず、絵踏が廃止された後、どのような行政手続きが展開されたのかについても言及されていない。

さらに、天草の研究はこれまで下島を中心に行なわれてきた経緯がある。それは、本戸組大庄屋木山家や高浜村庄屋上田家といったまとまった文書群が当該地に現存していたからに他ならない。近年、上島にあたる砥岐組で大庄屋を勤めた藤田家文書が見つかったことで、これまでの天草研究を補完し得るとともに、新しい知見も見出すことができる。そこで、天草で同じ大庄屋職にある木山家と藤田家の文書を中心に用いて、江戸時代の宗門人別改帳から、明治初期の宗門帳作成の変遷について、絵踏の廃止前後における影響をふまえながら考察していくことにする。

1 「宗門人別改踏絵帳」の作成と提出

天草郡中で絵踏が始まる前に、村役人たちは事前に「宗門人別改踏絵帳」を作成していなくてはならなかった。それは、天草では宗門改帳と人別改帳が合冊されていたためで、各人が洩れなく絵踏に応じたことを証明する必要もあった。そのため、絵踏が始まる前に、檀那寺に寺檀関係の確認、これを示す署名と押印を必要としており、事前に用意された宗門人別改帳をもとに絵踏が行なわれている。また、預所支配であった天草において、長崎代官・日田代官（西国筋郡代）が預主の場合は「絵踏」・「踏絵」と称していた一方、島原藩の時は「影踏」と呼んでいる。この呼称の相違は、宗門人別改帳の文書体裁に反映され、島原藩預所の時には「宗門人別改影踏帳」、長崎・日田代官の時は「宗門人別改踏絵帳」という表紙を付さなければならない。そのため、預主が交代する最初の年には、その旨が郡会所から郡中に通達されている[6]。いわゆる公文書として正確な文書名で提出するように求められていたのである。

絵踏を証明するものとして用いられるため、宗門改が始まる前に、先触により絵踏帳の作成が指示されている。天草が島原藩の預所であった時を事例にみれば、本領での影踏が終わると、預所である天草郡中に移行している[7]。これにあたり、派遣される宗門改役人から、郡中の各村に伝えらえることになるが、宝暦4（1754）年『村継御用状留帳』には、「例年の通宗門御改為御用来ル二月中旬頃令出郷候間、影踏帳随分念入可相認候」とある[8]。これによれば、宗門改が2月中旬から始まるにあわせて、影踏帳を特段、念を入れて準備するように伝えている。高浜村では、百姓代が寺院に派遣され、印形をもらう役割を担っていたことがわかっている。あらかじめ担当する宗門改役人からその指示が出されるが、これは村継形式で廻文し周知される。滞りなく影踏が進展するように差配されたわけだが、それは、天草での宗門改後に五箇庄（五家荘）へ行かなくてはならないこと。そして長崎奉行所へ期日通りに踏絵を返却しなくてはならないためである。可及的速やかな対応を求めており、ここにも絵踏が行政手続化している実態が示されるのである。

　村方では、宗門人別改帳だけではなく、その他に提出する諸帳面を大庄屋の責任で準備しておく必要があった。これには手数がかかったようで、十分な期間を要したようである。弘化3（1846）年2月21日付で、砥岐組大庄屋藤田善五右衛門や本戸組大庄屋木山重兵衛、栖本組大庄屋小崎六郎左衛門らは、富岡役所に対して宗門改の開始の延期を求めている。その理由などを示す文書が次の「奉願上候書付」である[9]。

　　当郡村々当宗門御改之儀、例年当月末ゟ御出郷被仰付候義ニ御座候処、当
　　年之儀者長崎御呼出ニ而組々大庄屋重立候庄屋中出崎罷在り、追々帰村仕
　　候義者御座候得共、村々之内ニ者未夕人別請払、其外諸帳面等取極兼候村
　　茂有之、猶又地方請戻ニ付小訳取扱向之桁々取調方ニ付、尚此度組々重立
　　候庄屋中御呼出しも奉願候程之義ニ付、いつもの御日差通御出郷被下置候
　　而ハ、村々諸帳面等出来兼候段、会所迄願越候村方も有之、殊ニ銘々并
　　其外追々出岡も可仕折柄、旁恐入候儀ニ付被為叶御儀ニ候ハ、、三月
　　節句前後程合御見合御出郷被成下候様仕度、乍恐此段連印仕り奉願上候、
　　已上、

　　　　　　二月廿一日　　　　　　　　　　会所詰　　岡部謙一郎
　　　　　　　　　　　　　　　　　　　　　福連木　　尾上権之助

　　　　　　　上野原　　　鶴田仁兵衛
　　　　　　　砥岐　　　　藤田善五右衛門
　　　　　　　本戸　　　　木山重兵衛
　　　　　　　栖本　　　　小崎六郎左衛門
　　　冨岡御役所

　これは、会所詰大庄屋の岡部謙一郎ら6名の連署で富岡役所に提出された
願書である。宗門改は例年2月末から出郷となり開始されているが、この年、
長崎に呼び出されて、大庄屋と主たる庄屋は長崎に滞在している状況だった。
後日、帰村するところであるものの、郡中では、まだ人別請払やその他の帳面等
を完成できていないところもあるという。さらに、地方請戻があったため、そ
の対応にも当たらなくてはならないと事情を説明している。通常通りの日程で出
郷することになれば、村々で帳面等の準備が間に合わない旨を郡会所まで届け
ている。そこで、3月の節句前後に出郷してもらいたいと富岡役所へお願いし
ているのである。

　大庄屋や庄屋たちが長崎に呼び出されていたため、宗門改の際に必要な帳
面が準備できないことを理由に、日程の延引を望んでいる。彼らが長崎に呼び
出されたのは、地方請戻に関すること、いわゆる弘化年間に起こった質地騒
動を受けてのことである(10)。実際に鶴田仁兵衛・藤田善五右衛門・木山重兵衛
の3人に関しては、長崎奉行所に召集されていることを確認できる。ここで、
文政10（1827）年以来の質入の分、これ以前の取引であっても年季が不明のもの
は、弘化3（1846）年から5ヵ年の内に熟談して請け戻すようにと申し渡されて
いる(11)。この大規模な質地騒動を受けて主要な役人たちが呼び出されていたた
め、宗門改にあたっての準備が整わず、その延引を求めたのであった。なお、
この時の天草は、長崎代官の預所であり、長崎から宗門方役人が派遣されるた
め、その配慮と理解を求めたのである。

　具体的に天草郡中の「宗門人別改踏絵帳」についてみると、天保8（1837）
年に作成された砥岐組高戸村の『宗門御改踏絵帳』が現存している(12)。この時
の天草は、長崎代官高木作右衛門忠篤が預所としているが、砥岐組は代々、藤
田家が大庄屋を勤めており、本資料の高戸村庄屋は藤田家が兼帯していた。
ここで作成された『宗門御改踏絵帳』の一部と奥書について記すと次の通りで
ある。なお、この帳簿は上下巻からなるが、下巻のみが現存している。

　　　　　　　　　　　　　　　　　　村高五斗八升

一真宗観乗寺旦那　　　　　　　　　　弥三次　　廿四

　　　　　　　　　　弥三次女房　　いの　　　廿三

　　　　　　　　　　同人父　　　仲平　　　七十一

　　　　　　　　大道東八右衛門ニ入

　　　　　　　　　　同人姉　　　かの　　　廿九

　　　　　同断　　　同人姪　　　みや　　　二つ

　　　　　　　　　　同人従弟　　嘉助　　　三十六

　　　　　　　　　　嘉助女房　　いね　　　三十一

　　　　　　　　　　同人伜　　　辰次郎　　六つ

　　　　　　　　　　同　　　　　紋太郎　　三つ

　　　　　　　　　　嘉助弟　　　柳右衛門　廿六

　　　　　　　〆拾人内男六人（八）

　　　　　　　　　　女四人（弐）

竈数八拾七軒

男女合七百四拾壱人内　　　男三百九拾三人

　　　　　　　　　　　　　女三百四拾八人

　　　弐帳の寄

村高百五拾石四斗六升壱合

竈数百七拾五軒　　但去申弐軒増

男女合千六百三拾九人内　　　男八百六拾九人

　　　　　　　　　　　　　　女七百七拾人

差引去申御改ニ拾八人増内　　男　拾壱人

　　　　　　　　　　　　　　女　七人

右の通郷中の男女壱人茂不残相改之、委細遂吟味、旦那寺致判印、其上書
面の男女不残踏絵仕候処、切支丹宗門の者壱人茂無御座候、自然不審成者
御座候ハ、早速御訴可申上候、切支丹宗門の者者、不及申上、御法度の
宗門に志候歟、又ハ此帳面ニ洩候者於有之ハ、大庄屋・庄屋・年寄・五人
組・郷中のもの迄何分の御仕置ニ茂可被　仰付候、仍如件、

　　　天保八年　　　　　　　　　高戸村百姓代　源兵衛

　　　　　酉三月十七日　　　　　同　　　　　　八三郎

同村年寄　佐野右衛門

同　　　　　利右衛門

同　　　　　与四右衛門

同　　　　　林左衛門

同　　　　　鉄右衛門

同村大庄屋　藤田保七郎

冨岡御役所

　右帳面の男女拙僧旦那紛無御座候、依之銘々名書の頭ニ判印仕候、若件の

輩切支丹宗門其外御法度の宗門志候ハ、拙僧何分の御仕置ニ茂可被　仰

付候、自然不審成者於有之ハ、早速御断可申上候、仍如件、

　　　天保八年酉三月十七日　　　　　　　　肥後国熊本順正寺下

　　　　　　　　　　　　　　　　　　　　　同国天草郡樋之嶋村

　　　　　　　　　　　　　　　　　　　　　　真宗　　観乗寺

　　　　冨岡御役所

　ここにはまず、所有する村高が記され、戸主を筆頭に妻、父などと続き、そ
れぞれに年齢も付されている。戸主の上部には檀那寺である真宗観乗寺の署名
がある。観乗寺とは同じ砥岐組内の樋島村にある真宗寺院で、各地に多くの檀
家を抱えていたことで知られ、本資料からも高戸村の百姓は皆、観乗寺を檀那
寺としていたことがわかる。そして、一家の総人数と男女別の人数を書き留め
て提出されている。

　戸別ごとに寺檀と人別、持高が管理され、最後に高戸村全体の村高・竈数・
惣人数（男女別人数）が記されている。また、昨年との増減についても収めてお
り、人口動向が把握されている。この奥書には、郷中の男女１人も洩れること
なく、改めて厳密に吟味したと檀那寺からの判印をとっており、書面にある男
女の全てに絵踏を行なった結果、キリシタン宗門の者は１人もいなかったと証
明する。もし不審な者がいれば、すぐに訴え申し上げるとし、キリシタン宗門
の者は言うまでもなく、御法度の宗門を信仰している者、また、この帳面に洩
れているものがあれば、大庄屋・庄屋・年寄・五人組、郷中の者はどのような
仕置でも仰せ付けられるべきであると述べている。

　このように、天草で作成された宗門人別改帳は、村高や人別が戸ごとに管理
されているとともに、総括的に村全体の状況把握、さらに宗門改の性格をもあ

わせ持った内容となっていることがわかる。これを示すように、奥書の前半部に人別改としての性格があり、後半が宗門改の履行と絵踏による非キリシタンを証明する部分からなる。これら複合的な意味を持つ宗門人別改帳は、村落の基本台帳として扱われるとともに、幕府による禁教遵守を証明するものだった。これらの行政手続きが欠けてしまうと、その文書内容も変更せざるを得なくなる。ここに天草での文書主義が定着していた実態が示されるのである。文書には大庄屋・年寄・百姓代が連署しており、大庄屋兼帯の村でなければ庄屋も名を連ねた。

「宗門御改踏絵帳」の最後には、観乗寺が富岡役所に宛てて、ここに記載された者たちが檀那寺であることを証明している。そして、名書の上部に判印しており、もし、キリシタンであったり、御法度の「宗門」を信仰をしている者がいれば、観乗寺の僧侶はどのような仕置も受け入れると記されている。ここで述べられている御法度の「宗門」とは、日蓮宗不受不施派を指しており、『御仕置五人組帳』には、「不受不施の法華宗御法度に而候間可致吟味事」とあることからも裏付けられる[13]。さらに、不審なものがいれば、すぐに届け出るとも記しており、本帳面に収められた高戸村の百姓の宗旨に関する責任の所在を明確にしている。檀那寺が施策の一端を担う、いわば行政を下支えしていたことをあらわしているのである。

このように宗門人別改帳は、村役人と檀那寺との共同で作成される村落の基本台帳として作成されていた。宗門改にあたっての、宗旨の確認は寺院、絵踏に関しては村役人がその実質的な任にあたっていた。相互に連関した業務を首尾良く行ない、これを富岡役所に提出するまでが村役人にとって重要な職務だったのである。

宗門人別改帳の提出形態は、原則として各村でそれぞれ袋詰めしたものを提出していた。文政10（1827）年『諸書通』によれば、砥岐組7ヶ村分の宗門人別改帳を1冊ずつ袋に詰めて合計七袋としている。この他、天草郡中では「御仕置五人組帳」と「神文帳」、「寄帳」、「鉄炮帳」を作成していた。これらは7ヶ村分をまとめて1袋にいれられ、合計11袋に仕立てて郡会所を通じて富岡役所に提出していたのである[14]。

2 絵踏の状況と廃止の通告

　安政5（1858）年に日米修好通商条約条約が締結される。この第8条には、長崎奉行所管轄内において絵踏する慣習が既に廃止されていると明記されるに至っており、次のような条文となる。

　　日本に在る亜米利加人自ら其国の宗法を念し礼拝堂を居留場の内に置も障りなし、並に其建物を破壊し亜米利加人宗法を自ら念するを妨る事なし、亜米利加人日本人の堂宮を毀傷する事なく、又決して日本神仏の礼拝を妨け神体仏像を毀る事あるへからす、

　　双方の人民互に宗旨に付ての争論あるへからす、日本長崎役所に於て踏絵の仕来は既に廃せり、

　これは第7条に規定された居留地の設定、ならびに遊歩規定を受けて両国間で定められたもので、居留場内において礼拝堂を建立しても問題ないとしている。そして、日米間双方において、宗法に立ち入らないことを確認、居留地内にある堂宮（教会）を破壊することはせず、信教を妨げることはないと信仰を保証している。あわせて、日本の神体や仏像を破損してはならないとも明記し、信仰面において日米間で不可侵的な条文となった。そして、相互に宗論をしないとしたうえで、日本の長崎役所で踏絵は既に廃止したと記されている。附則的に絵踏の廃止が規定されているが、これは、両者で争論とならないようにするための規定である。

　この文言を条約に規定するまでに至った背景には、オランダ商館長ドンケル・クルティウスらが、絵踏は欧米諸国に悪い印象を与えている状況を伝えるとともに、長崎奉行の水野筑後守忠篤と荒尾石見守成允は絵踏が年中行事化している実態を幕府に報告している。そのうえで、外国から正式に異議が出される前に、自発的に廃止した方が良いのではないかと上申した結果、これが認められたのである[15]。絵踏は長崎奉行の管轄で行なわれていたものの、その執行の是非には幕府の許可が必要だった。それは踏絵の制作が老中の指示によっていたことに起因する（第Ⅱ部第1章）。幕府と長崎奉行の協議の末、締結直前に廃止が決定しており、第8条には、「既に」の文言が示された。換言すれば、外圧ではなく自発的な廃止であることをあえて盛り込んだのである。

　天草には、万延元（1860）年に絵踏を廃止する通達が届いている。これにつ

き、木山家文書「御用触写帳」の廻状によれば、次のように記される[16]。

　　切支丹宗門改の儀、踏絵申付候処、江戸表ゟ御沙汰の趣長崎奉行ゟ掛合有

　　之候様ニ付、踏絵者不申付候得共、右宗門者前々より重キ御禁制ニ付、弥

　　厳敷可改旨被仰渡、改方相弛候事ニハ無之間、直 直（ママ）改役人廻村為致候条、

　　是迄之通村中男女不残罷出改を請可申、尤他行のもの有之候ハヽ、改以前

　　呼戻置候様、都而例年の通厳重ニ心得可申候、右宗門改証文認方印形爪印

　　取候儀、組内重立候庄屋へ伝達、前以廻村為致候間篤与承り可得其意、此

　　廻状村下令請印、早々順達留ゟ可相返もの也、

　　　　　　　　印申閏三月十日　　　　　　　　　　　　　富岡御役所印

　　追而本文の趣神職山伏等へ者其所村役人ゟ可及通達候、

　キリシタンの宗門改で絵踏を申し付けてきたが、江戸からの決定通知が長崎奉
行所から連絡されている。これによると、絵踏は行なわないことになったが、
キリシタン宗門は以前から厳禁であるので、弛むことなく改めるように仰せ渡
されている。直接改役人を廻村させることはもちろん、これまで通り村内の男
女を残らず改め、他所へ行っているものに関しては、改め以前に呼び戻し、全
て例年の通り厳重に心得るように指示されている。

　そして、宗門改証文の認方として、印形・爪印をとることになっている。こ
れは組内の主要な庄屋たちへ伝達するので、事前に廻村して重々承知するよう
に伝えている。このように、絵踏が行なわれなくなったとしても、決して宗門
改の手続きを緩めることがないよう、従前通りの宗門改証文を作成しているこ
とがわかる。

　上記の資料は、富岡役所から廻達されたものである。そして、神職や山伏な
ど一般百姓とは異なる層へも所役人から通達しており、絵踏廃止にともなう変
更が伝えれられた。つまり、踏絵を廃止することによって影響を受ける対象者
に村役人から通達されたのである。これまでの通りと主張されながらも、絵踏
しない以上、宗門改は一部変更を余儀なくされる。そこでどのような形態に変
わったのかを示すものが、次に示す資料になる[17]。

　　一是迄の通村中不残村役人宅、又者可然場所江呼集、出役目前ニ而宗門帳

　　　名前を村筆者ニ為読、順ニ家頭の者改証文帳面の前出、乍立一礼いたし

　　　印形畢、爪印いたし罷通り、引続其もの家内人名前順々目礼いたし為罷

　　　通改可請、且家頭のもの者残り為居、今般の趣意の改証文読聞、并例年

申諭等可請事、

一改方証文出役其以前村方ニて認置、印形者不致、出役江差出改の節、
　前ヶ条の通、印形為押差掛り印形無之ものハ、村役人ニ而茂爪印いた
　し、大勢罷出候ニ付、手間取不申様可取扱事、

　　但、印形無之爪印取候ものハ爪印ニ而形を付置、跡ニ而墨を入候通例の
　　取計ニ候得共、左候而ハ大勢ニ而手間取可申候間、墨肉を場所へ差出
　　置、右の中指爪先ニ而墨肉を付、名前下へ為押可申事、

　先に挙げた資料にもあったように、これまでと同じように残らず役人宅、も
しくは、しかるべき場所に参集させていることがわかる。そして、出役の眼前
で宗門帳に記された名前を村筆者が読み上げ、順番に家頭の者が改証文帳面の
前に出て、立礼したうえで印形か爪印をし、続いて家内人が名前の順番通りに
目礼して通ることで宗門改を受けたことにしている。これが終了すると、家頭
だけが居残り、趣意書の改証文を読み聞かせ、例年通りの申し諭しなどを受け
ることになっている。これが絵踏に変わる新しい宗門改の作法として行なわれ
たのであり、絵踏をしないこと以外に大きな変更はなかったといえる。

　また、「改方証文」については、出役が来る前に村方で準備しておき、印形
をしない状態で出役に提出する。そして、改めの時に印形することとし、印形
がない者には爪印をさせている。村役人であっても同様に爪印をすることに
なっており、大勢いて手間取ることがないような取り扱いを求められている。
そして、印形がなく爪印をするものは、爪印で形を付けておいてその跡に墨を
入れるという通例では、人数が多いと手間取ることになるので、墨肉を宗門改
の場所に用意して、中指の爪先に墨肉を付けて名前の下に押させるとした。つ
まり、爪印の者が大勢いることを想定した、円滑な対応が取り決められていた
ことがわかる。

　これまで示してきた「宗門御改証文」について、その雛形も同じく木山家文
書「御用触写帳」に収められている。安政7年（万延元年）のものだが、「宗門
御改証文　肥後国天草郡何村」という帳面の上書を付けたうえで次の文言が記
されていた。

　　　　宗門御改証文
　切支丹宗門者前々ゟ重キ御禁制ニ付為御改被成御廻村、寺院ハ一寺の住職
　并隠居一向宗者後住ニ可成惣領、山伏者官職の者計都而寺僧の外神道葬祭

の社家ハ当官前官神職可成正統の者并神子職惣而神祇本所ゟ神道の許状請
候もの、一向宗新発意以下弟子帳、其外寺請証文差出候分ハ相除、其余村
中男女不残罷出御改を請候処、銘々旦那寺ゟ宗判差上候通紛無御座、尤請
伊勢之御祓毎朝奉尊拝邪宗門帰依のもの壱人茂無御座候ニ付、自然邪宗門
信仰のもの有之、隠置露顕いたし候ハ丶当人者勿論、親類五人組村役人迄
厳科可被付候、尤病人の分者別帳を以御改請、今日御改ニ不罷出、他出の
ものハ名前書差出候間、追而御改被仰付候旨被仰渡、承知奉畏候、仍而宗
門御改証文如件、

　　　　　　安政七申年　　月　　日　　　　　　　　　　　何国何郡何村

　　　　　　　　　　　　　　　　　　　　　　　　　　　　百姓　　誰

　ここには、キリシタンは以前から重度の禁制であって、宗門改の廻村にあ
たっては、寺社や山伏ら、ならびに寺請証文を出した者などを除いて、村中の
男女は残らず改めを受けているとある。そして、各檀那寺から宗判が提出され
た通りで間違いないと述べ、伊勢の御祓を受け、毎朝、尊拝しているので、邪
宗門に帰依しているものは一人もいないと付記する。もし、邪宗門を信仰して
いるものがいて、また、隠し置いたものが露顕したならば当人はもちろん、親
類や五人組、村役人まで厳科に処すとする。一方、病人は別帳により改めると
し、他出の者は名前書を提出し、後日、改めると記されている。

　この雛形をもとに、「宗門人別御改帳」・「流人宗門御改帳」・「家番人宗門御
改帳」・「病人宗門御改帳」、「他出之者人別書上帳」が作成されている。これら
は表紙（「上ハ書」）に相当し、絵踏の廃止を受けて、これまでの宗門人別改帳
に記されていた「踏絵」や「影踏」の文字は消失した。また、天草では流人や
家番人、病人、他出とにわけて宗門帳面を作成してきたこともわかり、家番人
の宗門改帳では、家頭が認印（爪印）を捺したうえで村役人から富岡役所に宗
門改をお願いし、病人についても同様に家頭の認印のうえ、宿に集め置くとし
て宗門改の依頼をしている。また、「流人宗門御改帳」の体裁について具体的
にみてみると、次のものが確認できる。

　一何宗寺院旦那　　　　　　　　　　　　　　　　　　　　流人名前

　　　　　　　　　　　　　　　　　　　　　　　　　　　何ノ何才

　右の流人宗旨御改ニ付爪印仕候処紛無御座候、常々行跡等迄怪敷義無御座
候、尤被仰渡候御法度の趣、少も無相違相守申候、若向後御法度の宗旨ニ

有之由申者御座候歟、御制禁の趣相背候ハヽ、連印のもの迄何様の御仕置
ニも可被仰付候、以上、

　　　　安政七申年　　月日　　　　　　　　　　　　　　　村役人連印
　　　　　冨岡御役所
　右帳面のもの拙僧旦那ニ紛無御座候、依之銘銘名書の頭ニ印形仕候、若宗
門の儀ニ付、自然不審の儀御座候ハヽ、御訴可申上候、為其仍而如件、

　　　　　申　月　　　　　　　　　　　　　　　　　　　　　寺院印
　　　　　冨岡御役所

　江戸時代中期以降、天草に差遣される流人は、京都・大坂・伏見・奈良・堺
奉行所管轄の罪人で[18]、大坂町奉行の差配により請負商人の手によって天草ま
で送られ、富岡役所で引き渡されている。その後抽選で、郡中に預けられるこ
とになるが[19]、宗門改は惣百姓の後に行なわれ、「宗門人別改踏絵帳」も別帳
化されていたのである（第Ⅱ部第5章）。これは、内田村の預流人仙吉が嘉永3
（1850）年に作成された「子宗旨御改流人踏絵帳」でも確認できる[20]。

　これが、上記のような雛形に変更され、爪印させて宗旨の確認をしている。
そして、日頃の振る舞いにも怪しいことはなく、引き渡される際に仰せ付けら
れた法度も厳守していること。もし、今後、御法度の宗旨を信仰していたり、
禁制に背いたことがあったら村役人が責任を負うと記されている。あわせて、
奥書には寺院が檀家であることを認めており、不審なことがあれば、届け出る
と富岡役所に誓っている。このように、流人の場合は、宗旨の確認にあわせて
郡中引き渡しの時に仰せ渡された法度の厳守が宗門改の時にも確認されていた
のである。これは、前述した内田村預流人仙吉の踏絵帳と比べると、絵踏を行
なったという記載が削除された以外は、そのまま引き継がれた内容となって
いる。

　このように、絵踏の廃止にともなって、天草郡中で作成される宗門人別改帳
にも変化が生じた。変更にあたっては、郡中で統一するように廻達され、各村が個
別に対応することになったのである。絵踏廃止にともなう宗門人別改帳の作成
は、文章・文言の変化をともないながらも、基本的には前例を踏襲して制度化
されていったことがわかる。

3　宗門改制度の再整備

　絵踏の廃止によって、万延元（1860）年から宗門人別改帳にも変化が生じた。
これが、明治新政府下の宗門改になるとどうなるか。これは、明治2（1869）
年に作成された「御役所触留帳」（藤田家文書）にその詳細が収められている。
まず、明治元（1868）年12月に、長崎府富岡役所から郡用方懸に宛てられた文
書によると、次のことを確認することができる[21]。

　　　　　郡用方懸江
　　宗門改の儀者、従前重き規則も有之候得共、開港以来踏絵の厳制相廃候
　　ゟ、当時ニ而者只人別改候而已ニて、宗門邪正の調も不相分、実ニ有名無
　　実の改方ニ相聞候間、今般左の通規則相定候、就者市郷のもの共無違失可
　　相心得候、以後万一違背於有之者厳重の咎可申付事、
　　　　　辰十二月

　宗門改について、以前は厳しい規則があったものの、開港以来、絵踏という
厳しい制度が廃止となった。これにより、天草では人別改だけを行なっており、
宗門が邪教か正教かの判断もできないとする。まさに"有名無実化"している
宗門改であるというように聞くので、今般、次のような規則を定めたので、郡
中の者たちも間違わないように正確に心得るべしと申し渡している。そして、
今後、万一これに背いた者があれば、厳重に咎めを申し付けるとした。

　これにより、長崎府は絵踏の廃止以降、人別改だけがなされ、宗門改は行な
われていなかったという認識だったことがわかる。前述した絵踏にかわる宗門
改が実施されていたものの、相応の手段とはみなされておらず、絵踏を「厳制」
と表現している。つまり、連綿と続けられてきた絵踏を神聖的かつ象徴的に位
置付けており、普遍的な手段とさえ認識されていたことがうかがえる。実際は
年中行事化した状況だったものの[22]、慣習的に定着していたことが、そう思わ
れたのであろう。明治時代になっても依然として禁教政策が掲げられていたた
めに、絵踏にかわる宗門改を政府公認のもとで履行したい天草郡中の動きが
看取される。

　こうしたなかで新しく作られた規則が、次に示す文書で、これは全6条から
なり、寺請制度との継続性を見出すことができる内容となっている。

　　　　規則

一宗門改の儀者社寺方掛兼帯申付候事、

一市郷役人ニ而人別改候儀者、是迄の通可相心得候事、

一市郷のもの共毎年正月始銘々旦那寺江相越、一家内中人別相認別紙雛形
　の通寺証文申請、早速市中者其町乙名、郷中者庄屋方江差出候を、人別
　帳ニ引合、一同相揃候上、市中ハ二月十五日町方掛江差出、郷中者四月
　中郡用方懸江無相違差出可申候、若万一右寺証文申請候儀等閑ニいたし
　不差出ものハ、縦令所役人の改者相済居候共、厳重の咎可申付事、
　　　　但諸寺院江も相達置候事、

一是迄市郷役人共人別帳を寺々江持参寺印致させ来ル由ニ候得共、以来寺
　証文を家別ゟ差出候儀ニ付、寺々ゟ人別帳江寺印ニ不及候、

一市郷役人方ニ而仕立差出候人別帳の儀も、是迄人別毎名之上ニ旦那寺ゟ
　印形いたし来候得共、前文の通寺証文差出候上者、名の上ニハ何旨何寺
　与認候計ニ而、寺判ニ不及候、尤奥書の儀者、別紙雛形の通相認無印ニ
　而差出候得者、追而諸寺院市郷役人共一同宗門改役所江呼出し調印見届
　候筈ニ候間、其旨兼而相心得可被 □ 事、
　　　　　　　　　　　　　　　　　　　　　（虫損）
　　　　但諸寺院江も相達置候事

一一家の内宗旨者可為一宗旨、前々相達置候得共、于今一家中内ニ一宗不
　相成ものも有之哉ニ相聞、以の外ニ候得共、此節迄ハ不及詮義、先是迄
　通其寺の証文受取の取揃差出可申候、

　宗門改の従事にあたり、寺社方掛に兼帯が申し付けられている。市中・郷中
の役人が人別改を行なうことは、これまで通りとしている。そして、郡中のも
のたちは、正月始めからそれぞれ檀那寺へ行き、家中の人別を認めた別紙の雛
形の通りに、寺証文を申請することとなっている。その後、すぐに市中に住む
者は町乙名、郷中の者であれば庄屋方へ提出して人別帳と引き合わせ、全てが
揃ったうえで、市中の者は 2 月 15 日に町方掛に提出、郷中の者は 4 月中に郡用
方懸へ相違なく提出しなければならなかった。もし、万一、寺証文の申請が等
閑となって提出しないものがいれば、たとえ、所役人による改めが済んでいた
としても、厳しい咎めを申し付けるとされた。本件は、各寺院にも連絡され、
理解を求めている。

　これまで、市中・郷中の役人たちが人別帳を各寺に持参して、その際に寺印

を受けてきた。これが宗門人別改帳として機能していたものの、今後は、寺証文を家別で差し出すことに変更されている。そのため、人別帳に寺印は必要ないとし、さらに、市中・郷中の役人方から提出された人別帳は、これまで人別ごと名前のうえに檀那寺から印形を受けてきた。しかし、寺証文が提出されたら、名前のうえには、宗旨と寺名を認めるだけでよく、寺判は不要とした。奥書には、別添の雛形の通りに認めて、無印で差し出したならば、後日、諸寺院や市中・郷中役人たちを宗門改役所に呼び出し、調印させるので見届けるように指示されている。一家の宗旨は一宗旨にすること（一家一寺制）を以前から言われていたものの、今となってもそのようになっていないと聞いている。これは良くないことであるけれども、今回はその僉議に及ばないので、従前通り、寺の証文を受け取り差し出すようにと伝えられた。

　これからは、寺証文の作成、そして提出という、江戸時代からの寺請制度に系譜を引く宗門改が行なわれていることがわかる。そして、これまでは行政主導で行なわれていた文書の作成を、戸別で担当することになっている。各家で作成した寺証文を役人方に提出することになっており、行政の関与を希薄にし、スリム化されている点が特筆すべき点である。そして、寺院も寺証文への寺印を不要とされ、宗旨と寺名を記すことで足り、後日、寺院や役人たちによって宗門改役所で調印するという手続きに変更されたのである。絵踏にかわる宗門改として寺証文が導入されたが、各家に寺院へ持参させることで、参詣を兼ねた邪教・正教の確認をとっていたのである。中央政府では、国家神道化のもとで、寺請制度に変わる氏子請が図られていたものの[23]、天草では寺請に系譜をみる制度が導入されている。

　前述したように寺証文の雛形が本文書に所収されており、「寺請状雛形」として、次のように記されている。

　　　　宗旨証文の事

　　　　　　　　　　　　　　　　　　　　　　何村

　　　　　　　　　　　　　　　　　　　　　　　何郷

　　　　　　　　　　　　　　　　　　　　　　　　某　何才

　　　　　　　　　　　　　　　　　　　妻

　　　　　　　　　　　　　　　　　　　　　　　　某　何才

右のもの共何宗拙寺旦那ニ無相違、若切支丹宗門与申もの於有之者、拙僧

可申分候、此上相違の義有之候者、如何様ニも可被仰付候、仍而請状如件

　　　年号支月日　　　　　　　　　　　　　　　　　　　何寺判

　これは、一紙形態の宗旨証文が戸別に作成されていることを示すものである。居住地・氏名・年齢を記し、旦那に間違いないことを証明している。もしキリシタンがいれば、寺僧が説明する旨を記している。なお、間違いがあれば、どのような仰せ付けでも受け入れる旨も付記している。戸別に寺院から宗旨証文を得て、これを村役人に提出することになったのである。そして、村役人がこれをもとに人別帳を作成することとなる。そこには、奥書を付して公文書となし、これは、「市郷役人ニ而仕立差出候人別帳奥書雛形」として次のように記されている。

　　前書の通村中百姓小前ニ至迄相改候処相違無御座候、尤切支丹宗門ニ為無
　　御座、銘々寺請状取之、差上申候、
　　然ル上ハ若相違の儀御座候節者曲事可被仰付候、依之奥書仕、此段奉申上
　　候、以上、

　　　　　年号支月日　　　　　　　　　　　　　　　　何村庄屋

　　　　　　　　　　　　　　　　　　　　　　　　　　　何某印

　　　　　宗門御改所

　　前書の通拙寺共旦那ニ而切支丹宗門ニ決而無御座候、依之別紙請状差上申
　　候、以上、

　　　　　年号支月日　　　　　　　　　　　　　　　　何寺印

　　　　　　　　　　　　　　　　　　　　　　　　　　　何寺印

　一是迄村中小前印形区相成居、甚以不宣義ニ付、今般人別ニ為拵可申旨御
　　達ニ付、村役人始小前末々ニ至迄の印鑑帳弐冊差出、村毎大庄屋・庄屋
　　宅江も取置可申事、
　　但小前の儀者、人別ニ為拵候而者、多人数の義ニ而可及混雑ニ付、先ツ
　　　　　　　　　　　（虫損）
　　家頭而已為拵合□等不相成候様取計可申事、

　ここには、村中の百姓ならびに小前百姓に至るまでを改めて間違いはないと記している。この文書は戸別に提出された寺請状をもって、行政による確認がなされたことを根拠としている。また、切支丹宗門でもなく、それぞれが寺請状を取っており、人別帳を提出するとある。つまり、戸別に寺請状を作成するために、檀那寺へ直接行ったことによって、参詣の意味をなし、寺檀関係にあ

ることの証左としたのである。ここには、寺請制度に起因する、キリスト教の一神教の教義を利用した政策として評価できる。また、前述したように、檀那寺が教化を求められていたため[24]、絵踏に代わる宗旨確認の手段として行なわれていったといえよう。

その作成にあたっても、家頭と小前とで扱いが異なっていたことがわかる。これまで、村中の小前百姓の印形が不統一で良くないとして、今回から人別に従って拵えるようにという達があった。これにより、村役人をはじめ小前百姓に至るまで印鑑帳2冊を提出し、村ごとに大庄屋と庄屋宅で保管するようにと申し渡されている。ただし、多人数の場合は、混雑に及ぶので、まずは家頭の分だけを作るようにとある。このように、基本的に近世の村落行政を維持した帳簿の管理がなされるとともに、家頭を中心とした管理体制も変化をみない。その一方で、小前百姓で統一性が見られなかった近世的弊害を改正しようとしているのである。印鑑帳の提出によってこれを是正し、一元化を図ったのであった。宗門改と同時に文書の統一も行なわれていったことがうかがえる。

このように、絵踏にかわる宗門改を克服した天草は、新たな宗門人別改帳の作成に進むことができるようになったのである。これまで行政主導で作成されていた宗門人別改帳に、村民を直接的に関与させることで、禁教を維持する道を探った。絵踏は行なわれなくなってもキリスト教の一神教という教義を前提にして、寺院参詣を促すなど、徹底した禁教政策が展開されていたといえよう。

おわりに

天草では、絵踏・影踏にあわせて、人別改も行なわれていた。絵踏の廃止は、「宗門人別改踏絵帳」の変化を余儀なくしたのである。これは絵踏を行なっていた地域に共通するところであろうが、絵踏の廃止が通達されると、行政手続きの変更に着手する。連綿と続いてきて定着していた宗門改に代わる手段を制度化するには、公儀による認可が求められ、独自に絵踏にかわる方法を導入しながらも、その施策で十分という認識には至っていなかった。これは、絵踏を行なっていた地域に共有されるジレンマであり、絵踏がそれだけ象徴的なものとして扱われていたのである。絵踏の効果は疑問視され廃止に至ったものの、長く継続的に行なわれてきたという実態が神聖化する固定概念として

萌芽していたのである。

　こうして、天草で導入されたものが、戸別に寺請状を受けることである。これまで村役人が宗門人別改帳の作成を主体的に担っていたが、村民が直接、寺院に訪れて寺請状を作成してもらうことで、寺檀関係を身を以て確認することにつながった。絵踏が行なわれない代わりに、寺院に赴くことで、近世以来続けられてきた寺請の確認、さらには、キリシタンではないことを証明してもらう行政手続きへと変容したのである。

　宗門人別改帳では村役人が寺檀関係にある寺院から押印をもらうなど、ここに百姓が直接関わることはなかった。つまり、行政が担っていた宗門改業務を百姓自身に負わせることで、村役人の業務が軽減される一方、禁教を確認するうえでは寺院の存在は欠かせなかった。寺院の参詣は非キリスト教徒として確認する有効な手段とみなされていたのである。

　宗門改帳は検地帳や郷帳とは異なって、永久保存の部類に入ったわけでなく、藩によっては一定期間が過ぎると廃棄するという準則があった[25]。天草でも同じであり、現在確認される宗門人別改帳も村方が有した、いわゆる控えにあたるものである。絵踏が行なわれていれば、毎年、宗旨は確認されるため文書の廃棄も可能であるが、絵踏の廃止によって、宗門改帳の意義も人別帳に傾倒し、禁教遵守の証明としての意義が希薄となった。そこで、新たな規則を創出し、これまで通りの性格を維持した宗門人別改帳の作成を図ったのである。絵踏の廃止が、郡中での寺請や宗旨確認の変更、さらには宗門人別改帳そのものの作成意図に対して大きな影響を与えていたのである。

　［註］
（1）朴澤直秀『近世仏教の制度と情報』（吉川弘文館、2015年）213〜219頁。
（2）速水　融『歴史人口学研究』（藤原書店、2009年）511〜590頁。
（3）大橋幸泰『近世潜伏宗教論』（校倉書房、2017年）293〜294頁。
（4）東　　昇「近世近代移行期の天草郡における村明細史料と地域情報」（『京都府立大学学術報告・人文』69号、2017年）。
（5）安高啓明『近世天草の支配体制と郡中社会』（上天草市、2022年）287〜293頁。
（6）安高啓明『踏絵を踏んだキリシタン』（吉川弘文館、2018年）175〜176頁。
（7）安高啓明『踏絵を踏んだキリシタン』前掲書、147〜148頁。
（8）安高啓明編『上天草市史　姫戸町・龍ヶ岳町編　近世資料集　第2巻　秩序・法制』（上天草市、2021年）477頁。

(9) 『天領天草大庄屋木山家文書』第5巻（本渡市教育委員会、2000年）56〜57頁。

(10) 安高啓明『近世天草の支配体制と郡中社会』前掲書、79〜85頁。舟橋明宏「天草郡地役人江間家と地域社会──弘化の仕法と一揆をめぐって」（渡辺尚志『近世地域社会論』（岩田書院、1999年）403頁〜447頁。

(11) 森永種夫編『犯科帳』（9）（犯科帳刊行会、1960年）、251〜254頁。

(12) 安高啓明編『上天草市史　姫戸町・龍ヶ岳町編　近世資料集　第2巻　秩序・法制』前掲書、482〜486頁。

(13) 「御仕置五人組帳」（天草郡教育委員会編『天草郡史料』第1輯、名著出版、1972年）247頁。

(14) 安高啓明編『上天草市史　姫戸町・龍ヶ岳町編　近世資料集　第2巻　秩序・法制』前掲書、481〜482頁。

(15) 安高啓明『踏絵を踏んだキリシタン』前掲書、94〜95頁。

(16) 『天領天草大庄屋木山家文書　御用触写帳』第6巻（本渡市教育委員会、2001年）172頁。

(17) 『天領天草大庄屋木山家文書　御用触写帳』第6巻、前掲書、172〜173頁。

(18) 藤井嘉雄『大坂町奉行と刑罰』（清文堂、1990年）340頁。

(19) 安高啓明「天保期における長崎代官預所天草の支配形態と司法手続き──流人の管理と処分の観点から──」（長崎市長崎学研究所紀要『長崎学』第6号、2022年）49〜55頁。

(20) 安高啓明編『上天草市史　姫戸町・龍ヶ岳町編　近世資料集　第2巻　秩序・法制』前掲書、486〜488頁。

(21) 安高啓明編『上天草市史　姫戸町・龍ヶ岳町編　近世資料集　第1巻　役儀・支配』（上天草市、2021年）231頁。

(22) 安高啓明『踏絵を踏んだキリシタン』前掲書、187〜188頁。

(23) 安高啓明『浦上四番崩れ──長崎・天草禁教史の新解釈』（長崎文献社、2016年）64頁〜65頁。宮間純一「明治初期のキリシタン統制に関する一考察──宗門改を中心に」（大友一雄・太田尚宏編『バチカン図書館所蔵マリオ・マレガ資料の総合的研究』国文学研究資料館、2022年）450〜451頁。

(24) 大橋幸泰『近世潜伏宗教論』前掲書、292〜293頁。田代領代官を事例としているが、「宗旨心得違」が発生したことを受けて教化が求められるようになったとする。

(25) 速水　融『歴史人口学研究』前掲書、519〜520頁。例えば、対馬藩では三年間の保存期間、大垣藩では元治元（1864）年に、文政12（1829）年以前の分を反故紙として入札されていることが指摘されている。

ド・ロ版画

島　由季

　天草の大江天主堂を訪れると、堂内後方（出入口）の上部に掲げられた額入りの５連の絵を見ることができる。これは通称"ド・ロ版画"と呼ばれ、明治初期に作られたとされる、キリスト教関係の図像が表された版画である。広義にはその版木を含む場合がある。版木は実に 10 種類存在し、カトリックの聖人が描かれた聖人図と、教義内容が絵で表された教理図の２つに分類できる。聖人図は《イエスの聖心》《聖母子》《聖ヨセフと幼子イエス》《聖ペトロ》《聖パウロ》の五種類、教理図は「四終」に関する場面が描かれており、《善人の最期》《悪人の最期》《煉獄の霊魂の救い（人類の復活と公審判)》《最後の審判》《地獄》の五種類となっている。これらの版木は制作されてから現在まで大浦天主堂境内で保管されてきたと考えられ、現在は大浦天主堂キリシタン博物館が所蔵している。版画は 89 点が確認されており、そのうちの 23 点を大浦天主堂キリシタン博物館で所蔵している。その他の所蔵先は主に九州地方に集中しており、教会関係施設や自治体（博物館等）、個人が所有する。

　この版画および版木の名称になっている「ド・ロ」とは、日本の開国にともなって来日し、布教を担ったパリ外国宣教会の神父の名前である。マルク・マリー・ド・ロ（Marc Marie de Rotz, 1840-1914）は、明治元（1868）年、宣教会の印刷事業担当としてフランスから日本へ渡ってきた。カトリック教会の聖人の祝日を記した暦や、教理書の類を印刷したことで知られている。また、現在、博物館として活用されている大浦天主堂境内の「旧羅典神学校」「旧長崎大司教館」はド・ロの設計によって建設された。

　さらに、外海地域（現長崎市）に赴任した際の社会活動も有名で、医療や福祉といった分野でも活躍していた。外海地域ではもちろん、長崎においてはカトリック信徒ではない人々にも名前が知られている人物である。

　ド・ロ版画は、その名の通り、ド・ロが制作に関わったと考えられている。

しかし、その詳細は明らかになっておらず、神父のもとで働いた人物の証言やパリ外国宣教会の報告によって推定された結果である。版木自体を神父が彫ったのではなく、神父の指導のもと日本人が制作したとされている。ド・ロの関与は事実として考えられているが、その彫師は判明していない。また、制作年代に関しては明治3（1870）年前後と想定され、いまだに検討がなされているという状況である。

ド・ロが制作指導を行なったという点に関しては、現在残されている版画の表装から、新たな指摘がなされている。これは、大浦天主堂キリシタン博物館所蔵のド・ロ版画《最後の審判》が修復されたことによって明らかになり、その詳細は同館の報告書に詳しく述べられている。

同博物館が所蔵するド・ロ版画はそのほとんどが軸に仕立てられているが、それらすべてが同じ時期に印刷、および軸に仕立てられたのではないことが指摘されている。また、今回修復を行なった版画はすでに一度修復されており、その修復作業前に仕立てられていたと考えられる、元の表装（古巣）も残されていた。博物館の修復事業においては、実際の作業を東北芸術工科大学の文化財保存修復研究センターが担当し、その古巣の調査も行なわれた。

報告書によれば、その古巣は軸装されたド・ロ版画のなかでも初期のものと考えられ、その表装に西洋の技術が駆使されていることが明らかとなった。軸装の場合、本紙（版画においては版木を用いて絵を印刷した紙）を支えるために裏側に紙（和紙など）が用いられるが、ド・ロ版画では紙ではなく布が使用されている。これは掛軸と似た形をしている西洋の掛図、掛地図において確認される技法で、これらも同様に布が用いられていた。

また、大浦天主堂キリシタン博物館所蔵ド・ロ版画の数点には、表面に何らかの加工が施されていることが確認されているが、今回修復した版画も同様で、本紙部分にニスのようなものが塗られていたと推測されている。このニスを用いた加工も西洋では古くから行なわれており、紙でできた作品を保護・補強する目的がある。このように、西洋で一般的に用いられていた技術で表装がなされている点と、それらの詳細をみても当時の日本人表具師の発想とは考えがたいという点が、ド・ロの関与の可能性により説得力を持たせている。

ド・ロ版画がなぜ制作されたのか、その理由については明確に記述が残されていない。ただし、聖人図に関しては教会堂内に飾られていた例が確認されて

図1 善人の最期
（大浦天主堂キリシタン博物館）

図2 悪人の最期
（大浦天主堂キリシタン博物館）

図3 地獄
（大浦天主堂キリシタン博物館）

おり、基本的に教会では祭壇に設置されている聖人像（絵ではない彫像など）のように、祈りの場としての教会堂内を装飾するために使用されていたと考えられる。

　一方の教理図は、キリスト教の教義を理解しやすくするために、指導者側の話を視覚的に補助するために用いられていた可能性が考えられる。特にド・ロ版画は死に関する場面が描かれている。《善人の最期》【図1】では、善人、つまりキリスト教徒が死を迎える場面が表されている。天使が横たわる男性の頭を支え、イエスや聖母マリアたちを指し示している。画面右下には為す術のない悪魔が小さく描かれる。一方の《悪人の最期》【図2】は、キリスト教徒ではない者の死の場面で、仏壇や神棚のほかに、博打を表すものや遊女が描きこまれている。男の首には悪魔によって鎖が繋がれ、彼らの後ろでは悲しげな表情の天使が佇んでいる。そして《地獄》【図3】では、炎のなかで、悪魔や翼の生えた蛇のような存在に苦しめられる様子が描かれている。これら3点は特に、キリスト教徒とならなければ、善人でなければ、死後の救い

を得ることができないということを示している。他2点《煉獄の霊魂の救い》【図4】および《最後の審判》【図5】はより深い教義内容を表しているが、どちらも肉体の死の後、魂の救済について描かれたものである。

図4　煉獄の霊魂の救い版木
（大浦天主堂キリシタン博物館）

図5　最後の審判版木
（大浦天主堂キリシタン博物館）

これらが誰を対象として作成されたものであるかははっきりと分かっていないが、ド・ロ版画を使用して子どもたちに教義を教えていたという実例が残っている。それは、五島市福江島にある宮原教会のエピソードで、教義を教える役目を担う「伝道婦」であった中島ヤナ氏がド・ロ版画を用いて子どもたちに要理教育をしていたというものである。宮原教会は交通が不便な土地にあり、神父が常在しない巡回教会であったが、神父の要請をうけた中島氏が宣教を手助けしていたようである。

これはあくまで一例と考え、さらに検討する必要があるが、少なくとも神父を目指す神学生のような、より詳しい教義を学ばなければいけない状況では使用されていなかったと推測される。ド・ロ版画制作時期の長崎では、禁教期の潜伏状態から正式にカトリックとなった信徒が多く存在し、彼らのための要理教育が行なわれていた。また、いまだに潜伏期の信仰を続ける人々もいたため、神父たちは、彼らを正式なカトリック信徒へ戻すために布教活動を行なっていた。ド・ロ版画が布教活動に使用するため制作されたのであれば、その対象は潜伏期の独特な信仰と教義を持っている人々であった。

潜伏キリシタンたちは禁教下に独特な形態で信仰を続けていたが、彼らが16世紀に伝えられたキリスト教の継承者であるという自覚を持っていたことは、浦上キリシタンの信仰告白や、その後、多くの地域でのカトリック復帰の

動きがあったことが明らかにしている。プティジャンは彼らの信仰について詳細な聞き取りを行ない、その教義理解に間違いがあることを認識していながらも、彼らを16世紀キリシタンの継承者として位置付けた。

　しかしながら、潜伏キリシタンたちにとっては、その独自の信仰は間違いなくカトリックの教義であった。ド・ロ版画はその認識を正し、善人＝正しいカトリック信徒のあり方を視覚的に伝えるために非常に役立ったのではないだろうか。

　潜伏キリシタンたちは地域ごとに信仰共同体を作り、司祭役などの指導者を選び、自分たちでキリシタンの儀式を続けてきた。そのなかでも葬儀は必要となる儀式であり、同時に死後の世界や魂の救済は多くの共同体で重視されていた教義である。ド・ロ版画の場面の選択に死に関する教義が選ばれた理由には、潜伏キリシタンの教義認識が関係した可能性も考えられる。ド・ロ版画の制作目的と使用者、被使用者については今後より検討を行なう必要があるが、そこに潜伏期の信仰のあり方と教義認識が関わっているであろうことを指摘しておきたい。

［参考文献］
石上阿希、内島美奈子、白石恵理「ド・ロ版画／版木所蔵一覧」（郭南燕編著『ド・ロ版画の旅』創樹社美術出版、2019年）
内島美奈子「ド・ロ版画と関連資料の収蔵状況」（郭南燕編著、前掲書）
内島美奈子、杉山恵助「ド・ロ版画印刷年代考」（大浦天主堂キリシタン博物館『大浦天主堂収蔵ド・ロ版画及び版木の調査研究・保存修復事業』第一期報告書、2022年）
杉山恵助「初期ド・ロ版画表装の独自性」（大浦天主堂キリシタン博物館、前掲書）
下口勲『島の信仰の輝き』（下口勲、2012年）
長崎純心大学長崎学研究所編『1865年プティジャン書簡―原文・翻刻・翻訳―「エリア写本」より―「信徒発見150周年」記念』（長崎純心大学博物館、2015年）
島由季「キリシタンの死後の世界」（大浦天主堂キリシタン博物館、前掲書）

第 **3** 章

浦上四番崩れと明治初期の禁教政策

山下　葵

はじめに

　幕府によって浦上村の潜伏キリシタンが摘発・検挙され、明治新政府によっ
て処断された浦上四番崩れは、鎖国体制のゆがみを露呈した事件であった。肥
前国西彼杵郡浦上村で潜伏していたキリシタンに関する事件は幕末期にかけ
てすでに三度起こっており、その最後の四度目が浦上四番崩れである。それま
での一番崩れから三番崩れまでに検挙されたキリシタンたちは、表向きには仏
教徒として寺請制度のなかで生活を送っていたことや、絵踏に応じていたこと
を根拠に、キリシタンではなく「心得違」の者として処分されており、浦上村
には多くのキリシタンがいることを察知していながらも、キリシタンとしての
処断を行なっていなかった[(1)]。一方で、浦上四番崩れにおいては、キリシタン
たちが自分たちの信仰を表明したことにより、禁教政策を掲げる支配者側もキリ
シタンとしての検挙と処分を行なわなければならなくなったのである。

　倒幕から明治新政府の樹立という大きな歴史の動きのなかで発生した事件が
浦上四番崩れであり、宗教史的観点からのみ論じられるべき問題ではない。浦
上四番崩れは明治初期の宗教界再編や明治政府による宗教統制に関する法制に
影響を与えただけでなく、外交問題にまで波及する事案であった。

　浦上四番崩れに関して、多くの研究者による先行研究の蓄積がある。その
端緒となったのは浦川和三郎氏の『浦上切支丹史』をはじめとする研究であ
り、実際に浦上村のキリシタンで、四番崩れの処分によって流刑を経験した
人々から聞き取り調査を行った成果をまとめており[(2)]、以降の多くの研究のな
かで参考にされてきた。日本キリシタン史の観点から、当時のキリシタンたち
の信仰や、宣教師とのかかわりなどキリシタンたちの社会的内面に目を向けた

多くの研究が積み上げられている[3]。また、明治2 (1869) 年には、天草地方に至るまで、浦上村の潜伏キリシタンが捜索されている実態も明らかにされており、その広がりをみせている[4]。

　一方で、浦上四番崩れという事案をキリシタンだけの問題ではなく、幕末維新期の外交政治史に位置付けるという研究成果もみられる[5]。近年では、浦上四番崩れの処分について、従来は「流罪」という表現をされてきたが、法的な手続きを鑑みて「分配預託」という見方が示され、法制史の観点からも研究が展開されている[6]。以上のように、浦上四番崩れという事件は長きにわたり研究者の関心を集めており、キリシタン史や外交政治史、そして法制史的観点からの研究が展開されている現状にある。

　本論は、再度、浦上四番崩れの摘発から処分までの研究をまとめるとともに、明治政府の宗教政策に与えた影響を考察する。そして名古屋に預託されたキリシタンの状況を通じて浦上四番崩れの意義を見出していく。大日本帝国憲法発布により信教の自由が制度上認められるようになるまでの潜伏キリシタンの動向と政府の対応を論じ、近代の宗教政策とキリスト教の関係について分析していくこととする。

1　潜伏キリシタンの活性化

　片岡弥吉氏は、開国に至る構造について「徳川将軍を絶対権力者とする幕藩体制は、封建制と宗教統制 (特にキリシタン禁制)、鎖国の三本の足の上に立っていたからその一本が倒れると総崩れになる運命をはらんでいた。」と指摘している[7]。その最初に倒れた足は、まさに鎖国であった。

　安政5 (1858) 年6月19日、日米修好通商条約が締結され、その後同様の条約をオランダ・ロシア・イギリス・フランスとも締結した。いわゆる安政五ヵ国条約の締結により、それまで維持してきた鎖国体制は崩壊することになったのである。本条約に基づき、在日外国人の宗教の自由を認め、居留地内に「礼拝堂」の献堂を許可することになった[8]。まず、文久2 (1862) 年1月12日に横浜居留地第80番に天主堂が建立されると、ここが宣教師たちの日本における活動の拠点となった[9]。これはパリ外国宣教会から派遣されたジラール神父によりつくられたカトリック教会である[10]。

パリ外国宣教会は、17世紀半ばに創立され、フランス国王ルイ14世が全面的に支援しており、この時期のアジア地域における布教活動を行なっていた。一時は活動を中断した同会であるが、フランスが積極的に極東政策推進の方針を示したのとほぼ同時期の19世紀になって活動を再開しており、フランス政府の極東開発の政策とリンクして布教活動を行なっている[11]。

　そして長崎において、大浦天主堂が献堂されたのは元治2（1865）年2月19日のことで、「日本二十六殉教者教会」と名付けられた[12]。大浦天主堂は建設当時から人々の関心を集めており、キリシタンか否かにかかわらず多くの見物人が訪れるほどで、長崎奉行は町民とキリスト教が接触することを恐れて見物禁止令を出している[13]。

　以上のように国内に次々と教会が姿を現し、これによりそれまで潜伏していたキリシタンたちにとって、キリスト教信者としての自覚が芽生える機会が増えることに繋がった。献堂から1か月後の3月17日、大浦天主堂にいたプチジャンに対し、一人の女性が、自らがキリスト教信者であることを告白した[14]。この“信徒発見”により、浦上村のほとんどの者がひそかにキリスト教信仰を守ってきた潜伏キリシタンであることが露顕したのである。

　これ以降、浦上村のキリシタンたちは大浦天主堂の宣教師のもとに連れだって訪れるようになった[15]。幕府の禁教政策に従いながらも水面下でその信仰を維持していた潜伏キリシタンたちは、開国に伴い日本国内に建てられたキリスト教建造物や宣教師たちの存在により、自分たちがキリスト教信者であることを自認し、その活動を活発化させていくことになったのである。

2　江戸幕府によるキリシタンの捕縛
―浦上四番崩れの経緯―

　浦上四番崩れの発端は、慶応3（1867）年3月12日、浦上村山里本原郷の百姓三八が、母親である“たか”の埋葬を檀那寺である聖徳寺にて仏式で執り行なうことを拒否した姿勢である。当初、三八は貧困を理由に檀那寺への費用が捻出できなかったと考えられたため、それほど重大な事態だとは認識していなかったようであるが、三八への聞き取り調査の結果、キリスト教以外の宗教では「後世の助に不相成」として仏式の葬送を拒んでいることが判明する[16]。

潜伏キリシタンたちは幕府による寺請制度に組み込まれており、表向きには仏教徒であった。幕府によって自分たちで勝手に葬送を行なうことは禁止されており、死者があった時は必ず檀那寺に届出をして埋葬することになっている。当然ながら、それまでの潜伏キリシタンは仏式での葬送を行なってきたのであるが、仏式での葬送を拒むということは、寺請制度という幕府の人民支配体制の基盤を拒絶することにつながり、権力者側はこの事態を重く捉えているのである。

　三八は、死人があった場合には「自分共勝手」にて埋葬を行ないたいという旨を庄屋の高谷官十郎に連名で申し出た[17]。三八の一件があった慶応3年3月から6月にかけて、庄屋や檀那寺である聖徳寺に届出をせずにキリシタンたちによる自葬を行なった事例が7件発生している。同年6月13日、寺請制度への激しい抵抗みせたキリシタンたちの主だった人物68名は、長崎奉行徳永石見守昌新の配下によって捕縛されるに至った[18]。徳永はこの捕縛の一件を6月19日に幕府へ届出ており、そのなかではキリシタンたちの活動が活発になった背景について、以前検挙された浦上村の吉蔵らの処分が幕府より下されないまま4年経ったこと。そして、大浦にフランス人が天主堂を建てたことで、そのとき検挙された者もそうでない者も次々に天主堂に参詣するようになり、結果的に、自葬をする者まで現れ始めたと言及している[19]。つまり、浦上四番崩れは三番崩れの際のキリシタン処分が不十分だったことに起因し、それが火種となって起こったという認識があった。

　長崎奉行がキリシタン捕縛に踏み切ったのは、自葬事件が続いたことだけでなく、このまま浦上村のキリシタンたちに対して措置を講じなければ、長崎在住の諸藩士や神仏を信仰する人々が自ら神父を殺害し、キリシタンを捕縛する噂が立ち始めたことも影響したという[20]。もし、この噂どおりに神父に危害が加えられるようなことになれば、外交問題になりかねないという懸念が多分に働いたのである。現場で指揮をとる長崎奉行は、従前とは異なる"空気感"のなかで、潜伏キリシタンの捕縛にあたっている。

　キリシタン捕縛と同時に、フランス人宣教師たちは彼らと面会することが禁じられた。これを受け、プチジャンをはじめとするフランス人宣教師は、フランス公使ロッシュと面会し、浦上村キリシタンの解放に向けての働きかけを日本側に交渉するように促している。フランス公使ロッシュの働きかけにより、

幕府はキリシタンに対して異例の処分を下すことになる。ロッシュは同年7月上旬に将軍慶喜と面会すると、浦上村キリシタンの解放を要求している。この後、検挙されたキリシタンたちを8月上旬に全員出牢にしたうえで村預とし、他国への往来を禁止する処分を下した[21]。これはキリシタンに対する処分としては異例のものであった。

例えば、明暦3（1657）年の大村郡崩れでは603人が捕縛、469人が斬首となっており、キリシタンに対して多くを極刑を科している[22]。この大村郡崩れでの処分を法的根拠に、浦上村キリシタンに対しても極刑に処すことは可能であった。それにもかかわらず、教諭したうえで放免としたのは超法規的な措置である。諸外国からの圧力を察して、自国の法をまげてまで寛大な処置をしたということになれば、諸外国と外交上の摩擦を軽減できても、国内に対しては権威を失墜させることにつながる。結果的には、幕府の力が衰え、倒幕が近付いていることを予見させる処分と評価できよう。

そして、浦上村キリシタンは出牢となり、村預となってから約1か月後の慶応3（1867）年10月14日、大政奉還となった。こうして政権は幕府から明治新政府へと移譲されると同時に、浦上村キリシタンの問題も明治新政府へと引き継がれることになったのである。

3 明治新政府の禁教政策とキリシタンの分配預託

慶応4（1868）年3月15日、明治新政府は、幕府がそれまで諸国に設置していた従来の高札をすべて撤去し、改めて定三札、覚二札のあわせて五札を諸国の高札場に掲示した[23]。これがいわゆる五榜の掲示というもので、全国各地に高札を掲げることは、明治政府を社会に信任させる目的があった。その第三札には次のことが記されている[24]。

【史料1】

　　　　　第三札
　　一キリシタン邪宗門ノ儀ハ堅ク御制禁タリ、若不審ナル者有之ハ其筋之役
　　　所へ可申出ベシ、御ホウビ下サルヘク事
　　　　　三月十四日

これは江戸幕府の禁教政策を踏襲したもので、明治政府により再度公告され

ている。幕府による伴天連訴人褒賞の制札を引き継ぐものであるが[25]、キリシタンの隠匿者を処罰するような規定は除かれている[26]。江戸時代以来の禁制を維持しているものの、若干の法的な緩和になったと評価できる。

　しかし、この掲示については、早々に国内外から異論が呈されている。国内では議定兼外国事務局輔の伊達宗城は、「邪」という文字が外国の刺激をするものであると主張している[27]。伊達の想定通り、パークスから「邪」という表現への抗議が寄せられており[28]、これまでの宗教観からの早期脱却が求められている。これを受け、第三札は、2か月後の閏4月4日に次のように改められた[29]。

【史料2】
　　一切支丹宗門之儀ハ是迄御制禁之通固ク可相守事
　　一邪宗門之儀ハ固ク禁止候事
　　　　慶応四年三月　　　　　太政官

　以上のように2条に分けて禁教条項を示し、外国側への配慮をみせた。それは、キリスト教と邪宗門を全く別のものであると明示したうえで、従来通りキリスト教と、その他の人心を乱す邪悪な宗教は禁ずるとしたのである。また、修正前の条文には訴人褒賞制を明記していたが、その規定は消失している。この第三札の修正は、キリシタン禁制を法的にはやや緩和させることになった。

　明治新政府は上記の第三札に基づき、江戸幕府によって検挙された浦上村キリシタンに対しても国家の禁制を破った者として対処していく必要があった。しかし、明治新政府は樹立まもなくキリシタンの処分に関する法の整備には至っておらず、具体的な法的根拠がないまま、浦上村キリシタン処分の検討に入ることになった。

　新政府の当初の処分案は、中心人物を獄門・斬首とする。その他の者は諸藩に分配して徒刑に処すことにし、そこで改心した者は順次帰村させるというものであった[30]。これに対し、厳刑論と寛刑論の両方があったようであるが、木戸孝允の出した案を最終的には採用する形をとる。政府の基本方針としては、中心人物は長崎にて処刑、その他の信徒は尾張より以西の10万石以上の諸藩に分配預託するということに落ち着いたという[31]。

　この処分案について、キリシタンを処分するという性質上、キリスト教国である諸外国への説明は避けては通れない。慶応4（1868）年閏4月3日、イギリス公使パークスに対して事前説明を行なったが、外国側からの反発が懸念され

ると指摘され、処分の見直しを求められた[32]。

　その結果、諸外国との外交的摩擦を避けるため、死刑をとりやめ、捕縛した
キリシタンたち全員を34藩に分配預託するという方針へと転換している。こ
れに強く反発したのは沢宣嘉であった。沢は慶応4年1月に九州鎮撫総督兼外
務事務総督に任命されており、同年2月から設置されたばかりの長崎裁判所
に着任していた人物である[33]。沢は、日本国内の各地にキリシタンを配流する
と、かえってキリスト教が蔓延することになると危惧していた。キリシタン
のリーダー格に死刑を科すことでその他のキリシタンたちは改心するに違い
ないから、極刑に処すべきだと主張している。沢はキリスト教が国内に蔓延した
後に宗教戦争に発展するのではないかと警戒していたのである[34]。しかしなが
ら、沢の意見が政府に受け入れられることはなく、慶応4（1868）年閏4月17
日には太政官布達によって各藩に分配預託をする旨の通達がなされている[35]。

【史料3】

　切支丹宗ノ儀、年来元幕府ニ於テモ固ク禁止候得共、旧流余煙絶切不申、
　近来長崎浦上村ノ住民窃ニ其教ヲ信仰ス者追々蔓延イタシ候ニ付、今般広
　ク御評議被為在候上、格別ノ　御仁旨ヲ以テ御処置　御決定被遊候、依之
　別紙ノ通御預ヶ被　仰付候事

　　　　閏四月十八日

　右宗門元来　御国禁不容易ニ付、御預ケノ上、人事ヲ尽シ懇切ニ教諭致
　シ、良民ニ立戻候様厚可取扱候、若悔悟不仕者ハ不得止可被処厳刑候間、
　此趣相心得改心ノ目途不相立者ハ可届出事

　一改心ノ廉相立候迄ハ、住民トハ屹度絶交ノ事

　一開発地土工・金工、或ハ石炭堀其外夫役等、勝手ニ可召仕事

　一山村ニ住居可為致候事

　一当日先三ヶ年ノ間壱人ニ付壱人扶持ツ、其藩々ヘ被下候事

　　　但、長崎表ヨリ追々差送リ候間、支度次第早々到着所ヘ其藩々ヨリ人
　　　数差向請取可申事

　右之通被　仰出候間此段申達候事（後略）

【史料3】のあとには34藩の藩主の名前と分配予定のキリシタンの人数が列
記され、この通達により分配預託の方針が示された。ここではまず、キリシ
タンに対しては人事を尽くして教諭をし、「良民」に戻ることができるような取

り組みをするように求めている。そのなかで、改心しない者へは「厳刑」に処し、改心のめどもたたないような者がいれば政府へ報告するように求めている。ここに浦上村キリシタンの分配預託の目的を各藩へ明示しているのである。

　キリシタン取り扱いの注意事項は四条構成で示された。ひとつは、改心しない者を地域住民と決して接触させないということである。これは、各地にキリシタンを分配することによって、キリスト教が蔓延することを防ぐために設けられた事項であり、受け入れる藩側にも警戒を促していたのである。次に、キリシタンたちを土木工事や石炭採掘などに使役をすることを許可している。これは徒刑をイメージしたものであると考えられる。預託を引き受ける藩の負担を軽減することに配慮したのである。さらに、山村に居住させることが記される。これは１条目と類似する点で、なるべく住民との接触を避ける狙いがあったと思われる。最後に、３年間、キリシタン１人につき一人扶持を政府から支給するということである。これも、藩の負担を減らすための政府の財政措置と位置付けられる。

　以上のような通達を各藩に行なった後に、具体的な分配の実施案が定まり、最終決定したのは約１か月後の５月20日であった[36]。かくして、分配預託という前例のない処分へと明治政府は踏み切ったのである。

　分配預託は２回に分けて実施された。キリシタンを各地に輸送するのには金沢藩の蒸気船が使われることになり、まずは中心的な役割にあったキリシタンを山口に66人、津和野に28人・福山に20人、合計114人が預けられた[37]。

　キリシタンを各地に分散することで、かえって領内の非キリシタンにもキリスト教が広まることを支配者側は懸念している。そのことが分かる一例として、広島においては、第１次分配預託のためにキリシタンが通行する際に見物することを禁止する通達を出している[38]。

【史料4】
　以廻状申入候、然者先達而従京都被仰出候此度御預ヶ之切支丹宗門之者罷越候節、<u>下々ニ至迄為見物罷越候儀無用ニ候間</u>、此段承知可有之候、以上
　　　五月廿七日　　　市川吉蔵
　　　　　　　　木之庄村ゟ走島村迄
　　　　　　　　　　右村々庄屋中

【史料4】は慶応4（1868）年のものであり、第1次分配預託にあたってキリシタンの移送が始まった一週間後に出されている。第1次分配預託ではキリシタンの中心人物が山口・津和野・福山にそれぞれ預けられることになり、同4年5月22日に福岡を出発し、山口藩預かりの者は下関へ、津和野・福山預かりの者は尾道へ向かった。尾道へ到着したキリシタンたちは津和野・福山それぞれへ陸路で向かった[39]。この通達が出された広島を通過したのは、地理的に考えると津和野へ預けられるキリシタン28名と比定できる。津和野にはキリシタンの中心人物である高木仙右衛門など、キリシタンのなかでも信仰心の強い「選り抜きの信者」が預けられていたのである[40]。

　キリシタンの分配預託はキリシタンへの処罰としては前例のない特異な措置であり、どの地域も対応するための十分な能力がなかった。異例の全国規模でのキリシタン分配は、預かる藩だけでなく、周辺地域にとっても警戒すべき事項であったことがわかる。政府の援助を受けながら対処することになるが、手探り状態であったことはいうまでもない。

　2回目の分配が始まったのは、第1次分配預託から約1年半以上経過した明治2年（1869）12月のことである。明治2年12月20日の『公文録』には、浦上村キリシタン処分について、「只今外国公使ヨリ種々苦情申立談判ノ最中ニ有之」とあり、諸外国から処分に対する非難があることを記録している[41]。第2次分配預託は諸外国からの反対があるなかで断行されたのである。

4　預託先でのキリシタンの実態 ── 名古屋の事例 ──

　分配預託先によって、その後どのような生活を送っているのかは異なっていた。それは、政府は一応の対応方針を取り決めたものの、詳細については預託を受ける藩側に委任していたためである。分配預託を経験したキリシタンたちは、帰村するまでの長い道のりを“旅”と表現して、自身の経験を語っており、浦川和三郎氏は「旅の話」として各地でのキリシタンの経験談をまとめている。本論では、比較的取り上げられることの少ない、名古屋に預けられたキリシタンたちを一例に挙げ、名古屋県が政府に報告したキリシタンの処遇に関する記録をもとにしながら、キリシタンの「旅の話」などと照らして、預けられたキリシタンたちの生活実態を検討する[42]。

【史料5】

　　　　　　　　　　　　　　　　名古屋県

①明治二巳年ヨリ同三午年マテ受取候人員并受取方左ノ通

　一三百七十五人

　　　　　　　六十三人　　明治二巳年十一月十五日
　　　　　　　　　　　　　大坂川口ニ於テ請取
　　　内　　　百九十五人　同年十二月廿六日
　　　　　　　　　　　　　大島福島ニ於テ請取
　　　　　　　四十七人　　同三午年正月十日大坂
　　　　　　　　　　　　　川口ニ於テ請取
　　　　　　　七十人　　　同年二月三日大坂
　　　　　　　　　　　　　川口ニ於テ請取

②右ノ内ヘ出生十一人加ヘ

　　　総計三百八十六人

　　　　内四十七人死　　二人脱去

改テ現今

　　　三百十七人　但　男百四十七人
　　　　　　　　　　　　女百七十人

　　　　　　内　改心ノ者　二百三人
　　　　　　（真）不改心ノ者百十四人

一③教諭ノ儀ハ浄土信宗ノ僧ニ命シ加ルニ、参事属等ヨリモ御国法ニ背候
　廉ヲ以説諭致シ追々改心ノ者モ出来候得共、従是尚又掛役官員一際勉励
　致シ候心得ニ付テハ仏法素ヨリ不案内ノ事ニ付向後神典相用、別段教諭
　懸選挙致シ掛役同心戮力実効相挙度段申出ニ付、任其意左ノ通申付相成
　候事

　　　　　　　　　　　　　　　　教諭懸
　　　　　　　　　　　　　　　樫園従五位
　　　　　　　　　　　　　　　栗田従五位
　　　　　　　　　　　　　　　加島権少属

一④居所ハ別紙絵図面ノ通県庁ヨリ凡十五丁余懸隔致シ候西本坊境内ノ会
　所、且其傍ヘ宗徒入置候為メ取建候木屋都合五ヶ所一、二ノ番数ヲ附改
　心否ノ区別ヲ立分配住居為致、出入ノ口ニテ番手ヲ附有之候段申出候ニ
　付、右場所一覧ヲ遂ケ左ノ通申談ス

一_⑤当県ノ儀ハ人員モ許多ニ付現今ノ居所ニテハ狭隘ニ過キ候間、改心ノ
　者ハ別所へ移転為致度旨及評議候処、県庁ヨリ十町余ヲ隔堀川ト唱候所
　ニ旧普請方ノ者詰所有之、相応手広ノ処故此詰所ヲ補理二棟ヲ添へ新規
　造立致シ、右ノ内へ不取敢改心ノ者丈ケハ移転為致度段申出候ニ付、則
　場所へ罷越一覧致候処、別紙新絵図面ノ通至極的当ノ場所ニ有之候ニ
　付、任其意且并会計等兼務ノ者両所へ相詰取締イタシ、追々改心出来候
　得ハ堀川新居所へ移転為致、自然ト右一ヶ所ニ引纏相成候様及談決置候
　事

一_⑥居内ニ於テ改心ノ男ハ藁仕事、女ハ糸縷・洗濯等為致、出入共用柄ニ
　ヨリ出入口ニ於テ相糺シ候上差許、_⑦不改心ノ者ハ一纏ニ入置、別段稼
　等モ無之、此内格別深染ノ者ハ両三人引分ケ狭キ囲ヒ内へ入置、右何レ
　モ出入ヲ不許事ニ相成候ニ付左ノ通申談ス

一_⑧不改心ノ者トイヘトモ居内ノミニ差置テハ自然惰弱ニ相成病気等相発
　候事ニ付、時ニ寄リ候テハ差配人相添公役等へ召遣可申事
　　　但、居内ニテモ平生当人持前ノ稼為致可申候事

一_⑨改心ノ者ハ従来ノ通外稼為致候儀不苦、勿論兼テ産業ニ基キ候様御沙
　汰ノ品モ有之事ニ付一家ヲ挙改心脱走ノ懸念モ無之、教諭手離ニ相成安
　心ノ見据付候モノハ追テ市在へ仮住居為致候様談決イタシ置候事
　　　但、仮住居ノ者ハ其村ノ組内へ相預ケ可申事

一夜具ハ一人へ一枚、蚊帳ハ総人数ノ内へ大小取交四十五帳給与、衣服ハ
　所持罷在候者へハ不相渡、全所持無之難渋ノ趣ヲ以願出候者へハ相与へ
　候旨申出候ニ付、左ノ通談決致シ置候事

一衣服ノ儀願出候者ノミニ給与候テハ不規則ニ付、向後春秋両度一般ニ給
　与可致事

一飯米ハ男女、大人・小児ノ無区別一日一人白米五合ツ、焚出シニ致シ
　相与へ罷在候処、_⑩当今ニ至リ白米二合八勺六才余、麦三合四勺三才
　余束テ四合三才ツ、ヲ焚出シニ致シ、朝夕ハ味噌汁、昼ハ凡一人ニ付
　百二十三文位ノ価ニ相当リ候煮染并漬物等相与へ、其外食器或ハ瑣細ノ
　道具ハ差遣シ候旨申聞候ニ付、左ノ通申談取極置候事

一十五歳以上ノ男子ハ日別白米五合宛、婦人・子供ノ儀ハ四合ツ、、菜代
　塩噌ノ価トシテ一人ニ付日別六分ツ、給与致候事

一、⑪煩候節ハ、兼テ相定在ル医師日々為見廻投薬致シ、介抱ノ儀ハ親族又
　ハ近親ノ者へ申付、死去ノ節ハ改心否ノ無差別死骸仮埋ニ取計候旨申聞
　候ニ付、左ノ通談決致置候事

一、改心ノ者死去ノ節ハ別紙神葬祭略式ニ比較シ取計、不改心ノ者ハ仮埋
　ニテ可然事

一、相稼賃銭取之候節ハ、右賃銭半ハ当人ニ渡シ、半ハ産業ニ取付一所帯ヲ
　立テ候節ノ手当ニ積置候旨、将又幼童ノ向へハ手跡ノ稽古等為致有之
　処、向後如何取計可然哉尋問ノ事

　　　右ノ通ニテ可然筋ニ付其儘据置候事

一、宗徒取扱ノ儀ハ少参事ニテ総轄イタシ、大少属・史生以下ニテ分課ヲ立
　候様申談候処、左ノ通申付相成候事（絵図略）

　　　　　　　　　　　　　　　　　　　　　　宗徒取扱懸

　　　　　　　　　　　　　　　　　　　肥田権少参事

　　　　　　　　　　　　　　　　　　　荒川権少参事

　　　　　　　　　　　　　　　　　　　　正木権少属

　　　　　　　　　　　　　　　　　　　県庁出仕二人

　　　　　　　　　　　　　　　　　　　　　卒四人

　　　　　　　　　　　　　　　　　　　番兵十二宛

　　右ノ通候事

　まず、名古屋に預けられたキリシタンの人数についてであるが、【史料5】
によれば明治2（1869）年11月15日に63人、同年12月26日に195人、翌年1
月10日に47人、同年2月3日に70人のキリシタンが名古屋に到着しており、
合計375人であった（下線部①）。その後、預託先にて出生した者が11名あっ
たことから、総数は386人となっている（下線部②）。名古屋へ預けられたキリ
シタンの旅の話によれば、尾張に国預けとなったのは、そのほとんどは、城之
越の住民で、浜口・鼻毛・江平から2、3家族と一本木から1家族が加わった
キリシタンたちであり、男子60名は汽船で大阪へ直送されて八軒屋に上陸し
た後、一同は腰縄を入れられ、数珠つなぎになって移動している⁽⁴³⁾。この60
名は最初の名古屋に到着したキリシタンであり、名古屋県の記録の63人が正
確な人数である。

　また、キリシタンの居所が手狭になり、改心した者から順に別の場所に移

されていたという（下線部⑤）。これをみてもわかるように4回に分けてかなりの人数を名古屋は受け入れていたが、これは当初予定されていた人数とは違っていた。まず、先にあげた【史料3】の後略部分に列挙された各藩に預託される予定のキリシタンの人数によれば、尾張国は250人となっている。分配預託は、第1次分配預託時に取り決めた34藩（県）から、最終的には20藩（県）に減少していることもあり、名古屋においても当初より多くのキリシタンを受け入れなければならなくなったのであろう。また、実際に第2次分配預託が決定した際に合意していた人数は約305人であったが、明治3（1870）年1月5日にその数を上回る分配が決定されるという経緯があった[44]。

　次に、キリシタンを収容していた場所であるが、本資料によれば、西本坊の境内にキリシタンを収容していたとみられる（下線部④）。西本坊と西本願寺別院のことは「旅の話」のなかで「西掛所」と呼ばれており、厳重な柵が設けられていたようである[45]。明治の政府によって神道国教化政策が推し進められる一方で、キリシタンの教諭には仏僧が関与していたため、寺院に収容していたのである。また、先にも述べたように、4回にわたって名古屋に到着したキリシタンは予定した人数より多かったため、改心した者については県庁より十町ほど離れた堀川というところに移したようである。

　一方、「旅の話」では広小路の牢屋敷に連れて行かれる場面が多い。それによれば、広小路には基本的に男子が連れて行かれて、改心した者は西掛所に移されて、改心しない者はそのまま広小路の牢内に収容され拷問を受けたようである[46]。鞭による打擲を行ない、これにより多くのキリシタンが改心したようであるが、なかなか改心しない者に対しては三尺ほどの小さい牢に閉じ込める「雁木牢」という拷問にあったとも書かれている。

　次にキリシタンに対する教諭の仕方であるが、教諭は浄土真宗の僧侶が行なったほか、参事属などからも「法を犯している状態である」と説諭が行なわれていた（下線部③）。西本願寺別院の境内が収容所であったことからも仏僧はキリシタン教諭に携わっており、あわせて役人による教戒も行なわれていたのである。なお、「旅の話」では、名古屋において仏僧による説教をキリシタンが受けるという場面はなく、御用をしたのはすべて「役人」として記録されている。

　改心した者、改心しない者についての対応を名古屋県へ報告している。まず、

改心した者については男は藁仕事、女は糸繰・洗濯などに従事しており、居所から出入りをすることも許しを得れば可能であった（下線部⑥）。また、改心者のうち脱走の恐れがなく、すでに教諭の必要がなくなった場合は市中に移住することを認めていた（下線部⑨）。これは、すでに改心した状態で名古屋預けになったキリシタンを対象にしたものと推測される。「旅の話」によれば、最後に来たキリシタンたちは分配預託が決定すると、すぐさま改心して檀那寺の聖徳寺に行っている。そして木魚をたたいて念仏をとなえていた「寺仲間」と呼ばれる集団に入り[47]、彼らが名古屋に来た頃にはすでに改心していたために、厳しい御用をする必要がなかった。このような改心者までもキリシタンの収容所に入れて置くよりは、ある程度自立して生活をさせた方が名古屋県としても都合が良かったのである。

　「旅の話」のなかで改心した者たちが仕事を得ていたかどうかについては確認できないが、すでに改心していた者について「魂も彼等に付した代りに身は全く自由」と記されている。こうしたことから、改心者は比較的自由な生活をしていたことは間違いないようである。

　改心しない者については、ひとまとめにして入れ置き、別段の稼ぎもすることなく、特別に深くキリスト教を信仰している者は2、3人に分けて狭い部屋に入れられ、居所から出ることを禁じられた（下線部⑦）。その一方で、改心しない者へも配慮している記述がある。改心しない者であっても、居内にいるだけでは自然と惰弱になってしまうため、時折、差配人とともに外へ出て公役についたとある（下線部⑧）。食事は朝昼2回（下線部⑩）、病気になった場合は医師が日々の巡回の中で投薬し、親族や近親者が看病した。亡くなった場合は、改心した者かどうかに関わらず仮埋し、改心した者は神葬略式で葬送を行なっている（下線部⑪）。

　「旅の話」では、広小路牢内に収容されたキリシタンにチフスの感染があったと記述がある。それによると、「彼等は忽ち之に感染し、熱に浮かされ、様々な譫言で牢内を賑はした」とあり、衛生環境が劣悪であったと訴えている。名古屋県が記しているような医師の巡回などは彼らの記録にはみられない。

　以上のように、名古屋県が示すキリシタン取り扱いの様子と、キリシタンの「旅の話」には多少の乖離があることは言うまでもない。先行研究でも指摘されてきたように、「旅の話」はキリシタンたちが各藩でいかに過酷な拷問を

受けて、それに耐えて信仰を守ったかということに主眼が置かれた記録であり[48]、県が作成した資料と齟齬を生じるのは当然のことである。

　「旅の話」によれば、名古屋に限らず多くの藩（県）で、軽重様々な拷問が行なわれていたようである。しかし、これは、各地の役人がキリシタンを憎んで行なったのではなく、【史料3】に「若悔悟不仕者ハ不得止可被処厳刑候間」とあるように、どうしても改心しない者は「厳刑」をもって対処するようにという通達が政府から届いているためである。改心しないキリシタンへの拷問は、役人がキリシタンを改心させるという任務を成し遂げるためのひとつの方法に過ぎないという見方もでき、法治かつ法令遵守の姿である。

　しかしながら、御用はキリシタンたちに一定の効果を発揮していたようで、最終的には203人のキリシタンが改心を申し出る結果となっている。そのため、御用の内容に厳しい拷問が含まれていた可能性は高く、県としても政府からの通達に従って、改心者を出そうと尽力していたのである。

5　高札撤去と帰村

　諸外国からの反対意見を押し切って強行したキリシタン分配預託であるが、キリシタン高札撤去を契機として帰村させる措置をとることになる。諸外国からの浦上村キリシタンの解放要求だけでなく、キリシタンを預かっている各県からもキリシタンの帰村を求める動きがあった。また、キリシタン高札の撤去は、キリシタンたちの活動をさらに後押しするものになっている。そこでキリシタン高札撤去から帰村へ至る経緯をみていきたい。

　まず、キリシタン高札の撤去については、岩倉使節団による建言を受けて行なわれたと言われている。岩倉具視を全権大使とした使節団が、明治4（1871）年11月12日、横浜から欧米に向けて出発した。そのメンバーは、副使として木戸孝允・大久保利通・伊藤博文・山口尚芳が加わっており、司法大輔佐々木高行らが随行した[49]。その目的は、不平等条約である安政五カ国条約の改正と、諸外国の制度の視察など、日本が近代国家化を目指すことである。

　浦上四番崩れへの日本政府の対応は諸外国の知るところであり、外交的摩擦の要因となっていた。諸外国の非難に拍車をかけたのが伊万里事件である。これは、岩倉使節団が派遣される直前の11月6日、伊万里県（現佐賀県）の村々で

キリシタン67人が捕縛されて佐賀で拘留されたという事件であり、長崎および横浜の外字紙から欧米に伝わった[50]。岩倉使節団がアメリカに派遣されたのとほぼ同時期に発生し報道された本件は、約2年前に処分を実行した浦上村キリシタン処分の事件をも再び呼び起こすことになり、日本の禁教政策に対する諸外国の心証をさらに悪くした。

　明治5（1872）年3月24日に大久保利通と伊藤博文は一時帰国し、翌日太政官正院に行き、ワシントンでの条約改正交渉の事情と改正の内容を具申し、全権委任状の下付を求めた[51]。その際、上申した3ヶ条の建言のうち、3条目は以下のとおりである[52]。

【史料6】
　　一日本ノ法律中ニ外教ノ明禁ナシト雖モ、尚ホ高札ニ其禁令ヲ掲示スルヲ
　　　以テ、外人ハ一概ニ自由信仰ヲ妨クルノ野蛮国ト見做シ、対等ノ権ヲ許
　　　スコトヲ甘ンセス、故ニ此高札ノ禁令ヲ除ク事

キリシタン高札があることにより、外国人は日本のことを「自由信仰」を妨げる野蛮な国とみなし、対等な権利を主張することは許されないという。こうした交渉上の弊害を述べた後、「高札ノ禁」を取り除くことを提言している。伊藤ら使節団にとって、キリシタン高札は条約改正交渉の足かせになっていたということである。

　この上申により、明治6（1873）年2月24日にキリシタン制札が撤去されることになった。その際の太政官布告は以下のとおりである[53]。

【史料7】
　　自今諸布告御発令毎ニ人民熟知ノ為メ凡三十日間便宜ノ地ニ於テ令掲示
　　候事
　　　但、管下ヘ不達ノ儀ハ是迄ノ通リ可取計従来高札面ノ儀ハ一般熟知ノ事
　　　ニ付向後取除キ可申事（後略）

これによれば、高札の撤去の理由は外国からの圧力ではなく、高札の内容は一般の人民が「熟知」したため、十分この役割を果たし終えたというところにある。撤去されるのはキリシタン禁制の高札だけでなく、掲げられているすべての高札であり、江戸幕府から続いてきた高札による法の告示についても、これ以降撤廃されることになった。国内に対しては、キリシタン禁制高札が外国との交渉に不利益を生じているという真の理由は表沙汰にせず、あくまでも国

内の問題として処理している。そしてキリスト教禁制は高札撤去にともない削除されたわけではなく、あくまで高札を物理的に撤去したに過ぎないという認識だったのである。

　キリシタン高札が撤去されたことにより、各地に預けられたキリシタンたちの帰村への機運が高まっていった。第2次分配預託が決定した時点で、各藩からはキリシタンが蔓延することへの懸念や、財政的な負担を考慮してキリシタンを預かることに抵抗する動きがみられた[54]。多くの藩では、財政的な負担軽減のために、改心したキリシタンを帰村させてほしいという要望を政府に届けている[55]。

　以上のような国内の動向もあり、明治5（1872）年2月には、改心した者を帰村させる方針が決定された。これには井上馨の働きかけが大きく影響していた。井上は諸藩に預けられている浦上村キリシタンのうち改心した者は、預託先の戸籍に編入するか、希望する場所へ移住させるか検討すべきという提言をしている[56]。外務省は、預託先の戸籍に編入することを認める一方で、浦上村へ帰村させることは容認しなかった。しかし、太政官正院は改心者を浦上村へ帰村させることを認め、太政官布告として各県へ通知したのである[57]。

　明治6（1873）年3月より、「異宗徒帰籍」の布達を下し、すべてのキリシタンの帰村が始まり、改心していないキリシタンも帰村が認められる。これは第三札のキリシタン禁制の高札が撤去されたことにより、キリシタンを各地に分配しておく法的根拠が表面上なくなったことが後押ししたと考えられる。

　また、長崎県では浦上村キリシタンたちを受け入れる体制を整える必要があった。各地に預けられたキリシタンたちは長く浦上村を離れた結果、村で生計を立てることもなかったために、居住する家をもっていない場合があった。キリシタンの帰村が決定してから約半年後、浦上村の家屋が調査され、「浦上村山里江帰籍異宗徒宗家取調書」としてまとめられている。それによると約4割のキリシタンが、帰村をしても住居がないという状態だった。これを受けて、長崎県では帰村する者で家が無い者への支援をする必要に迫られたのである。帰村が認められても、浦上村に帰ってからの生活の厳しさを考慮してか、なかには分配預託先の県に編入するケースもあったという[58]。

　以上のように、キリシタン高札の撤去によりキリシタンたちは帰村が許され、赦免された。しかし、キリスト教を解禁するまでは至らなかった。高札を撤去

しながらも、キリシタン禁制を維持し続けたのは、国内に圧倒的多数存在する、キリスト教を「悪」として認識してきた国民への配慮とも考えられる。法でキリスト教を容認するような規定を設ければ、多くの国民からの反発があるのではないかという恐れがあった[59]。

　法的に認められていなくても、高札撤去と帰村が実現されたことによりキリシタンたちはキリスト教の信仰が許されたかのように思い、活動に精を出すようになる。棄教して帰村した者も次々にキリシタンへと転じている。前述のように、帰村したキリシタンの生活は厳しいものだったが、その生活の一部は宣教師によって金銭的な援助を受けていたようである[60]。帰村した浦上村キリシタンたちは、外国人宣教師との関係を再び構築しながら、活動を活発化させ、さらには仲間を拡大して環境を整備していったのである。

　帰村後の浦上村キリシタンの動向については、政府の密偵として新潟県士族の櫻井虎太郎が調査しており、「耶蘇宗徒群居捜索書」として報告している[61]。櫻井が調査した期間は明治7（1874）年から同8年にかけてで、九州各地を巡視していた。ここには、浦上村にキリシタンが帰村してからの様子が記録され、なかには、キリシタンたちが凶暴化する姿もあった。

　帰村したキリシタンたちは、預託先で改心し棄教したものに対して非難を浴びせていたようである。「耶蘇宗徒群居捜索書」の記録によると「前年改心セシ者ヲ指テ天帝ヲ欺キシ徒ト云テ頻リニ圧倒ス」とある[62]。分配預託という苦難を乗り越えて信仰を守ったキリシタンは自分たちに誇りを持ち、改心したキリシタンたちを蔑視するようになったのである。

　また、キリスト教以外を信仰している者へも攻撃的になる。他宗を信じる者を「天狗」と呼び、彼らの背につばを吐きかけるという振る舞いもあったようで、キリシタンたちの攻撃的な行動にあらがうすべもなかった非キリシタンがキリシタンたちの宗旨に入り、「一村千四百戸余ノ内即十ノ九ハ耶蘇宗」になったと記されている[63]。

　このように、帰村したキリシタンたちはその信仰を維持し続けるだけでなく、布教活動にも積極的に乗り出し、また他宗を信仰する者に対して攻撃的な言動をとるなど、その活動は過激さを増していった。その根底には、分配預託という苦難を乗り越えて信仰を続けているということに対する誇りと、それまでの迫害に対する復讐的要素があったとも考えられる。

キリシタン高札が撤去されたことにより、支配者側はキリシタンの活動を制限するために公告した法的根拠を失った。いわば、消極的かつ黙認状態となり、キリシタンの扱いは"グレーゾーン"となっている。そして、明治22（1889）年2月11日に大日本帝国憲法が発布されることとなり、その第28条において「日本臣民ハ安寧秩序ヲ妨ゲズ及ビ臣民タルノ義務ニ背カザル限リニ於テ信教ノ自由ヲス」という条文が明記されるまでの間、キリシタンは黙許された状態が続いたのである。

おわりに

　浦上四番崩れの引き金は、鎖国の崩壊であった。欧米諸国の居留地内にキリスト教の教会が現れ、それまで潜伏していたキリシタンたちがキリスト教と接触し、自身の信仰がキリスト教だと自覚したとき、幕府の禁教政策に対して反旗を翻したのである。幕府はそれまで国家秩序の基盤をなしてきた寺請制度へ抵抗したキリシタンに対して、厳しい対応をとる必要に迫られた。

　キリシタン摘発のさなかに倒幕に至り、明治新政府は条約体制という時代の大きな転換点というなかで本件に対応しなければならなかった。天草崩れ以来、信仰を隠しているキリシタンが摘発された際には、キリシタンとしてではなく「心得違い」として処罰していたものの、本件はキリシタンたちが自らがキリシタンであることを表明した事件だけに、その先例の踏襲も難しかった。また、外交的な問題により、キリシタンを厳刑処分した先例通りにできない状況にもあった。国禁を犯したキリシタンは処罰せねばならないが、諸外国からの非難を最小限にしたい新政府は、苦慮の末に分配預託という前例なき処分を決定したのである。

　日本側が寛大な処分だと考えていた分配預託であるが、キリシタンであること自体を禁止し罰するという日本政府に対して諸外国からのネガティブなイメージは消えることはなかった。外交的な不利を蒙ることを考慮して、キリシタン高札の撤去に踏み切ったのである。しかし、これは建前に過ぎず、政府もいまだ禁教の姿勢は崩していない。

　キリシタン高札の撤去は、キリスト教黙許の時代へと導いた。高札を物理的に撤去したのみでキリスト教禁制は維持していくということを政府は目論んで

いたのである。実際には目に見える法でキリシタンを禁止するものがなくなり、浦上村キリシタンは帰村、そして同地で再びその信仰を加熱させていくことになった。キリシタンは違法でありながらも、取り締まられない"黙許された状態"になり、信仰の自由が憲法によって定められるまでの間、信仰を守り続けていたのである。キリシタンの処分は、明治政府が対峙した"国際化"のなかで、ジレンマを抱えながら断行されたのである。

[註]

(1) 安高啓明『浦上四番崩れ―長崎・天草禁教史の新解釈』（長崎文献社、2016年）110～126頁。

(2) 浦川和三郎『浦上切支丹史』（1943年、全国書房）。

(3) 片岡弥吉『日本キリシタン殉教史』（時事通信社、1979年）、片岡弥吉『長崎のキリシタン』（聖母の騎士社、1989年）などがある。

(4) 安高啓明『近世天草の支配体制と郡中社会』（上天草市、2022年）、231～232頁。

(5) 中央大学人文科学研究所『近代日本の形成と宗教問題』（中央大学出版部、1992年）、家近良樹『浦上キリシタン流配事件―キリスト教解禁への道』（吉川弘文館、1998年）など。

(6) 安高啓明『浦上四番崩れ―長崎・天草禁教史の新解釈』前掲書、50～50頁。

(7) 片岡弥吉『日本キリシタン殉教史』前掲書、567～568頁。

(8) 石井良助・服藤弘司編『幕末御触書集成』第1巻（岩波書店、1992年）68頁。日米修好通商条約第8条には「日本に在る亜米利加人、自ら其国の宗法を念じ、礼拝堂を居留場の内に置も障りなし（後略）」とある。

(9) 太田叔子「宣教師の再渡来とキリスト教―幕末の浦上切支丹問題―」（中央大学人文科学研究所『近代日本の形成と宗教問題』前掲）17頁。

(10) 中島昭子「幕末カトリック再布教の拠点」（H.チースリク・太田淑子編『日本史小百科　＜キリシタン＞』東京堂出版、1999年）287頁。

(11) 太田叔子「宣教師の再渡来とキリスト教―幕末の浦上切支丹問題―」前掲書、4～5頁。

(12) 太田叔子「宣教師の再渡来とキリスト教―幕末の浦上切支丹問題―」前掲書、17頁。

(13) 安高啓明『浦上四番崩れ―長崎・天草禁教史の新解釈』前掲書、32頁。

(14) 中島昭子「『サンタ・マリアの御像はどこ』」前掲書、289～291頁。

(15) 大橋幸泰「『鎖国』の歪みが露出した弾圧事件」（H.チースリク・太田淑子編『日本史小百科　＜キリシタン＞』前掲書）292頁。

(16) 太田叔子「宣教師の再渡来とキリスト教―幕末の浦上切支丹問題―」前掲書、24頁。

(17) 安高啓明『浦上四番崩れ―長崎・天草禁教史の新解釈』前掲書、37～38頁。

（18）『幕末維新外交史料集成』第2巻　52〜54頁（国立国会図書館デジタルコレクション）。

（19）『幕末維新外交史料集成』第2巻　52〜54頁。

（20）家近良樹『浦上キリシタン流配事件―キリスト教解禁への道』前掲書、16頁。

（21）『幕末維新外交史料集成』第2巻　75〜76頁。

（22）安高啓明『浦上四番崩れ―長崎・天草禁教史の新解釈』前掲書、93〜100頁。

（23）三上昭美「明治新政府のキリスト教政策」（中央大学人文科学研究所『近代日本の形成と宗教問題』前掲書）166頁。

（24）「切支丹制禁ノ掲示」『公文録・明治元年・第六十五巻・戊辰三月〜己巳十二月・異宗徒一件』（国立公文書館デジタルアーカイブ）。

（25）安高啓明『浦上四番崩れ―長崎・天草禁教史の新解釈』前掲書、60頁。

（26）三上昭美「明治新政府のキリスト教政策」前掲書、166頁。

（27）『岩倉具視関係文書三』（東京大学出版会、1930年）474〜475頁。
　　　（229　伊達宗城書翰　岩倉具視宛　明治元年四月廿八日）

（28）井上馨侯伝記編纂会編『世外井上公伝』第1巻、297頁（国立国会図書館デジタルコレクション）。

（29）三上昭美「明治新政府のキリスト教政策」（中央大学人文科学研究所『近代日本の形成と宗教問題』前掲書）168頁。

（30）井上馨侯伝記編纂会編『世外井上公伝』第1巻、294頁。

（31）井上馨侯伝記編纂会編『世外井上公伝』第1巻、294〜295頁。

（32）安高啓明『浦上四番崩れ―長崎・天草禁教史の新解釈』前掲書、51頁。

（33）清水紘一「長崎裁判所の浦上信徒処分案をめぐって」（中央大学人文科学研究所『近代日本の形成と宗教問題』前掲書）51頁。

（34）清水紘一「長崎裁判所の浦上信徒処分案をめぐって」前掲書、66〜73頁。

（35）「郡山初三十四藩へ御領ノ儀御達」『公文録・明治元年・第六十五巻・戊辰三月〜己巳十二月・異宗徒一件』（国立公文書館デジタルアーカイブ）。

（36）三上昭美「明治新政府のキリスト教政策」前掲書、172頁。

（37）井上馨侯伝記編纂会編『世外井上公伝』第3編、304頁。

（38）『広島県史　近世資料編V』（広島県、1979年）1126頁。（山手・三谷家「御用状控帳」慶応四）。

（39）浦川和三郎『浦上切支丹史』前掲書、378頁、404頁。

（40）浦川和三郎『浦上切支丹史』前掲書、406頁。

（41）「異宗徒ノ儀各藩へ御預ノ儀ニ付留守官へ通報」『公文録・明治元年・第六十五巻・戊辰三月〜己巳十二月・異宗徒一件』（国立公文書館デジタルアーカイブ）。

（42）『愛知県史　資料編　23巻　維新編』、680〜685頁。
　　　明治4年　収容した肥前国彼杵郡浦上村のキリシタンの処遇につき名古屋県より届書写（国立公文書館蔵「公文録」より抜粋）。

（43）浦川和三郎『浦上切支丹史』前掲書、547〜548頁。

（44）三俣俊二『和歌山・名古屋に流された浦上キリシタン』（聖母の騎士社、2004年）

165〜166 頁。

（45）浦川和三郎『浦上切支丹史』前掲書、550 頁。

（46）浦川和三郎『浦上切支丹史』前掲書、551〜555 頁。

（47）浦川和三郎『浦上切支丹史』前掲書、555〜556 頁。

（48）家近良樹『浦上キリシタン流配事件―キリスト教解禁への道』前掲書、104〜107
頁。

（49）安高啓明『浦上四番崩れ―長崎・天草禁教史の新解釈』前掲書、194〜195 頁。

（50）安岡昭男「岩倉使節と宗教問題」（中央大学人文科学研究所『近代日本の形成と
宗教問題』前掲書）287〜288 頁。

（51）春畝公追頌会編『伊藤博文伝上巻』（原書房、2004 年）653 頁。なお本書復刻
本であり、原本は 1943 年刊行。

（52）春畝公追頌会編『伊藤博文伝上巻』前掲書、654 頁。

（53）『太政類典・第二編・明治四年〜明治十年・第一巻・制度一・詔勅』（国立公
文書館デジタルアーカイブ。

（54）家近良樹『浦上キリシタン流配事件―キリスト教解禁への道』前掲書、84〜85
頁。

（55）家近良樹『浦上キリシタン流配事件―キリスト教解禁への道』前掲書、154〜155
頁。

（56）『岩倉具視関係文書第五』（東京大学出版会、1930 年）102〜113 頁。
（3　大原重実書翰　岩倉具視宛　明治五年二月廿一日）

（57）『岩倉具視関係文書第五』前掲書、102〜113 頁。
（3　大原重実書翰　岩倉具視宛　明治五年二月廿一日）
当時大原は外務省の官僚で、キリシタンの処遇については本書翰にて「御領地の
民籍江編入の儀は異存無之候得共、元地帰籍は不可然先当分御見合有之度申上」
と述べている。

（58）安高啓明『浦上四番崩れ―長崎・天草禁教史の新解釈』前掲書、216〜218 頁。

（59）大日本帝国憲法制定史調査会『大日本帝国憲法制定史』（サンケイ新聞社、1980
年）64〜68 頁。

（60）浦川和三郎『浦上切支丹史』前掲書、610〜611 頁。

（61）安高啓明「『耶蘇宗徒群居捜索書』解題」（安高啓明編『耶蘇宗徒郡居捜索書』
西南学院大学博物館、2015 年）。

（62）安高啓明編『耶蘇宗徒郡居捜索書』前掲書、16 頁。

（63）安高啓明編『耶蘇宗徒郡居捜索書』前掲書、17 頁。

コラム Ⅲ-3

世界文化遺産の活用と研究体制の強化

安 高 啓 明

　「長崎と天草地方の潜伏キリシタン関連遺産」は、平成30（2018）年6月30日に開催された第42回世界遺産委員会において、世界文化遺産に登録された。江戸幕府の禁教政策により宣教師が国内に不在となった状況のなかで、地域社会に適合しながら信仰を守り続けていた実態が学術的評価を受けたのである。日本キリスト教史のなかでも大部分を占める潜伏期のあり方が世界史的に稀有なことであり、政治法制史・外交史・宗教史・社会史などを包摂して多面的に評価された。

　「長崎と天草地方の潜伏キリシタン関連遺産」は、長崎県長崎市や平戸市、佐世保市、五島市、南島原市、小値賀町、新上五島町、熊本県天草市に点在する12の構成資産からなる。「原城跡」（南島原市）や「大浦天主堂」（長崎市）をはじめ、島嶼部にわたる広域な世界文化遺産には、幕府の厳しい禁教政策に対峙しながら、キリシタンたちが信仰を維持するためにとった行動様式が示される。「外海の出津集落」や「外海の大野集落」（長崎市）、「頭ヶ島の集落」（新上五島町）、「天草の﨑津集落」（天草市）などといったように、現存する "集落" に価値が見出されていることも特徴である。

　この一方で、構成資産の活用・保護のあり方も問われている。「世界の文化遺産及び自然遺産の保護に関する条約」（世界遺産条約）には、「保護し、保存し、整備活用し及びきたるべき世代へ伝承することを確保することが本来自国に課された義務である」（4条）と明記される。つまり、世界文化遺産の登録には、保護・保存と整備活用の両輪を前提にしており、さらに次世代への継承も義務付けられている。安直な集客ではなく、学術的評価を根拠にしたマネージメント能力を、構成資産を有する自治体には求められているのである。

　そのために、職員体制を整備すること、任務遂行のための機関を設置するように要請されている。これにあわせて「科学的及び技術的な研究及び調査を発

展させる」、「文化及び自然の遺産の保護、保存及び整備活用の分野における全国的又は地域的な研究センターの設置、又は拡充を促進し、及びこれらの分野における科学的研究を奨励する」（5条）と明文化される。これにより、構成資産を有する自治体は現状維持ではなく、さらなる研究推進を図ることができる“機関”を設置しなければならない。

　構成資産のなかでも、大浦天主堂の敷地内に「キリシタン博物館」、堂崎天主堂（五島市）には「キリシタン資料館」、﨑津集落には「﨑津資料館みなと屋」が設置されるなど、各自治体では職員体制を整えるとともに、博物館に準じた機能を有し、かつガイダンスセンターの役割をも果たす施設を置いている。また、原城跡にも同様の施設の計画が進められており、ハード面の整備の進展がみられる。他方、世界遺産条約に規定される研究・調査の発展性については、自治体にとって大きな負担となっていることはいうまでもない。

　世界文化遺産の登録に至るまでには、従前の研究成果が土台となっている。今後、さらなる蓄積を図るために、調査研究体制の強化は不可欠であり、重要である。そこで、天草市では、市内にある天草キリシタン館・ロザリオ館・コレジヨ館に、前述したみなと屋を含めて一本化した部署に再編された。これは職員体制を整えた活動の強化策と評価できるものの、期待された十分な活動となっているのか検証が必要である。

　自治体の担当職員のスキルアップが求められることはいうまでもないが、職員にも異動などがあり、継続性が担保されているかが課題となる。そこで、外部機関との連携は、基盤研究の強化、質的向上に必要である。現在では、私の研究室も天草市の基礎研究の一端を担っており、古文書の調査研究を行なっている。本書に載録したキリシタン類族の論文はその成果のひとつである。こうした積み上げを続けていかなくてはならない。

　調査研究の成果を広く発信するために様々な取り組みがみられる。長崎県世界遺産課が研究紀要第1号を、また、大浦天主堂キリシタン博物館は所蔵資料であるド・ロ版画の調査研究・保存修復事業の第一期報告書を刊行している。天草市では登録以降、展覧会を継続的に開催しており、こうした事業は活動の両輪である。最新の研究成果の発信を通じて、地域住民はもとより観光客への理解を促さなければならない。いかに今後、継続していけるかが、各自治体には求められるとともに、質の確保も重要となろう。

構成資産が所在する自治体ではこうした自助努力がみられる一方で、単体自治体では限定的な取り組みとなる懸念もある。そこで、天草を事例にみれば2市1町（天草市・上天草市・苓北町）が連携して、世界文化遺産だけに限らず、地域の歴史や文化などを総合的に調査研究し、その成果をアウトプットしていく体制が必要となるだろう。これまで安高研究室では、天草市と上天草市で、展覧会や講座、ワークショップ、資料保全に従事している。例えば、天草四郎ミュージアム（上天草市）で開催している企画展も9回を数え（2022年9月現在）、キリシタン史にかかわるテーマで教育普及活動も行なっている。また、天草キリシタン館では産官学連携事業として毎年2回程トピック展を実施している。そのほか、藤田家文書（上天草市）や上田家文書（天草市）の整理も進めており、自治体の枠にとらわれない活動を展開している。また、肥後銀行の企業メセナの一環として設置されている「肥後の里山ギャリー」とも連携した展覧会、講演会を計画している。広域に研究成果を発信することで、新たな"人流"も生まれる。さらに、こうした広域連携は災害等の非常時においても、島内で初動時に対応し得る体制となろう。

　このような取組は世界文化遺産の構成資産を広域に抱える自治体には必須で

図1　企画展作業風景

図2　天草四郎ミュージアム
企画展示室

図3　産官学連携展示ブース

図4　フィールドワーク風景

ある。人流を生むため、研究成果を積み重ねていくためには、周辺自治体との連帯は重要である。これを覚悟する自治体職員の矜持にかかってくるだろう。

　天草は近世において一町十組という区画のもとで"天草郡中"が紐帯していた。現在の行政区画の2市1町の歴史や文化は重複するところが大きく、合同で取り組むことが効率的であり、それぞれに有意義かつ創造的な価値を生むことができる。人的かつ財政的に厳しい昨今の自治体の事情にも見合った新しいプロジェクトは、産官学連携への飛躍も見込め、新しい世界文化遺産の活用への道となることが期待できよう。そして、こうした活動を継続していくことが、行政や関係機関などに求められる責務なのである。

［参考文献］
安高啓明『歴史のなかのミュージアム』（昭和堂、2014年）
佐藤信『世界遺産の日本史』（筑波書房、2022年）

おわりに

　長崎と天草の歴史を紐解いてみると、"キリシタン史" を起源とするさまざまな連関性のもと、密接な関係を築いていたことがわかった。それは、両地域ともに、布教・信仰の拠点となっていたこと、近世期には幕領として長い時間を歩んできたことが如実に反映されたといえる。禁教期には、鎖国体制を通じた共同的な取り組みもみられ、長崎奉行が天草に与えた影響は看過できないものだった。これは、天草郡中の百姓らの生活や文化にも及ぼしており、"天領民" としての意識醸成にもつながったと評価できる。そのため、天草の歴史を通覧するにあたっては、幕府、ひいては長崎との関係を射程に入れなくては実態面を詳らかにすることにはつながらないだろう。

　私の研究室では、平成 31（2019）年 1 月より天草の砥岐組（ときぐみ）で大庄屋を勤めた藤田家の文書群の整理に着手している。これは、上天草市史編纂事業の開始に際して発見された文書群だが、天草郡中の一町十組制を支えた大庄屋家の古文書としてその価値は高い。天草郡中の大庄屋文書としては、本戸組大庄屋の木山家文書（天草市指定文化財）が知られる。これは、行政や経済、産業、慣習、文化にわたる文書で、その数は約 6,000 点にのぼる。また、大江組大庄屋松浦家や御領組（ごりょうぐみ）大庄屋中西家の文書群も確認されているが、これらは、天草の下島で大庄屋を勤めた家系になる。

　上島、現在の上天草市域にあたる大矢野組大庄屋吉田家文書もあるが、その数は、198 点に過ぎない。砥岐組大庄屋藤田家の資料は、江戸時代中期から明治期にかけて 10,000 点以上に及んでおり、これまで江戸時代 2059 点、明治時代以降 242 点の整理が完了した（2022 年 9 月現在）。その膨大な資料群からは、藤田家の由緒はもとより、観乗寺住職を勤めたことに起因する文書も含まれている。また、天草全体の行政や司法に関わること、大庄屋としての役儀、砥岐組の生業や生活、文化、慣習に至るまで、多彩な性格を帯びる文書で構成されている。前述した観乗寺に関わる文書は、他の大庄屋家には見られない重要な文書と評価できる。藤田家文書を整理した成果は、令和 3（2021）年 3 月に『上天草市史　姫戸町・龍ヶ岳町編　近世資料集』第 1 巻（役儀・支配）・第 2 巻（秩序・

法制)・第3巻(村落・生活)として刊行し、一部を翻刻している。

　また、本書には、高浜村庄屋の上田家文書の新出資料からの成果も盛り込んでいる。上田家文書は熊本県指定文化財であるが、ここに含まれない古文書が新たに見つかった。現在、私の研究室で目録整理を行なっている段階であるが、資料的裏付けがとれたキリシタン関連文書22点をプレスリリースして情報解禁した。令和4年11月には天草市立天草ロザリオ館で開催される企画展での公開を予定しており、これは、世界文化遺産「長崎と天草地方の潜伏キリシタン関連遺産」の研究成果の蓄積となろう。

　本書作成の起点になったのは、天草市と上天草市からの依頼を受けて目録整理をはじめたことである。その成果の一部を『上天草市史　近世編　姫戸町・龍ヶ岳町4　近世天草の支配体制と郡中社会』(上天草市、2022年3月)として刊行して概括したが、天草の歴史を語るうえで、長崎との関係、そして現在の行政区画では収まりきれない現実が明確となった。そこには連綿と続く天草の歴史が土壌にあり、現在でも乖離できない実情が対峙している。本書では、長崎と天草をフィールドにしながらも、多角的な歴史像を構築する一助となるような構成を試みた。

　また、改めて基礎研究の重要性を痛感した。自治体が抱える業務の多忙化は、基礎研究を低下させる可能性がある。これを補うためには、大学側による一定の協力が必要だろう。そこには、両者でウィン・ウィンの関係を築くことが不可欠で、これを継続し続けるトータルメリットを享受する体制を築くことが重要となってくる。基礎研究の低迷は、歴史・文化の停滞はもとより、観光事業や生涯学習の質的向上も脆弱とする。いかに、質の高い研究成果を発信していくか、そして、文化振興を図っていくのかを、広域的に検討していかなければならない。本書が僅かでもその一役を担えれるとすれば幸甚である。

令和4(2022)年竹酔月

安高　啓明

Postface

Tracing fully the history of Nagasaki and Amakusa, it is revealed that as having the roots in the "Christians History", they both have built up close relationships in the midst of various associations. As backgrounds, the two regions were footholds for the Missionary Work and Faith, and also, they each have the situations of having experienced as Shogunate's Territories over a long time in the Early Modern Period, these matters have been vividly reflected in them.

In the Prohibition Period, there were issues to work on together through the Isolation System, the impact that the Nagasaki Magistrate Office imposed on cannot be overlooked. These affairs caused influences on the life and culture of the peasants in the Districts of Amakusa, rightly came to create a Confidence-Building as the people of the Shogunate Territory.

Therefore, to take a general survey on the history of Amakusa it will be difficult to explain in details without putting the relationships with Nagasaki also with the Shogunate into considerations. In my research room, since January 2019 (Heisei 31), we have been serving to organize the Documents of the Fujita Family who worked for as the Noble Village Headman in Toki District of Amakusa. These are documents discovered on the commencement of the Amakusa City History Compilation Project, the value can be recognized highly as the Old Documents of the Noble Village Headman who had supported the local government system of Autonomous Unit Area Divided into Ten Per District (group) in Amakusa.

Among the Documents of Noble Village Headman, the Documents of the Kiyama Family, the Noble Village Headman of Hondo District (Amakusa City Designated Cultural Property), are known widely. The number of these documents, ranging from economy and industry and customs and to cultures, reaches 6000 materials.Also, the Documents which belong to the Noble Village Headman, the Matsuura Family of Oe District, and to the Noble Village Headman, the Nakanishi Family of the Goryou-gumi (Shogunate territory) District, have been confirmed, these documents originated in the family genealogies served for generations as a Noble Village Headman of Shimo-Shima Island in Amakusa.

In Kamishima Island, relevant region within to the current City of Kami-Amakusa, there are documents of the Noble Village Headman, the Yoshida Family of Oyano District, the number of the documents reaches only to 198 materials. The Documents, the source from the Noble Village Headman, the Fujita Family in Toki District, reaches more than 10000 materials covering time from the Edo Period to the Meiji Period, out of those, organizing the Edo Period 2,059 and the Meiji Period 242 are complete, as of September 2022.

Among the mass of materials, of course the history of the Fujita Family, the documents of originating from the Duties, having served as a Chief Priest of the Kanjyo-ji Temple, are included. Furthermore, the documents consist of those related to the administrative and judicial matters on the entire Amakusa Regions, and of those with various items such as the functions of the Noble Village Headman, from livelihood to life and even to cultures and to customs. The documents related to the above mentioned Kanjyo-ji Temple are conceivable to be important materials that cannot be found in those of the other Noble Village Headman.

Results of organizing the Fujita Family Documents have published in March 2021 (Reiwa 3), as a book of 『The History of Kami Amakusa City, on Himedo Town and Ryugatake Town (-the Early Modern Period Reference Materials)』, composed of the first volume (Functions and Management), the second Volume (Organization and Legal System), and the third volume (Village and Living), partially are being transcribed.

Also, in this book, the products from a New-Found Materials of the Ueda Family, the Village Headman of Takahama Village, are included. The Documents of the Ueda Family, now are being Kumamoto Prefecture Designated Cultural Property, newly, Old Documents not included there, are discovered. At present, we are now in the process of making source catalogues in my research room, among them, about Christian Related Documents, 22 items, having already been obtained the corroborations by the evidential materials, make the information public by the press release.

In November Reiwa 4 (2022), these Documents described above are scheduled to be open to the public at exhibition in the Amakusa Municipal Rosary Museum, this will become an accumulation to the research results on World Cultural Heritage, Hidden Christian Sites in the Nagasaki「Amakusa Region」.

What matters contributed to create this book are on the starting of the Catalogue Arrangement at the request of Amakusa City and Kami Amakusa City-While some of the outcomes become to publish a book as an overview,『The History of Kami Amakusa City, on Himedo Town and Ryugatake Town 4 (-Control System in the Early Modern Period Amakusa and Society of Local Autonomy District)』(Kami Amakusa City, March 2022), it turns out that when talking on history of Amakusa, staying within the scope of relationships with Nagasaki and current administrative districts, the reality at the time did not fit for the purpose. There, uninterrupted line of continuing history of Amakusa has become the soil, even at the present, inseparable real conditions are confronting each other.

In this book I have tried to compose of becoming help to form a multifaceted historical perception, while doing a fieldwork at Nagasaki and Amakusa. Further, I am, once again, strongly aware of the importance of basic research. Increased workloads, local government are being faced with, might degrade the quality of basic research. To compensate this problem, it will be required a certain amount of cooperation from the University. For that, it is necessary to build up a "win-win" relationship for both situations, and, will become important of making organization to enjoy the benefits of total merits, for the purpose of continuing the system.

In stagnation on basic research causes, of course, casting shadow on the History and Cultures, and more, driving the tourism business and lifelong learning into the quality of sluggish condition. We should be going on to consider over a broad scale, how to disseminate the high quality of research results, and, how to promote culture. If only this book could play a role of the help I would be glad.

Reiwa 4(2022), Chiku Sui Zuki
September lunar month

YASUTAKA Hiroaki

■編著者紹介 ─────────────────────

編者

安高啓明（やすたか・ひろあき）

熊本大学大学院人文社会科学研究部准教授

1978年長崎市生まれ　中央大学文学部史学科卒業　中央大学大学院文学研究科博士後期課程修了　博士（史学　中央大学）、博士（国際文化　西南学院大学）

主な著書に『近世長崎司法制度の研究』（思文閣出版、2010年）『日中韓博物館事情─地域博物館と大学博物館』（共編）（雄山閣、2014年）『歴史のなかのミュージアム─驚異の部屋から大学博物館まで』（昭和堂、2014年）『浦上四番崩れ─長崎・天草禁教史の新解釈』（長崎文献社、2016年）『踏絵を踏んだキリシタン』（吉川弘文館、2018年）『潜伏キリシタンを知る事典』（柊風舎、2022年）などがある。

執筆者一覧

安高啓明（やすたか・ひろあき）：別掲参照

島　由季（しま・ゆき）：1993年長崎市生まれ　熊本大学文学部歴史学科卒業　熊本大学大学院社会文化科学研究科博士前期課程修了　現在、大浦天主堂キリシタン博物館学芸員

丸木春香（まるき・はるか）：1994年雲仙市生まれ　熊本大学文学部歴史学科卒業　熊本大学大学院社会文化科学研究科博士前期課程修了　現在、雲仙市教育委員会事務局生涯学習課文化財班主事

山下　葵（やました・あおい）：1997年筑紫野市まれ　熊本大学文学部歴史学科卒業　熊本大学大学院社会文化科学教育部博士前期課程修了　現在、岡崎市美術博物館学芸員

山田悠太朗（やまだ・ゆうたろう）：1998年新上五島町生まれ　熊本大学文学部歴史学科卒業　現在、熊本大学大学院社会文化科学教育部博士前期課程在学中

山崎恭弥（やまさき・きょうや）：1998年上天草市生まれ　熊本大学文学部歴史学科卒業　現在、天草市立本渡中学校講師

於久智哉（おく・ともや）：1998年大分市生まれ　熊本大学文学部歴史学科卒業　現在、大分市役所土木管理課職員

原田吉子（はらだ・よしこ）：1999年唐津市生まれ　熊本大学文学部歴史学科卒業　現在、唐津市役所浜玉市民センター産業・教育課職員

牧野寿美礼（まきの・すみれ）：1999年熊本市生まれ　熊本大学文学部歴史学科卒業　現在、熊本大学大学院社会文化科学教育部博士前期課程在学中

〈英文翻訳〉

石澤一未（いしざわ　かずみ）：1949年阿久根市生まれ　早稲田大学商学部卒業　米国公認会計士（AICPA）主な翻訳書に安高啓明『トピックで読み解く日本近世史』（昭和堂、2018年）安高啓明『潜伏キリシタンを知る事典』（柊風舎、2022年）などがある。

2023 年 1 月 10 日　初版発行　　　　　　　　　　《検印省略》

長崎と天草の潜伏キリシタン
—「禁教社会」の新見地—

編　者　安高啓明

発行者　宮田哲男

発行所　株式会社 雄山閣

〒 102-0071　東京都千代田区富士見 2 - 6 - 9

TEL 03-3262-3231 ㈹　FAX 03-3262-6938

振 替 00130-5-1685

http://www.yuzankaku.co.jp

印刷・製本　株式会社 ティーケー出版印刷

ISBN978-4-639-02868-0　C3021
N.D.C.210　280p　21 cm